인재경영,
데이터사이언스를
만나다

인재경영 과학자의 시대가 온다

인재경영, 데이터사이언스를 만나다

김성준 지음

프롤로그

"사람 데이터를 분석합니다!"

"늘 배움에 목마른 학생의 마음가짐으로 조직과 구성원들을 연구하는 '사람 데이터people data' 분석가입니다."

나를 소개할 때 하는 말이다. 그렇다. 나는 '사람 데이터'를 만지는 일을 한다. 구성원들의 심리, 감정, 태도, 행동뿐만 아니라 성격과 가치관까지 과학적으로 측정하고 분석하는 일을 해오고 있다. 그러다 보니 한 가지 사실을 알게 되었다. 한 사람의 업력業歷, 즉 근무연수가 전문성을 말해주지 못한다는 점이다. 전문성 정도를 일정 부분 설명하기는 하지만 '얼마나 오래 했느냐?' 자체가 결정적이지는 않다.

어느 분야 일을 오래 했다고 자부하는 전문가들 중 상당수는 그 분야 지식을 앵무새처럼 반복하기만 했다. 남들이 이미 걸어간 길을 답습했을 뿐 스스로 새로운 개념이나 방법론을 만들어내지는 못했다. 반면 업계를 선도하는 사람들은 자신이 알고 있는 바를 토대로 새로운 차원의 지식을 만들고 그 업業이 나아가야 할 방향을 짚어냈다. 그들 중 업력이 오래된 사람도 있지만 불과 몇 년도 안 된 사람도 있다. 그래서 나는 업력을 밝히면서 전문가의 권위를 세우려 하기보다 앞에서와 같이 스스로를 소개한다.

  사람 데이터를 분석하면서 알게 된 또 한 가지는 화려한 경험이 고성과를 담보하지 않는다는 사실이다. 여러분이 후임 한 명을 채용한다고 가정해보자. 여러분은 면접을 볼 때 성격은 어떤지, 인격은 좋은지 등을 알고 싶을 것이다. 하지만 가장 궁금한 사항은 지원자가 과연 일을 얼마나 잘할 수 있는지 여부이다. 그래서 지원자가 제출한 포트폴리오 내용을 꼼꼼히 살필 것이다. 유수의 기업들에서 근무한 경험이 있거나 대형 프로젝트에 참여한 경험을 높이 치게 될 것이다. 그런데 경력이 화려하고 경험이 많으면 우수한 성과를 거둘 가능성도 높은 걸까? 진짜로 그러한지 데이터를 분석해봤다. 결과는 경험이 많아질수록 성과가 높게 나타나는 경향은 있었다. 그런데 경력이 지나치게 화려하고 경험이 극단적으로 많은 사람들은 오히려 성과가 좋지 않았다. 그 이유는 본문에서 논의하겠다.

  나는 갈 길이 비교적 뚜렷한 인생을 살아왔다. 그런데 최근 개인적인 문제로 삶의 가치관이 극적으로 바뀌는 체험을 했다. 삶의 목적이라든가 목표가 무의미해지는 인생 아노미 상태라고나 할까? 다행히 잘 극복하고 이제 나만이 할 수 있는 새로운 영역을 찾아 다시 매진하고자 한다. 학문과 실무 그 사이의 회색 지대를 걸어갈 것이다. 양쪽을 다 잘 이해하고 접점을 찾아서 연결시키는 존재로 성장해 나가고 싶다. 미국에서는 이를 지칭하는 용어가 있다. '연구자-실천가scholar-practitioner' 또는 '실천가-연구자practitioner-scholar'라고 한다. 방점이 학자에 찍히느냐 실천가에 찍히느냐에 따라 발을 내딛는 땅과 눈의 초점이 달라진다. 그 어디에 발을 두든지 간에 두 간극을 메우는 일에 전념하고자 한다. 특히 리더십 심리학자로서 현업의 리더들을 돕고자 한다. 학문적으로 탄탄한 이론, 다양한 데이터들을 분석해 실제로 증명된 결과, 그리고 실무 경험을 근간으로 리더십 개발을 지원하고 싶다.

나는 그동안 리더들의 다양한 특성들을 측정하는 도구들을 만들어왔다. 그리고 그렇게 축적된 사람 데이터를 꾸준히 분석해왔다. 그러다 보니 어느 순간부터 내게는 사람이 인격을 가진 존재가 아니라 통계적인 숫자로만 보이기 시작했다. 사람을 판단하는 기준이 오로지 한 가지인 '탁월한 성과'가 되었다. 최고경영진에게 보고할 때도 사람을 수단으로 보고 접근했다. 조직에 기여하는 집단과 그렇지 못하는 집단으로 구분했다. 어떤 특성을 가진 사람들을 유지하고 승진시켜야 조직의 성과 창출에 기여하는지를 중심으로 시사점을 제시해왔다. 나의 세계관은 오로지 '성과!'뿐이었다.

하지만 지금은 다르다. 사람에 대한 본질적 시각이 바뀌자 조직에 대한 관점도 바뀌게 되었다. 오로지 돈만 좇는 것이 아니라 사람과 사회의 행복과 번영에 기여하는 개체로 볼 수 있게 되었다. 또 성과가 저조한 리더들을 직접 찾아가 만나기 시작했다. 그들이 현재 고민하는 것들은 무엇이고 어려운 점들은 무엇인지 묻고 경청했다. 그들은 각자가 자신이 처한 상황 속에서 더 나은 길을 찾기 위해 온 힘을 다하고 있었다. 부하들에게 리더로서 롤모델이 되고 싶은 열망, 더 좋은 조직을 만들어가고 싶은 욕심, 사회에 좋은 제품과 서비스로 기여하고 싶다는 꿈이 있었다. 그들은 아주 열심히 노력하고 있었다. 하지만 자신이 의도하고 목표한 바대로 되지 않아서 오랫동안 힘들어하고 좌절하고 있었다. 그들 중 어떤 리더는 너무도 절망적인 목소리로 "이 어려운 상황에서 내가 무엇을 해야 할

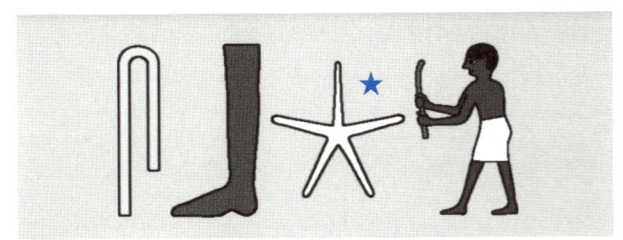

"가르치다"를 의미하는 이집트 신성문자

"학습하다"를 의미하는 이집트 신성문자

까요?"라고 묻기도 했다.

나는 힘들어하는 리더들의 마음에서 우러나온 소리에 귀를 기울이게 되면서 그 어려움에 깊이 공감할 수 있었다. 조직 구성원들의 성격 및 가치관 등을 객관적으로 측정하고 데이터를 분석하는 일에 그치지 않고 진심으로 돕고 싶다는 열의가 충만해졌다. 그래서 이제부터 학계와 실무 간의 회색 지대에 서서 리더들을 돕는 길을 걷고자 한다. 우리말 '가르치다.' '학습하다.'에 해당하는 이집트 고대문자에는 하늘에 있는 '별'이 포함되어 있다. 가르침은 곧 하늘에서 내려오는 빛과 같다는 뜻으로 배움은 곧 빛나는 별을 가슴에 품는 행위이기도 하다. 그처럼 나도 가슴에 별을 품고 빛을 내는 사람이 되고 싶다. 여러분과 함께 말이다.

2018년 6월
김성준

서문

왜 사람 데이터인가

나는 2000년대 중반부터 사람 데이터 분석에 관심을 두기 시작했다. 그런 나에게 한 가지 잊지 못할 경험이 있었다. 2007년 모 그룹 33개 계열사 대상으로 실시한 조직문화 진단 설문조사 결과를 분석하는 TF에 참여했을 때이다. 계열사별로 조사해서 엑셀 데이터로 만들었고 그룹 본사 인사실에서 취합해 대략 1만여 건의 빅 데이터를 만들어냈다. 그뒤 가장 먼저 한 작업은 진단도구의 신뢰도 검사였다. 동일한 개념을 측정하는 문항 간에는 내적 일관성item internal consistency이 있어야 하기 때문이다.

그런데 문항 내적 일관성이란 무엇일까? 만일 회사에서 구성원들을 대상으로 '애사심' 수준을 알아본다고 가정해보자. 설문 문항을 어떻게 만들까? 여러 방법이 있다. 우선 심리학자 또는 조직행동학자들이 '애사심'과 유사한 개념들을 연구하는 데 사용한 설문 문항들이 있다면 그걸 활용하는 게 가장 좋다. 또는 누가 보아도 "저 사람은 애사심이 강해."라는 평을 듣는 구성원들의 생각, 태도, 행동을 관찰해서 문항을 만들어볼 수 있다. 다음과 같다.

- 나는 우리 회사가 좋다.
- 나는 친구와 지인들에게 우리 회사를 자랑한다.
- 나는 우리 회사에 입사하고 싶은 지인이 있다면 적극 추천해주고 싶다.
- 나는 누군가가 우리 회사를 비방하면 기분이 나빠진다.

회사를 얼마나 좋아하고 사랑하는가를 묻는 문항들이다. 이렇게도 묻고 저렇게도 물어 '애사심'이라는 개념을 측정하고 있다. 동일한 개념을 묻고 있기 때문에 서로 응답이 일관되게 나와야 한다. 달리 말하면 각각의 문항 간에는 상관관계가 높게 나타나야 한다.

예를 들어 A라는 사람이 첫 번째 문항에 대해 5점 척도로 '(5)점 매우 그렇다'를 선택했다고 가정해보자. 나머지 문항에는 어떻게 응답하리라 예상할 수 있을까? '(4)점 그렇다'를 선택하거나 적어도 '(3)점 보통이다'를 찍을 것이다. 우리 회사가 매우 좋은데 나머지 문항들에 '(2)점 아니다' '(1)점 전혀 아니다'를 찍는 경우는 거의 없을 것이다.

그 반대로 B라는 사람은 첫 번째 문항 '나는 우리 회사가 좋다'에 '(1)점 전혀 아니다'로 응답했다고 가정해보자. 이 사람이 '나는 친구와 지인들에게 우리 회사를 자랑한다'는 문항에 '(4)점 그렇다' 또는 '(5)점 매우 그렇다'로 응답할 가능성이 있을까? 나머지 문항들에도 1~3점 사이의 점수를 줄 것이다. 이처럼 동일 개념을 묻는 문항 간에는 일관된 경향성이 있어야 한다. 이를 문항 내적 일관성이라고 부른다. 혹자들은 '문항 신뢰도'라고도 한다.

문항 내적 일관성을 평가하는 방법으로 크론바 알파Cronbach Alpha

라는 통계량이 있다.¹ 스탠퍼드대학교 교육학과의 리 크론바흐 교수가 제안한 방법이다. 심리학, 사회학, 조직행동학, 인적자원개발 등의 석사과정을 했거나 사회조사방법론 또는 마케팅 조사 방법론 등을 배운 사람이라면 한 번쯤 들어보았을 것이다. 이 값은 1 이하의 숫자로 제시되고 0.7이 넘어가면 문항 간에 내적 일관성이 있어 양호하다는 판단을 내린다.² 통계 프로그램 SPSSStatistical Package for the Social Sciences에서는 마우스 클릭 네 번만 하면 분석 결과가 나온다. 딱 네 번의 클릭이다. 그만큼 가장 기초적인 분석 방법이다.

어떤 설문이든지 가장 먼저 실시할 분석은 내적 일관성이라고 배웠기에 1만여 건의 빅데이터에서 크론바 알파 값을 계산하기 시작했다. 한창 분석을 하던 중, 갑자기 이상한 결과가 감지되었다. 33개 회사 중 32개 회사는 크론바 알파 계수가 0.8이 넘었다. 그런데 유독 한 회사만 0.4 이하로 나왔다. 대부분 회사의 응답 신뢰도가 높게 나왔는데 단 1개 회사만 응답 신뢰도가 낮은 것이었다.

그때 당시만 해도 사무실에서 담배를 태울 수 있었다. 나는 비흡연자였지만 많은 사람들이 태우는 바람에 연기 자욱해진 회의실 안에서 "이상하다. 이상하다. 왜 이 회사 데이터는 이러지?" 되뇌었던 기억이 난다. 32개 회사는 다 문항 신뢰도가 양호한데 왜 1개 회사만 좋지 않다고 나온 것일까? 몇 가지 가설들을 세워 검증해봤다.

가설 1. 분석 과정에 실수가 있었을 것이다.
이 가설은 처음부터 차근차근 다시 해보면 된다. 그런데 여러 번을 반복해봐도 똑같은 결과가 나왔다. 가설 1을 지지할 만한 증거를 찾을 수 없었다. 검찰이 어느 범죄 용의자를 기소했는데 결정적인 증거가 없다면 어떻게 되겠는가? 판사가 증거 불충분으로 기각 처리할 것이다. 그와 마찬가지로 가설 1번을 입증할 만한 증거가 발견되지 못했기에 받아들일 수 없었다.

가설 2. 데이터 정리 과정에 오류가 있었을 것이다.

계열사별로 이메일을 통해 엑셀 데이터를 취합했기 때문에 하나의 파일로 합치는 과정에서 문제가 있을 수도 있다. 엑셀 행렬을 잘못 복사하는 실수들 말이다. 계열사별로 온 이메일도 다시 보고 첨부 파일도 꼼꼼히 다시 봤다. 아무리 살펴봐도 데이터 정리 과정의 오류는 발견할 수 없었다. 가설 2도 증거 불충분으로 기각했다.

가설 3. 그 회사 구성원들이 특이한 집단일 것이다.

그 1개 회사는 32개 회사의 구성원들과는 심리 상태나 인지구조가 달라서 각각의 문항에 반응하는 경향성이 다르다는 것이다. 내가 만들긴 했지만 가장 설득력이 떨어지는 가설이다. 한 그룹의 계열사들은 창업주의 정신과 철학이 함께 투영되어 있어서 상당히 유사한 성향을 갖는다. 어느 1개 계열사의 구성원들이 전혀 다른 인류인 것처럼 특이하다고 말하기 어렵다. 이 가설은 그 내용 자체로 설득력이 부족했다.

가설 4. 데이터에 의도적인 왜곡이 가해졌을 것이다.

마지막 가설이다. 그 회사의 데이터 전반에 걸쳐 크론바 알파 계수가 낮은데다가 인사부서가 비판받을 만한 개념들, 예를 들어 '인사평가 공정성' 같은 개념들에서는 특히 더 낮게 나타났다. 데이터를 이리저리 돌려봐도 내가 내릴 수 있는 가장 합리적인 결론은 '의도적 왜곡'이었다.

나는 그 당시 '대리 나부랭이'였고 이 프로젝트를 총괄하는 분은 그룹 인사실의 부장님이었다. 그런데 이 부장님은 오랫동안 임원 인사를 해왔고 각 계열사의 CEO들과 직접 통화할 정도로 위상이 높았다. 또 이슈와 상황을 빠르게 파악하고 신속하게 판단하는 명석한 두뇌의 소유자로 호쾌하고 시원시원한 스타일이었다. 하지만 일을 제대로 못하면 불같이 혼내는 분이었다. 이 호랑이 같은 부장님께 어떻게 보고를 드려야 할까? 약간의 증거만 있을 뿐 데이터를 왜곡했다고 강력히 주장할 만한 결정적 한방이 없는 상황에서 말이다. 내가 선택한 방법은 '중립적이고 보수적인 접근'이었다. 가치 판단을 하지 않고 사실 그대로만 말씀드렸다.

"부장님, 문항 신뢰도 검사에서 32개 회사는 양호했는데 1개 회사만 낮게 나옵니다. 크론바 알파 값이 0.7 이상은 나와야 하는데 1개 회사만 0.4 정도로 나옵니다. 사회학, 심리학에서 제시하는 기준에 따르면 분석하기 부적절한 수준인데요. 이 회사 데이터 분석을 진행할까요?"

부장님이 갑자기 담배 한 대를 물더니 하얀 담배 연기를 허공에 뿌리며 물었다.

"그 회사만 그리 나온 이유가 뭐꼬?"

잠시 고민하다가 앞서 내가 세웠던 가설들과 검증 결과를 설명했다. 그러자 부장님이 책상 앞에 놓인 전화 수화기를 들어 어딘가로 전화하더니 이렇게 말했다.

"나요. 지금 당장 그룹 본사로 들어오소."

누구에게 전화하신 걸까? 나중에서야 알았다. 40분쯤 지나서 그 회사 A인사부장님이 헐레벌떡 급하게 오셨다. A인사부장님이 회의실에 들어오자마자 호랑이 부장님께서 한마디 하셨다.

"야, 다들 나가고. 김 대리, 너만 남아."

몇몇 실무자들이 부랴부랴 회의실을 빠져나가고 호랑이 부장님, A인사부장님, 그리고 나만 남았다. 호랑이 부장님은 담배를 다시 하나 꺼내 물고 허연 연기를 내뿜고는 아무런 설명 없이 A인사부장님을 몰아붙이기 시작했다.

"데이터 조작했소, 안 했소? 응? 했소, 안 했소?"

"저, 무슨 말씀을 하시는지……."

"조직문화 진단 데이터 조작했소, 안 했소?"

"아니, 그게. 조작이 그게……."

"조작했소, 안 했소? 분석해보니 딱 나왔어요. 했소, 안 했소?"

한참을 망설이던 A인사부장님은 결국 데이터를 의도적으로 조작했다고 고백했다. 조직문화 진단 설문조사를 하고 보니 인사제도 등 여러 점수가 생각보다 너무 낮게 나와 마음에 걸렸단다. 그룹으로 올라가서 다른 계열사들과 비교되면 여러모로 좋지 않을 것 같아 아래 직원에게 데이터를 만지라고 했다는 것이다. 응답 데이터에 1, 2점이 있으면 대략 4, 5점으로 군데군데 바꿔서 보내라고.

A인사부장님이 그렇게 말하는 순간 '내 추론이 맞았구나.' 하며 맥이 탁 풀렸다. 호랑이 부장님은 버럭 화를 내더니 원본 데이터조차 믿을 수 없으니 조직문화 진단 설문조사를 다시 하라고 지시했다. 사건은 그렇게 일단락되었다.

이 일을 겪으면서 데이터를 제대로 분석하고 신뢰할 만한 시사점을 끌어내기 위해서는 분석가의 역량이 중요하다는 생각이 들었다. 그때부터 데이터 분석을 제대로 공부해보자고 결심했다. 크론바 알파와 같은 간단한 분석 하나로 데이터 이면의 일들을 유추할 수 있다는 점이 매력적이었다. 스스로 가설을 세우고 하나 하나 검증해 나가는 과정에서 논리적이고 합리적인 사고력도 길러지겠다는 기대도 있었다. 데이터 분석이 나의 주요 관심사가 된 것이다.

그럼, 이 책은 어떻게 쓸 생각을 하게 되었을까? 인재경영에서 데이터를 분석해 활용하자는 논의는 대략 2010년경부터 시작되었다. 빅데이터 열풍이 불면서 인사부서에도 덩달아 그 바람이 분 것이다. 우리나라는 2012년 10월에 엘지경영연구원의 원지현 연구원이 「사람에 대한 통찰력, 데이터 분석으로 높인다」라는 보고서를 발표하면서 주목을 받기 시작했다.

나 역시도 그즈음에 전 세계적으로 그와 같은 트렌드가 일고 있다는 것을 알게 되었다. 그동안 내가 해왔던 일들이 사람 빅데이터 또는 피플 애널리틱스People Analytics[3] 트렌드와 맥을 같이한다는 점을 깨달았다. 그래서 2013년에 『빅데이터, 인재를 말하다』라는 책을 출간했다. 그 후 5년 가까이 흘렀다. 지금도 『빅데이터, 인재를 말하다』에 담긴 내용은 유효할까? 아쉽게도 그렇지 못하다. 오늘의 김성준이 2013년의 김성준 저자에게 비판할 내용이 많다. 우선 5년 사이에 내가 더 성장했기 때문이다. 전문가라서 책을 내는 게 아니라 책을 쓰는 과정에서 전문가가 된다더니 딱 그 꼴이다. 책을 출간한 이후로 더욱 다양한 프로젝트를 진행하면서 인재경영 측면에서 데이터를 어떻게 활용할 것인가에 대한 관점이 사뭇 많이 달라졌다.

그리고 지난 5년간 분석 기술과 통계 프로그램은 급격히 발전했다. 아니, 오래전부터 통계 방법론은 꾸준히 발전해 왔는데 빅데이터, 머신러닝, 인공지능 열풍이 불면서 일반 대중들에게도 널리 확산되었다고 보는 게 더 맞겠다. 또한 여러 기업이 다양한 시도를 해서 이 분야의 사례들이 많이 발전했다. 예를 들어 미국 글로벌 기업 유니레버는 인공지능이 면접관으로 참여하도록 했다. 지원자의 표정을 순간순간 포착하면서 느낌과 감정을 읽어내고 답변의 진실성을 감지케 한 것이다. IBM은 자사의 인공지능 컴퓨터인 왓슨을 활용해 인사와 관련된 구성원들의 궁금증을 해결해 주는 비서로 활용하기도 했다.

이러한 이유로 전작이 그 효용가치를 잃어버리면서 언젠가는 새로운 책을 써봐야겠다고 생각하던 차였다. 그러던 어느 날 고려대학교 교육통계 전공의 홍세희 교수님, 중앙대학교 교육통계 전공 설현수 교수님과 저녁 식사 자리를 갖던 중 한 가지 깨닫는 바가 있었다. 두 분은 측정 통계 분야의 대가로서 이론적인 통찰이 뛰어난 반면에 나는 통계 전문성은 약하지만 현장에서 시행착오를 겪으면서 생긴 암묵지가 상대적으로 많았다. 내가 현장에서 느꼈던 희로애락을 두 분께 말씀드리니 상당히 흥미롭게 경청해주셨다. 그 순간 이 책에 대한 영감이 번뜩였다. 인재경영에서 빅데이터를 어떻게 분석할 것인가 하는 방법론보다는 조직 연구자로 또 사람 데이터를 만지는 분석가로 겪은 경험들을 진솔하게 전해보자는 생각이 떠오른 것이다. 두 분과 저녁 식사를 마친 그날 이 책의 첫 페이지를 쓰기 시작했다.

이 책 1부에서는 인재경영 분야에서 왜 빅데이터, 머신러닝, 인공지능이 주목받는지를 살펴보고 또 분석가로서 그동안 겪은 경험들을 사례로 풀어보겠다. 2부에서는 인재경영의 여러 화두인 채용, 교육훈련, 평가 및 승진을 통계적 관점 또는 인공지능 관점에서 함께 고민해보겠다.

이 책을 집필하는 여정에 많은 분들이 도와주셨다. 무엇보다 SK그룹 선배님들께 깊은 감사의 말씀을 올린다. 수십년간 대대로 깊이 고민하고 궁구하여, 가장 합리적인 최적안을 찾고자 노력해왔다. 인재경영 분야에서 황무지를 옥토로 만들어 그 위에 마음껏 뛰어 놀 수 있게 해주셨다. SK아카데미 고대환 現 원장님, 김홍묵 前 원장님, 현상진 상무님, 임규남 상무님, 그리고 수펙스SUPEX추구협의회 조돈현 부사장님, 유만석 전무님께서 때로는 따뜻한 아버지로서, 엄한 상사로서, 지혜로운 멘토로서 가르침을 주셨다. 이 책에 담겨진 나의 생각과 사상들은 모두 이분들로부터 배우고 곱씹어 나온 결과다. 빚이 크다.

또한 강두현 팀장님, 전종민 팀장님, 임창현 팀장님, 김정태 팀장님은 실무적으로 본이 되어주셨다. 배울 게 많은 상사와 선배를 모셔온 나는 정말 행운아라 생각한다.

아울러, 전현직 동료들인 윤용식, 장인온, 박준휘, 오정훈, 우창수, 박영호, 장활훈, 김지연, 김덕중, 채영주 매니저께 깊이 감사드린다. 어려운 과제를 받았을 때 함께 머리를 맞대고 같이 고민해 왔다. 동료들의 전문성 덕분에 책 내용이 다채로워질 수 있었다.

유년 시절 나를 키워준 롯데그룹 상사와 선배님께 감사드린다. 윤종민 인재개발원장님, 김정달 前 원장님, 전영민 부원장님, 윤

상선 상무님, 양규철 팀장님, 박현정 팀장님, 이영수 팀장님, 김웅조 팀장님, 변영오 팀장님은 철없던 나를 바르게 틀잡아준 고마운 분들이다.

학문적으로 틀잡아주신 석사 은사 봉현철 교수님, 선배와 동료인 한국액션러닝협회 김형숙 대표님, 박승희 이사님, 최은미 실장님, 그리고 박사 은사 이진규 교수님께 감사드린다. 이 분들이 없었다면 연구자로서의 즐거움은 없었으리라.

이 책에서 전문적으로 기술된 내용들은 중앙대학교 교육학과 설현수 교수님, 텍사스 A&M 대학교 커머스 캠퍼스 윤승원 교수님, 위노나 주립대학교 한허정 교수님, 펜실베이니아 주립대학교 채충일 박사님, 엘지이노텍 이수연 책임님, 기아자동차 윤소겸 과장님, 롯데인재개발원 이중학 책임님, 엘지화학 조정현 선임님께 자문과 검수를 받았다. 바쁜 시간 중에도 시간을 쪼개어 피드백을 주심에 감사드린다.

아이디스 이규황 팀장님은 이 책의 기획자로서 지속적으로 나를 독려해주셨다. 클라우드나인 안현주 대표님은 내가 두 번이나 갈아엎은 졸고를 꼼꼼히 살펴보고 출간해주셨다. 과분한 도움을 받았다. 마지막으로 사랑하는 부모님과 누이에게 이 책을 올린다.

프롤로그 "사람 데이터를 분석합니다!" • 4
서문 왜 사람 데이터인가? • 8

1부 인재경영, 4차 산업혁명을 만나다 • 23

1장 인재경영에 데이터사이언스 바람이 불다 • 25

1. 한국의 인재경영은 어떻게 발전해왔는가 • 27
공채제도 발전사 1단계: '관상'과 '역술'의 시대 • 28
공채제도 발전사 2단계: 심리검사의 시대 • 30
공채제도 발전사 3단계: 채용 인터뷰의 과학화 • 33
공채제도 발전사 4단계: 빅데이터와 인공지능의 등장 • 49

2장 인사부서에 등장한 심리학자, 통계학자, 데이터학자 • 53

1. 사람 데이터 분석가들이 왜 인사부서에 왔는가 • 55
조직의 리더십 개발이 실제로 유용한가 • 55
그 일을 누가 해야 하지? • 61
아이디어를 실천으로, 실천을 아이디어로! • 67

2. 사람 데이터 분석의 세 가지 유형 • 71
첫 번째 유형: 분석 결과가 기존 직관이나 통념과 일치한다 • 71
두 번째 유형: 분석 결과가 기존 직관과 통념에서 벗어나 있다 • 74
세 번째 유형: 분석 결과가 기존의 직관과 통념을 뒤집는다 • 79

3. 인사 빅데이터를 분석하는 두 가지 접근법 • 83
   가설은 반드시 필요한가 • 83
   첫 번째 접근법: 모델 의존적 방식 • 85
   두 번째 접근법: 데이터 적응적 방식 • 90
   두 가지 접근법을 동시에 활용하자 • 94

4. 분석힐 때 상황과 맥락을 함께 읽어야 한다 • 97
   의미는 맥락에 따라 달라진다 • 97
   맥락에 따라 반응이 달라진다 • 101
   조직에 따라 주제와 가설은 다르다 • 103

3장 사람 데이터 분석가들은 무엇으로 사는가 • 105

1. 내가 아는 것과 당신이 알아야 할 것은 무엇인가 • 107
   "내 그럴 줄 알았다!" • 107
   통계적으로 유의하다는 것 • 110
   상관과 인과의 차이를 이해해야 한다 • 114
   고급통계, 기초통계, 차원 이동을 반복하다 • 117

2. 누군가를 설득한다는 것은 어렵다 • 121
   "내게 블랙박스를 보여줘!" • 121
   투명성과 명확성이 중요하다 • 124
   아웃라이어 사례로 반박하면 힘들다 • 125

3. 인공지능 시대에 사람의 몫은 어디까지일까 • 130
   인격일까, 숫자일까 • 130
   인공지능 면접관은 얼마나 일을 잘할까 • 131
   인간과 인공지능 중 누가 더 합리적인가 • 134

4. 조직문화는 보이지 않는 율법이다 • 137
   '폐관 수련', 무한히 학습하다 • 137
   조직문화가 사무실 공간과 배치에 영향을 미친다 • 140
   조직문화가 용어와 보고 방식에 영향을 미친다 • 144

데이터를 통해 조직을 객관적으로 들여다볼 수 있다 • 147
학계에서 수행하기 어려운 연구를 현업에서 직접 한다 • 148
보편성이 있어야 특수성을 이해할 수 있다 • 151
데이터 분석을 통해 성장한다 • 154

2부 인재경영, 어떻게 과학화할 것인가 • 159

4장 우수한 인재를 어떻게 뽑을 수 있을까 • 161

1. 인적성 검사 결과로 신입사원 성과를 예측할 수 있는가 • 163
IQ가 높으면 일을 잘한다. 일반적으로 • 163
성격 연구의 발전사 • 165
성격으로 직무성과를 예측할 수 있는가 • 167
인적성 검사에는 '범위 제한'의 문제가 있다 • 169
타당도 계수에 연연하지 말자 • 173

2. AI를 이용한 서류전형 통과 예측 모델링을 채택할 것인가 • 176
인공지능 IBM 왓슨이 합격과 불합격을 판단한다 • 176
자기소개서 예측 모델링의 원리는 무엇인가 • 179
자기소개서 표절에는 어떻게 대응하는가 • 185
어떤 면접관들이 더 효과적일까? • 188

5장 사람은 기르면 자라는 존재인가 • 191

1. 인재 육성 프레임워크 70:20:10 모델은 무엇인가 • 193
사람은 무엇으로 성장하는가 • 193
70:20:10 모델은 어떻게 만들어졌는가 • 197

2. 경험을 통해 어떻게 성장할 것인가 • 203
일을 통한 육성은 어떻게 하는가 • 203

어떻게 '경험 프로파일'을 만들고 활용하는가 • 210

3. 임원에게도 교육이 필요한가 • 213
　임원에게 요구되는 역량은 무엇인가 • 213
　임원에게 전략적 사고 역량은 필수이다 • 215
　전략적 사고 역량은 향상될 수 있는가 • 219
　만족도 평가를 없앤다면 대안은 있는가 • 222

6장　과학적 인재경영의 핵심은 성과 평가와 승진이다 • 227

1. 천재 한 명이 10만 명을 먹여 살릴 수 있는가 • 229
　'천재'에 대한 평가는 관점에 따라 다르다 • 229
　사람의 성과는 정규분포인가? • 230
　사람의 성과는 멱법칙 분포인가 • 234
　정규분포 vs 멱법칙 분포 • 237

2. 성과평가, 어떻게 할 것인가 • 240
　인재경영의 핵심 기능 인사평가 • 240
　인사평가의 척도를 무엇으로 할 것인가 • 243
　하드 데이터와 소프트 데이터 • 246
　함께 수행해야 할 '정량 평가'와 '정성 평가' • 249

3. 구글은 왜 '승진 예측 모형'을 거부했는가 • 253
　구글의 운명은 인간이 결정한다 • 253
　인재경영에 인공지능이 활용된다 • 256
　이직은 어느 정도 예측 가능한가 • 259

에필로그　인간과 기술의 접점을 함께 고민하자! • 262
미주 • 266

1부

인재경영, 4차산업혁명을 만나다

1장
인재경영에 데이터사이언스 바람이 불다

1
한국의 인재경영은
어떻게 발전해왔는가

"인사가 만사다!"

누구나 한 번쯤 들어본 말일 것이다. 모든 일에서 사람이 중요하다는 의미다. 유능한 사람을 뽑아 여건을 만들어주면 모든 일은 저절로 잘된다는 뜻이다. 인사가 그렇게 중요함에도 불구하고 그동안 인재경영은 '과학화'가 더디게 이루어져 왔다. 여기서 말하는 과학화란 사회과학social science 방법론을 활용해 인재경영과 관련된 현상을 탐구하고 시사점을 적용하는 과정을 말한다. 조직 내에서 일어나는 현상에 가설을 세우고 그와 관련된 데이터를 측정 또는 입수해 객관적으로 검증하는 활동을 의미한다.

그동안 인재경영은 개인의 주관에 주로 의존해왔다. 대표적인 사례 하나를 살펴 보고자 한다. 인재경영에서 가장 중요한 기능 중 하나가 사람을 선발하는 '채용'이다. 우리나라는 특히 역사적으로 고등학교와 대학교 졸업자를 대상으로 한 사원 공채가 발달했다. 공채제도를 최초로 실시한 곳은 어디였을까? 그 역사는 1950년대까지 거슬러 올라간다. 1957년 삼성물산은 민간 회사 최초로 공채를 실시했다. 그 당시에 약 1,200여 명의 지원자가 몰렸고 그중에서 27명을 합격시켰다.[4] 합격률이 대략 2% 정도인 셈이다. 그때도 인기 있는 기업들은 입사하기가 만만치 않았던 모양이다. 그렇게 1957년에 처음 시작된 공채제도는 약 60여 년의 역사를 가지고 있다. 그 발전 단계는 크게 4단계로 구분할 수 있다.[5]

공채제도 발전사 1단계: '관상'과 '역술'의 시대

1단계는 철저히 비과학화된 암흑기다. 대략 1957년부터 1994년까지 이어진다. 이 시기에 채용에서 가장 핵심적 역할을 했던 사람이 바로 역술인과 관상가였다. 한번은 『주간동아』에서 역술인들을 탐사한 적이 있다.[6] 어느 역술인은 인터뷰에서 자신이 꽤 오랫동안 여러 기업의 '관상 면접관'으로 참여했다고 밝혔다. 신입사원과 경력사원을 뽑을 때는 물론이고 심지어 임원 후보자들을 선별하는 작업에도 참여했다. 아주 옛날에는 회장이 직접 채용에 임하기도 했다. 회장이 한가운데에 앉고 왼쪽에 인사 담당 임원, 오른쪽에 역술가, 그 나머지 자리에 전무나 총무부장이 배석했다.

면접자가 들어오면 역술가들은 어떤 일을 했을까? 지원자가 들어와서 의자에 앉으면 바로 얼굴부터 살폈다고 한다. 눈의 모양새, 코의 높낮이와 퍼짐, 귀의 생김새, 앉은 자세, 목소리 등을 관찰했다. 그러고 나서 이력서에 쓰인 생년월일을 가지고 회장과 얼마나 궁합이 맞는지 살폈다. 회장님과 궁합이 맞아서 득이 된다면 O, 좋지도 않고 나쁘지도 않은 인연이면 △, 아예 만나서는 안 될 인연이면 X로 평가했다.

어떤 역술가는 아무 말도 안 하고 빤히 쳐다보면서 관찰하기만 하면 지원자들이 이상하게 여길 수 있기 때문에 종종 곁다리 질문을 던지기도 했다고 한다. "아버지께서는 연세가 올해 얼마신가요?" "형제들은 다 결혼을 한 건가요?" 같은 질문들 말이다.

삼성그룹 창업주 이병철 회장이 채용에서 역술인을 활용했다는 이야기는 공식적으로 확인되지는 않지만 암암리에 널리 알려져 있다. 그 스스로가 관상을 깊이 연구했다.[7] 그의 형인 이병각 씨가 전한 말에 따르면 자기 동생이 시간이 날 때마다 관상 관련 책들을 열어보고 공부했다고 한다. 국내에는 좋은 관상서들이 없어서 일본에 다녀올 때마다 책들을 사 가지고 왔다고 했다. 또한 풍수지리에도 관심이 많았다고 한다. 동양철학자 조용헌이 『조선일보』에 기고한 내용을 보면[8] 이병철 회장은 '보기 드문 명당 애호가'로 알려져 있다. 서울 태평로의 삼성본관, 필동의 CJ인재원, 이태원의 승지원, 수원 삼성전자 부지 등이 명당에 해당한다고 한다.

지금의 관점에서는 역술이나 관상이나 풍수지리가 비과학적이라고 보인다. 하지만 그때 당시로 보자면 이병철 회장은 채용의 과학화를 위해 노력한 것이 아닐까 싶다. 뒤에서 상세히 기술하겠지만 1960~1980년대 심리학계에서조차 '채용 인터뷰는 거의 유용하지 않다'는 견해들이 지배적이었다. '도대체 어떤 방법으로 우수하고 신뢰할 만한 인재를 뽑을 수 있는가?'에 대해 학계에서도 딱히 이렇다 할 답변이 없는 상황에서 그 대안을 모색해보려 했던 것 같다. 그 당시에 접할 수 있는 가장 과학적인 방법이 그나마 역술과 관상이 아니었을까?

그래서 1990년대까지만 하더라도 봄철이 되면 여러 관상가와 역술인이 면접 보러 다니느라 바빴다고 한다. 그러다가 어느 순간부터 관상 면접 의존도가 확 줄어들었다. 그 계기는 무엇이었을까?

공채제도 발전사 2단계: 심리검사의 시대

삼성의 SSAT(SamSung Aptitude Test)는 삼성직무적성검사로 성격심리, 심리측정, 교육측정 학문을 바탕으로 지원자의 논리력, 수리력, 학습 능력을 평가하고 성격과 가치관을 종합적으로 평가한다. 1993년 11월부터 1995년까지 약 2년에 걸쳐서 개발했고 1995년부터 시행했다. 최근에는 SSAT라는 이름 대신 GSAT(Global Samsung Aptitude Test)라고 부른다. 그런데 생각해보자. 공채가 시작된 게 1957년인데 무려 40년 가까이 지나서야 비로소 과학의 세계에 첫발을 내디뎠다. 과학화가 엄청나게 더디게 진행된 것이다.

어떤 분들은 "1950~1990년대는 개인용 컴퓨터도 범용적이지 않았고 통계 프로그램도 좋지 않아서 과학화할 여건조차 되지 않았다."라고 반박할지도 모르겠다. 사뭇 타당해 보인다. 하지만 동기간의 학계를 살펴보면 딱히 들어맞는 주장은 아니다. 1900년대 초부터 심리학이나 조직행동학 등의 학계에서는 조직 현상을 과학적으로 들여다보려고 노력해 왔다. 예를 들어 1917년부터 조직 내 구성원들을 대상으로 심리를 연구하는 『응용심리학술지(journal of applied psychology』가 출간되었고, 1만 3,000여 편의 논문이 발표됐다. 그 초기 논문들은 오늘날처럼 현란한 통계 분석 방법론을 사용하지는 않았지만 어떻게든 숫자와 데이터를 가지고 연구하고자 했다. 학자들이라서 데이터를 기반으로 연구하는 행태는 당연한 일이지만, 왜 기업 현장에서는 그와 같은 노력을 기울일 생각을 하지 못한 것일까?

나는 그 이유를 한국, 중국, 일본 등 동아시아 문화권의 영향으로 보고 있다. 사람과 관련된 가장 상징적인 표현 한 가지와 인물 한 명을 들어보겠다. 우선 '용인술'이란 표현이다. 이 단어를 들으면 과학science이 떠올려지는가? 아니면 예술art이 떠올려지는가? 과학보다는 예술에 가깝다고 느껴지지 않는가? 과학은 자료와 데이터를 기반으로 논리적이고 체계적인 전개를 중시한다. 반면 예술은 개인의 경험과 직관을 기반으로 영감을 중시한다. 이 용인술에 대한 과도한 추앙이 인재경영의 과학화를 더디게 만든 장본인이라고 생각한다.

동아시아 문화권에서 중국 전국시대 한나라의 '한비'는 용인술의 대가로 유명하다. 그는 기원전 약 280년부터 233년까지 살았는데 우리가 잘 아는 '한비자'이다. 당시 진나라 정왕은 중국 통일을 꿈꾸고 있었다. 그러던 어느 날 그 정왕은 한비자가 쓴 책『고분孤憤』과『오두五蠹』를 읽고는 내용에 탄복했다. 그는 한비자야말로 자신의 통일 대업을 이루는 데 크게 이바지할 사람이라 여겼다. 그래서 한나라와 전쟁까지 벌여 한왕에게 한비자를 사신으로 보내게 해 곁에 두었다. 이 진왕은 그 유명한 진시황이다.

앞서 한비자는 자신의 모국인 한나라가 국력이 쇠하는 모습을 보고는 왕에게 여러 정책을 제언했다. 그런데 왕은 그가 제안한 정책을 모두 받아들이지 않았다. 오히려 간신들을 곁에 두었고 더 높은 지위를 누리게 했다. 그 모습을 보는 한비의 심정은 어떠했을까? 강력한 왕권을 가지고도 사람을 잘 못 부리는 모습이 안타까웠을 것이다. 인재를 분간하지 못하고 오히려 멀리하는 모습에 실망도 했을 것이다. 그 한을 풀고 싶었을까? 그는 법치국가를 숭앙하면서 그 과정에서 인재를 어떻게 부려야 하는지 등을 무려 10만여 자의 저작으로 남긴다. 훗날 그가 감옥에서 사약을 받고 죽은 후 추종자들이 역작을 모아서 『한비자』라는 책으로 엮는다. 이렇게 한비자가 탄생시킨 용인술은 후에 '제왕학'으로 발전한다.

동아시아 문화권에서 '용인술'은 리더라면 반드시 갖춰야 할 덕목으로 평가받았다. 고려시대와 조선시대를 거쳐 근현대 기업 역사에서도 종종 언급된다. 예를 들어 삼성그룹 이병철 회장은 삼남 이건희에게 본격적인 경영수업을 받도록 했다. 그는 37세 이건희가 그룹 부회장으로 첫 출근하는 날 직접 쓴 휘호를 선물했다고 한다.[9] 그 글자가 바로 '경청傾聽'이었다. 리더라면 경청하는 자세를 갖추어야 한다는 점을 강조한 것이다. 이병철 회장은 비즈니스 리더에게 필요한 용인술의 핵심이 경청이라고 본 것이다.

이건희 회장은 아버지 이병철 회장이 자신에게 했던 것처럼 아들 이재용에게 경영 좌우명을 선물한다. 이병철 회장이 내린 '경청'에 한 가지를 더했는데 '삼고초려三顧草廬'이다.[10] 『삼국지』의 가장 유명한 말이기도 하다. 삼국시대 촉한의 유비가 융중에 살던 제갈량을 군사로 모시기 위해 그의 집을 세 번이나 찾아간 일화이다.[11] 당시에 유비는 대략 50세였고 제갈량은 약 26세 전후로 추산된다. 나이가 배 가까이 차이가 남에도 불구하고 인재를 얻으려 그 힘든 길을 마다치 않은 것이다. '이병철의 용인술' '이건희의 용인술'과 같은 표현들은 신문이나 잡지에서 한 번쯤은 봤을 법한 관용어구다. 인재를 선발하고 활용하는 인재경영에서 리더 개인의 통찰력에 의존하도록 암암리에 강제해온 것은 아닐까 싶다.

그리고 '용인술'과 일맥상통하는 것으로 사람과 관련된 상징적 인물이 바로 '제갈량'이다. 동아시아 문화권에서 제갈량은 매우 냉철하면서도 똑똑한 전략가에 더해 사람을 적재적소에 배치한 리더의 이미지다. 그 이미지가 얼마나 강한지 오늘날 다양한 조직들에서 리더십 설문조사를 하면 '우리 리더는 제갈량과 비슷하다.'라는 주관식 응답들이 나오곤 한다. 탁월한 리더는 용인술도 좋으니 그들에게 모두 다 맡겨두면 된다는 생각들이 인재경영의 현장을 지배해 온 듯하다. 사람을 다루는 인사부서야 말할 것도 없다.

공채제도 발전사 3단계: 채용 인터뷰의 과학화

다시 우리나라 채용 제도 이야기로 돌아오겠다. 1995년부터 2004년까지 약 10년간을 '인적성 검사의 과학화'가 주를 이루는 공채제도 2단계라고 칭한다면 2005년부터는 '채용 인터뷰의 과학화'가 시작된다.

채용 인터뷰라고 하면 개인적으로 생각나는 일화가 하나 있다.[12] 홍선대원군이 나라를 손에 쥐고 좌지우지하던 시절에 한 선비가 면접을 보러 찾아갔다. 선비는 방에 들어가 큰절을 올렸지만 대원군은 눈을 지그시 감고는 말이 없었다. 선비는 머쓱해졌지만 대원군이 자신이 절하는 모습을 못 본 줄 알고 한 번 더 절을 했다. 그러자 대원군이 벼락같이 호통을 쳤다.

"네 이놈! 내 앞에서 두 번 절하다니. 내가 송장이냐!"

절을 두 번 하는 건 망자에게만 하는 예법이다. 살아 있는 대원군에게 두 번 절을 했으니 화를 버럭 낼 법도 하다. 선비는 또 얼마나 당황했겠는가. 그런데 선비는 순간 기지를 발휘해 이렇게 답변했다.

"처음 절은 찾아뵈었기에 드리는 절이옵고 두 번째는 그만 가보겠다는 절이었습니다."

대원군은 껄껄 웃었고 기지가 대단하다며 벼슬자리를 주었다고 한다. 이 일화가 실제로 있었던 일인지는 알 수 없으나 한 가지는 분명하다. 사람을 채용할 때 면접은 오래전부터 사용한 도구라는 것이다.

그런데 그 면접이라는 도구 자체가 상당히 비과학적인 방식이었다. 위에서 언급한 대원군의 사례는 그래도 양호하다. 재치가 있는 사람을 뽑아야 하는 자리였다면 말이다. 우리나라 면접관들이 자주 사용하던 클리셰, 즉 상투적 질문들을 떠올려보자.

"아버님께서는 뭐 하시나요?"

"남자친구, 여자친구는 있나요?"

"애인과의 중요한 기념일인데 갑자기 상사가 밤늦게까지 일을 하자고 한다면 뭐라고 할 건가요?"

"우리 회사에 들어온다면 어떤 자세로 일할 건가요?"

이런 질문들이 주를 이루는 '전통적인 면접 방식'에는 심각한 문제가 있다. 아버지의 직업과 지원자의 능력은 어떤 상관이 있는 것일까? 여자친구의 유무가 그 사람의 성과와 어떤 관련이 있는 것일까? "우리 회사에 들어온다면 어떤 자세로 일할 건가요?"라는 질문에 지원자들은 무엇이라고 답할까? 대부분 "열심히, 성실히, 열정적으로, 온 힘을 다해서, 제 영혼을 다해서" 등의 온갖 수식어를 붙여가면서 일하겠다고 할 것이다. 과연 이런 질문을 통해 지원자의 인성과 역량을 평가할 수 있을까?

예전에 채용 인터뷰를 연구한 적이 있다. 내가 논문을 발표한 당시만 해도 데이터에 기반을 둔 실증 연구는 정말 손에 꼽을 정도였다. 면접 연구가 안 된 이유는 몇 가지가 있다. 첫째, 데이터를 수집하는 데 한계가 있기 때문이다. 심리학 또는 조직행동학 계열에서 학술 가치를 인정받으려면 데이터가 몇 개가 필요할까? 연구 주제나 변수 사용에 따라 달라지긴 하지만 관행적으로 어림잡아 최소 200개 이상은 되어야 한다.

여러분이 석사과정에 들어가 마지막 학기에 연구 논문을 써야 한다. 그런데 조직 구성원들 대상으로 100여 개의 설문을 받았다고 해보자. 아마도 주변으로부터 백이면 백 "설문을 좀 더 받아야겠어. 최소한 200개는 넘어야 하지 않겠어?"라는 조언을 받을 것이다. 일대일 면접이든 다대다 면접이든 200개가 필요하다. 쉽지 않은 상황이다.

더구나 연구자가 신경 써야 할 일도 엄청나게 많다. 그와 같은 연구 세팅은 1년에 수백 명의 신입사원을 뽑는 대기업에서나 가능할 것이다. 그와 같은 상황이 있더라도 연구자가 그 기업 채용 담당 실무자와 임원을 설득해야 한다. 그리고 현업에서 면접관으로 참석하는 관리자들에게 양해를 구해야 한다. 지원자들로 참여한 사람들은 말할 것도 없다. 더구나 연구 주제에 따라 조금씩 달라질 수 있지만 면접관 그리고 지원자 대상으로 다양한 정보를 수집해야 한다. 기본적으로 나이, 성별, 학교 등 개인정보들은 물론 참가자들의 성격, 역량, 그리고 면접을 진행하면서 느꼈던 감정과 생각들을 설문해야 한다. 혼자 하기는 만만치 않은 연구 프로젝트이다. 그래서 어지간해서는 연구해보겠다고 나서질 못한다.

그런 연구를 마침 연구 세팅이 나와서 할 수 있었다. 어느 날 한 후배와 전화통화를 하면서 "요즘 무슨 일 하니?"라고 물으니 "요즘 대규모 채용을 준비하고 있어요."라고 하지 않겠는가. 소싯적에 채용 관련 업무를 한 적이 있었다. 그때 여러 가지 궁금증이 있었다. 가장 효과적인 면접관은 어떤 자질을 갖추고 있을까, 한 명의 면접관이 하루에 몇 명의 지원자를 보는 게 좋을까, 면접관들의 집중력이 가장 떨어지는 시간은 언제일까 등이었다. 그 호기심들을 가설로 만들고 데이터로 검증해보고 싶은 욕심이 있었다.

그 후배에게 그 연구를 같이해보지 않겠느냐고 설득했고 회사의 허락을 받았다. 부리나케 연구 모델을 수립하고 연구 설문지를 만들어서 갔다. 여러 우여곡절을 겪은 끝에 1년 반에 걸쳐서 논문을 한 편 낼 수 있었다. 그런데 연구를 하면서 기억에 남는 에피소드가 한 가지 있다. 그때 내가 박사과정 2학기였다. 연구 모델과 설문지를 부랴부랴 만들어서 지도교수에게 보고를 드리러 갔다. 그때 나눈 대화다.

"교수님, 채용 인터뷰 연구를 할 수 있는 세팅이 나와서 이런 모델로 연구하고자 합니다."

"채용 인터뷰? 그거 1980년대 연구가 다 끝난 거잖아. 후광효과, 최근효과 등 면접관의 편견도 그때 다 연구된 것이고 해서 더 연구할 거리가 없을 텐데."

지도교수가 그렇게 약간 면박을 했던 게 기억난다. 속으로 '잘 알지도 못하면서 피드백을 하시는구나.' 하고 야속하게만 생각했다. 그런데 나중에 머리가 좀 더 굵어지고 뒤돌아보니 생각이 달라졌다. 박사과정 2학기 차 학생이 연구를 해보겠다고 덤비니 우선은 지식을 쌓는 데 집중하라는 의도에서 그런 말씀을 하신 것 같다고 말이다.

채용 인터뷰 연구 이야기를 계속해보겠다. 우리나라와는 달리 외국에서는 여러 학자들이 채용 인터뷰가 얼마나 유용한지 궁금해했다. 금전적인 가치로 따져서 얼마나 효용이 있는지를 평가해보기도 했다. 앞서 설명한 바대로 채용 인터뷰 연구가 쉽지 않음에도 불구하고 말이다.

내가 알고 있는 가장 오래된 채용 인터뷰 연구는 1915년에 출간된 논문이다.[13] 그 이후로 적지 않은 논문들이 발표되었다. 채용 인터뷰 연구들을 시대순으로 살펴보다 보면 재미있는 흐름을 발견할 수 있다. 1980년대까지만 하더라도 채용 인터뷰에 의구심을 던지거나 부정적인 논문들이 다수였다.[14] 그 이유는 무엇이었을까?

연구자들은 메타 분석 meta analysis이라는 이름의 연구를 수행하곤 했다. 개개의 연구 논문들 수십 편을 수집한 다음 그 결과를 종합해 고찰하는 방법이다. 진 글라스라는 학자는 메타 분석 연구를 '분석 결과의 분석 analysis of analyses'이라고 표현하기도 했다.[15] 내가 메타 분석 연구를 진행한다고 가정하고 그 과정을 말해보겠다.

우선 채용 인터뷰를 연구한 논문들을 모조리 싹 검색한다. 요즘은 구글에서 제공하는 학술 사이트인 구글 스콜라 scholar.google.com

가 워낙 잘 갖춰져 있어서 키워드 몇 개로 손쉽게 검색 가능하다. 채용과 관련된 논문들을 대략 400여 편 찾아냈다고 해보자. 지원자의 인터뷰 점수와 입사 후 성과 간의 관계를 탐구한 논문들만 따로 가려보았다. 대략 150여 편으로 추려졌다고 가정해보자.

논문들을 하나하나 읽어 나가면서 인터뷰 점수와 입사 후 성과 간의 상관관계 계수[16] 등을 따로 정리한다. 이와 같은 종류의 상관계수를 '타당도 계수validity coefficient'라고도 부른다.[17] 입사 전에 치른 테스트 점수(성격검사, 채용 인터뷰, 토론 면접 등)가 성과와 얼마나 관계가 있는지를 말해주는 값이다.

여러분이 현재 전문적인 지식을 중요시하는 기업에 다닌다고 해보자. 신입사원을 선발할 때 전문 지식들을 묻는 시험을 볼 수 있다. 그 지필고사 점수를 가지고 입사 이후의 성과와 관계를 분석해본다고 하자. 입사 3년 차부터 5년 차까지의 신입사원들 약 150명 정도의 업무를 상사가 평가했다. 그리고 지필고사 점수와 상사가 평가한 성과 간의 상관관계가 0.25로 나왔다고 하자. 이 0.25를 상관계수라고도 부르지만 선발 또는 채용 맥락에서는 '타당도 계수'라고도 칭한다.

150여 편의 논문에서 보고된 타당도 계수를 평균해 인터뷰 점수와 성과 간의 '진정한 관계true relationship'를 도출해낸다. 이런 과정을 통해 타당도 계수 값으로 0.27이라는 값이 나왔다고 해보자. 이 수치만으로는 채용 인터뷰가 얼마나 타당한지 가늠하기 어렵다. 타당성을 판단할 기준이 있어야 하지 않겠는가? 다행히 학자들은 그 가이드라인을 제시해두었다. 제임스 헴필은 380편의 심리학 논문을 근거로 이렇게 제시했다.[18] 4장에서 이 기준들은 다시 한 번 언급하겠다.

범위	판단 가이드
0.20 이하	낮음
0.20~0.30	중간 수준
0.30 이상	높은 수준

인재경영 관련 실무 사이트인 'HR가이드닷컴'에서는 다음과 같이 좀 더 세분해 제안하기도 한다.

범위	판단 가이드
0.11 이하	선발도구가 유용하지 않음
0.11~0.20	상황 및 조건에 따라 유용할 수도 있고 아닐 수도 있음
0.21~0.35	선발도구가 유용함
0.35 이상	매우 유용함

제임스 헴필과 HR가이드닷컴의 기준에 따르면 0.27은 '채용 인터뷰가 유용하다.'라는 결론을 내릴 수 있는 값이다. 그런데 메타 분석 연구를 통해서 얻은 타당도 계수는 어떤 가치가 있을까? 하나의 산업, 회사, 직종을 대상으로 연구한 한 편의 논문만 가지고 다른 회사나 직종에 그대로 적용할 수 있다고 보기 어렵다. 그런데 메타 분석 연구는 회사원, 간호사, 경찰관, 은행원, 공무원, 외교관 등의 다양한 직업뿐만 아니라 금융, 제조, IT 등 다양한 산업에서 연구한 결과들을 종합해 얻어낸 결과이다. 따라서 '상황에 관계없이 채용 인터뷰의 타당도는 약 0.27로 선발도구로서 유용하다.'라는 일반화된 결론을 내릴 수 있다. 산업, 회사, 그리고 직군에 관계없이

어디에서나 통용될 수 있는 결과를 얻어낸 셈이다.

연구자들은 1910년대부터 1980년대 초반까지 채용 인터뷰와 관련해 메타 분석 연구를 계속했다. 그런데 이들 연구들에서 타당도가 매우 낮게 나타났다. 채용 인터뷰에서 지원자를 평가한 점수가 입사하고 난 이후에 거둔 성과를 잘 예측하지 못하는 것으로 나온 것이다. 마빈 던넷 등이 1971년에 분석한 결과, 타당도 계수가 0.16에 불과했다.[19] 리처드 레일리와 조지아 카오가 1982년에 실시한 연구를 보면 0.19가 나왔다.[20] 존 헌터와 론다 헌터가 1984년에 연구한 결과를 보면 타당도 계수가 0.14로 가장 낮게 나왔다.[21] HR가이드닷컴 기준에 따르면 3건의 메타 분석 연구 모두 인터뷰가 사람을 선발할 때 그리 효과적인 도구가 아니라고 나온 것이다. 그러다 보니 채용 인터뷰가 거의 쓸모없지 않으냐는 다음과 같은 논조의 논문들도 있었다.

"지난 수십 년간 시행된 연구들을 통해 인터뷰 타당도가 수용할 수 없을 정도로 낮다는 결과가 나왔다. 그럼에도 불구하고 여전히 우리나라(미국)에서 과하다 할 정도로 많이 활용되고 있다."[22]

그런데 1980년대 후반부터 채용 인터뷰에 대한 안 좋은 인식이 바뀌기 시작한다. 윌리 와이즈너 등(1988)과 패트릭 롸잇 등의 연구(1989)가 대표적이다.[23] 그중 윌리 와이즈너 연구의 핵심 문장 하나를 인용해보겠다. "이전 연구자들의 지배적인 비관론과는 달리 인터뷰는 우수한 채용 도구인 것으로 나타났다."[24]

1990년대부터는 채용 인터뷰가 우수한 지원자를 선발하는 데 상당히 타당하다는 결과들이 주를 이룬다. 1910년대부터 1980년대까지 존재하던 비관론이 어떻게 급반전이 되었을까? 두 가지 이유가 있다. 첫째는 통계 방법론이 발전했기 때문이다. 이를 설명하기에는 내용이 다소 어렵다. 그럼에도 이 책이 '인재경영의 과학적 발전'을 다루기 때문에 최대한 쉽게 설명해보겠다.

여러분이 연구자로서 채용 인터뷰 연구를 한다고 가정해보자. 한 번은 백화점에서 고객 응대 직원들을 뽑기 위해 400명의 지원자를 대상으로 인터뷰를 했다. 다른 한 번은 파이썬Python 같은 프로그램으로 빅데이터를 분석하는 업무에 지원한 150명의 지원자를 대상으로 인터뷰를 했다. 그래서 각각 연구 논문 두 편을 출간했다고 해보자.

아마 전자인 백화점 고객 응대 채용 인터뷰가 더 효과적인 것으로 나타날 것이다. 지원자가 어떤 태도를 보이는지, 까다로운 질문에 어떻게 반응하는지, 표정은 어떻게 짓고 목소리 톤이나 어휘력 등은 어떠한지를 살펴볼 수 있다. 그럼으로써 고객 응대 성과를 예측할 수 있다. 반면 후자인 빅데이터 분석가 채용에서는 인터뷰가 상대적으로 덜 효과적일 것이다. 성과를 내는 구조와 방식이 다르기 때문이다. 사람과 대면하기보다는 컴퓨터를 이용해 데이터를 체계적으로 정리하고 알고리즘을 만들어서 빠르게 분석하고 그로부터 시사점과 통찰력을 얻어내는 일이다. 따라서 단순한 대면 인터뷰만으로 그가 입사 후에 얼마나 일을 잘할 수 있는지를 예측하기가 어려울 가능성이 더 많다.

이처럼 연구 맥락에 따라서 인터뷰 효과가 다르게 나타날 수 있다. 연구마다 직군도 다르고 데이터 샘플 수도 다르고(위의 사례에서는 400명 대 150명) 인터뷰 방법도 다르고 성과가 발현되는 구조도 다를 수 있다. 그럼에도 1980년대 중반까지의 메타 분석 연구들은 이러한 차이를 제대로 반영하지 않은 채 채용 인터뷰 점수와 입사 후 성과 간의 상관관계 계수를 단순 평균하곤 했다.

그런데 1977년에 프랭크 슈미트와 존 헌터가 그와 같은 문제를 해결해줄 방법론을 제시했다. 개개의 연구에서 보고된 상관관계 계수를 모두 동일하게 취급해서 산술적인 평균을 구하는 방식이 아니라 위에서 설명한 차이 등을 반영해 바로잡는 방법이다. 이를 '타당도 일반화validity generalization'라고 부른다. 1980년대 후반부터 이 방법론을 적용하면서 타당도 계수를 더욱 제대로 추정할 수 있게 된 것이다. 그 결과 이전까지의 연구들은 채용 인터뷰의 타당도를 과소 추정해 왔음이 드러난다.

둘째는 인터뷰 유형을 구분하기 시작했기 때문이다. 과거의 많은 연구들은 채용 인터뷰를 동질적으로만 간주해왔다. 그런데 채용 인터뷰는 비구조화unstructured된 방식과 구조화structured된 방식으로 구분할 수 있다. 학자들은 인터뷰 유형별로 타당도 계수가 다르다는 점을 발견했다. 비구조화된 인터뷰를 보통 '전통적인 면접'이라고 부른다. 면접의 처음부터 끝까지 면접관의 자율에 맡긴다. 지원자의 어떤 특성을 평가할 건지, 어떤 질문을 던질 건지 등에 대해 사전에 아무런 협의나 조율을 거치지 않는다. 면접관이 스스로 알아서 인터뷰하고 판단하라는 방식이다. 따라서 면접관이 그때그때의 느낌이나 감흥에 따라 질문을 던질 수 있다. 그렇기 때문에 앞서 예를 든 것처럼 "아버지는 뭐 하시나요?" "애인은 있나요?" 심지어는 여성 지원자에게 "결혼은 언제 하고 아이는 언제 낳을 건가요?"와 같은 질문들을 할 수 있다. 면접관의 선입견이나 편견이나 주관성이 매우 많이 투영될 수밖에 없다.

반면 구조화된 인터뷰는 모든 지원자에게 동일한 순서에 따라 동일한 질문을 던지는 철저하게 표준화된 방식이다. 우선 인터뷰를 통해서 어떤 항목들을 평가해야 하는지를 도출한다. 예를 들어 '성실성'을 평가한다고 해보자. 어떤 면접관은 아침 출근 시간 30분 전에 자리에 앉아 있는 행동을 성실성이라고 생각할 수 있다. 또 어떤 면접관은 상사가 주말에 전화하거나 카톡으로 지시해도 재깍재깍 응답하는 것을 성실하다고 생각할 수 있다. 또 다른 면접관은 자기 일을 책임지고 완수하는 행위를 성실성으로 간주할 수 있다. 이처럼 면접관마다 성실성에 대한 정의가 다를 수 있기 때문에 '우리 회사에서 성실함이란 무엇인가'를 명확하게 규정한다.

그뿐만 아니라, 제대로 평가할 수 있는 질문들을 사전에 모두 뽑아놓고 준비해놓는다. 인터뷰 평가 양식도 모두 표준화해놓는다. 그리고 인터뷰의 처음부터 끝까지 진행 순서도 미리 규정해놓는다. 지원자가 의자에 앉는 순간 어떤 멘트를 하면서 긴장을 풀어줄 건지, 몇몇 역량을 파악하기 위해서 어떤 질문부터 할 것인지, 면접관이 두 명이면 각각의 역할을 어떻게 분담할 건지, 지원자의 답변이 옆길로 새면 어떻게 할 건지, 어떤 말로 면접을 마무리할 건지 모두 정해 그 시나리오대로 면접을 본다. 이 모든 내용을 충분히 숙지하고 연습한 사람들만 면접관으로 활동하도록 한다.

구조화된 인터뷰는 체계적으로 설계되어 있어서 타당도가 전통적인 면접에 비해 매우 높다. 즉 지원자의 성과를 제대로 예측한다. 윌리 와이즈너 등의 연구(1988)를 보면 전통적인 면접의 타당도 계수는 0.20에 불과한 반면에 구조화된 인터뷰의 타당도는 0.63이나 된다. 후자의 방식은 HR가이드닷컴의 판단 기준에 따르면 매우 유용하다 할 수 있다.

그런데 여기서 잠깐. 타당도 계수 0.63이라는 말은 어떤 의미인 걸까? 어느 날 채용 인터뷰 분야에서 업력이 20년 가까이 된 어느 컨설턴트의 발표를 들을 기회가 있었다. 그분은 구조화된 인터뷰의 타당도 계수가 0.63까지 올라간다는 것에 대해 다음과 같이 설명했다.

"100명 중에서 63명이나 제대로 평가를 해낼 수 있다는 말입니다. 엄청나지요?"

이 말을 듣는 순간 여러 상념이 스쳐 지나갔다. 일단 그가 든 예는 부정확하다. 0.63이라는 수치는 앞서 설명한 대로 단순 상관관계다. 입사 전에 평가받은 점수가 성과를 얼마나 설명하느냐를 말하기 위해서는 0.63을 제곱해야 한다(0.63 X 0.63). 통계학에서는 상관관계를 제곱한 값을 '설명력'이라 하고 A라는 변수가 B라는 변수의 변동을 얼마나 설명하는지를 말할 때 사용한다. 상관관계 값을 제곱해 설명력으로 바꾸면 퍼센트(%) 단위를 붙일 수 있다. 0.63을 제곱하면 약 40%가 나온다. 따라서 다음과 같이 말하는 것이 더 정확하다.[25]

"타당도 계수 0.63은 설명력으로 따지면 0.40입니다. 이는 곧 신입사원 성과점수 분산의 40%는 채용 인터뷰 점수에 의해서 설명될 수 있다는 의미입니다."

그 컨설턴트가 언급한 '100명 중 몇 명이나 제대로 평가를 해낼 수 있다.'는 표현은 일반인들이 이해하기 쉽도록 예를 든 것이다. 하지만 일반인들이 이해하기 쉽게 예를 들었다 하더라도 100명 중 63명이 아니라 40명을 언급해야 한다. 아울러 그 예시는 사실상 부적절하다. 상당히 비현실적인 가정을 하기 때문이다. 사람의 성과가 정확히 '모' 아니면 '도'로 나타난다는 가정이다. 여러분이 사람의 성과가 100점과 0점으로만 양분되는 세상에 살고 있다고 해보자. 어떤 신입사원들은 100점으로 고성과를 거두지만 어떤 신입사원들은 0점으로 저성과를 거두는 매우 극단적인 세상이다. 그와 같은 세상에서라면 "100명 중에서 고성과자 40명을 제대로 골라낼 수 있다."고 말할 수 있을 것이다.

그러나 그 말은 어디까지나 비현실적인 세상에서나 써먹을 수 있다. 우리 현실 세계에서는 아주 탁월한 신입사원도 있고 중상 수준의 친구들도 있다. 또 평범한 친구들도 있고 조금 못한 친구들도 있다. 따라서 '100명 중에 몇 명을 제대로 골라낸다'고 말하기 어렵다. 다만 '신입사원 성과의 몇 %를 설명한다'로 해석하는 게 더 맞다.

어떤 분들은 "겨우 40%밖에 설명하지 못한다고?"라는 반응을 보일 수 있다. 그런데 한번 생각해보자.

신입사원 3~5년 차의 성과에 영향을 미칠 수 있는 요소들이 얼마나 다양할 수 있는지. 신입사원이 현재 하는 일이 성격에 잘 맞는지도 좌우될 수 있고 팀장, 사수, 팀원들과의 관계에서 영향을 받을 수 있다. 때로는 사원이 이성 친구와의 관계에서 영향을 받을 수도 있다. 얼마나 많은 영향 요인들이 있겠는가. 그럼에도 구조화된 인터뷰 점수 하나만으로 신입사원 성과를 최대 40%까지 설명할 수 있다니. 낯선 사람을 짧은 시간 안에 평가할 수밖에 없는 현실적인 한계 속에서도 타당도 계수 0.63, 즉 설명력 40%는 엄청난 수치다.

그 컨설턴트의 말을 들으면서, 서두에 언급한 업력이 그의 전문성 수준을 말해주지 못한다는 결과가 생각났다. 단순히 업력이 오래되었다고 스스로 대가라고 생각하면 안 된다. 학습과 수련의 끈을 지속적으로 붙잡아야 한다. 내가 알고 있는 지식이 진짜 제대로 맞는지 끝까지 파고들어 가야 한다. 문득 예전에 읽었던 우리나라 연구자들이 수행한 연구가 생각났다. 연구자들은 최고 수준의 전문가들이 그저 그런 정도의 전문가들과 비교해서 어떻게 다른지를 연구했다.[26] 그 결과, 차이점 중 하나는 '1만 시간'을 넘어서는 '알파 법칙'이다. '1만 시간'은 말콤 글래드웰이 저서 『아웃라이어』에서 소개해 유명해진 연구 성과이다. 전문가가 되기 위해서는 적어도 1만 시간을 수련해야 한다는 것. 그런데 최고 수준의 전문가는 그뿐만이 아니었다. 우리나라 연구자들이 '한 번 더 법칙' '조금 더 법칙'이라고 명명한 차별적 특성이 있었다. 최고의 전문가들을 인터뷰하면서 연구자들이 성찰하고 음미해 풀어낸 명문을 인용해보겠다.

"'한 번 더 법칙'에 있어 최고 수준의 전문가들은 절망감이 들거나 완벽해질 때까지 '한 번 더' 한다는 것이다. 최고 수준의 전문가들이 다른 전문가들보다 우위의 전문성을 발달시키는 것은 힘들고 주저앉고 싶을 때 '조금 더' 차원을 넘어서 절망감과 좌절감으로 포기하고 싶을 때 '다시 한 번 더' 하는 처절한 노력의 결과라 할 수 있다. 보통 수준 전문가들은 자신의 전문적 지식, 경험, 문제해결력을 활용해 '이 정도까지만 하면 됐어.' 하는 정도로 일을 한다. 하지만 최고 수준의 전문가들은 '이제는 더 이상 할 수 없다'는 수준까지 일을 하고 노력을 한다는 것이다. 최고 수준의 전문성은 바로 '한 번 더'라는 실천력을 바탕으로 생겨나는 것이다."[27]

채용 인터뷰 이야기를 계속해보겠다. 학계에서는 1980년대 후반을 기점으로 채용 인터뷰에 대한 관점이 바뀌기 시작했다. 하지만 현업에서 구조화된 인터뷰를 주목하기 시작한 때는 2000년대이다. 대략 15년 가까이 지나서야 현업이 주목하기 시작한 것이다. 현업에서 채용의 과학화가 늦었던 이유는 두 가지로 추정된다.

학계에서 윌리 와이즈너와 패트릭 롸잇의 연구가 반전의 계기를 만들었지만 여러 번 확인하는 작업들이 필요했다. 어느 한 연구자가 새로운 발견을 했다고 해서 그대로 받아들이지는 않는다. 다른 연구자들도 반복적으로 유사한 결과를 얻을 때 비로소 그 학계에서 '정설'로 받아들여진다. 1990년대 들어서면서 학자들은 구조화된 인터뷰가 과연 타당한가에 초점을 맞추어서 연구들을 수행했고 '그렇다'는 반복적인 결과들을 확인했다.[28]

다른 하나는 정보의 확산 속도이다. 오늘날은 인터넷과 스마트폰으로 자연과학과 사회과학계의 새로운 지식들이 매일매일 빠르게 확산되고 공유된다. 학술지들은 저마다 인터넷 사이트를 통해 새로운 논문들을 업데이트하고 있다. 하지만 2000년 초반까지 그와 같은 인프라들이 없었다. 학술적인 지식들은 오로지 학술잡지로 종이에 출력되어 우편으로 전파되었다. 그 옛날 연구자들은 해외 저명 학술지를 구독해 배송받았고 자랑처럼 연구실에 시리즈로 전시해 놓곤 했다.

2000년 초 엘지그룹[29]과 CJ그룹을 필두로 2005년경에는 두산그룹, 웅진그룹, 2007년경에는 롯데그룹 등으로 구조화된 인터뷰가 확산됐다. 한 회사당 '구조화된 인터뷰 구축 컨설팅'이라는 타이틀로 약 1억에서 1억 5,000만 원 정도 들였던 것으로 기억한다. 나 역시도 2008년도에 한 그룹의 14개 계열사를 대상으로 외부 컨설턴트들과 협업하면서 구조화된 인터뷰 구축을 추진했다. 먼저 여러 임원을 만나서 그 회사에 필요한 인재상과 역량을 도출했고 제대로 평가할 수 있는 면접 질문 리스트들을 만들었다. 평가 양식도 모두 표준화시켰다. 마지막으로 현업에서 과장급 이상의 리더들을 선발해 면접관 교육을 했다. 이틀 내지 삼 일 교육으로 진행했다. 그 과정에서 다양한 불만의 목소리를 들어야만 했다. 내가 들었던 불만들을 몇 가지 유형으로 나누어보면 이렇다.

전지전능하다 형:
"나는 우리 업의 전문가라서 지원자를 잠깐만 봐도 정확하게 판단할 수 있어요. 따라서 이런 도구는 필요 없어요!"

답답하다 형:
"꽉 짜인 틀 안에서 면접을 보는 거라 숨이 막히네요. 갑자기 떠오른 질문을 던지지는 못하는 건가요?"

재미없다 형:
"지원자에게 짓궂은 질문을 던지고, 상대가 어떻게 반응하는지를 보는 재미들이 있어요. 그런데 그렇게 못 하게 하니 면접이 재미가 없어요."

못 믿겠다 형:
"아무리 면접을 과학화한다고 하지만, 과연 이런 방식으로 사람을 제대로 뽑을 수 있는 건지 잘 모르겠네요."

> **어쨌든 내 맘대로 형:**

"이렇게 하는지 안 하는지 감시할 건 아니죠? 교육받을 때는 그냥 알겠다고 하고 실제 면접을 볼 때는 그냥 내 맘대로 할래요."

> **왜 귀찮게 하니 형:**

"그동안 신입사원들 잘 뽑아서 우리 그룹이 이렇게 컸지 않았나요? 그동안 잘 해왔으면 되었지, 왜 이렇게 인사부서가 귀찮게 구는지 모르겠네요."

가지각색의 불만의 소리를 들어야만 했다. 그런 반응들은 당연하다고 생각했다. 구조화된 인터뷰는 면접관의 자율을 대폭 제약하는 방식이기 때문이다.

나는 이 프로젝트를 실무적으로 책임졌던 사람으로서 현업의 리더들을 설득하기 위해서 많은 노력들을 기울였다. 면접관 교육을 시작하기 전에 취지와 목적을 충분히 설명하고 끝난 후에도 학습자들의 소감을 들으면서 여러 의구심을 해소하려 했다. 매우 비판적인 일부 학습자들 덕분에 땀을 삐질삐질 흘렸던 기억도 난다.

공채제도 발전사 4단계: 빅데이터와 인공지능의 등장

이제 우리나라 채용 제도는 또 다른 국면을 맞이하고 있다. 새로 시작하는 4단계는 대략 2015~2016년경부터인 듯하다. 원인은 2010년부터 전 세계적으로 불기 시작한 빅데이터 트렌드다.

하루에도 수십 테라바이트에서 수 페타바이트에 이르는 데이터가 정치, 경제, 사회, 문화, 과학, 일상생활 전반에 걸쳐서 쌓이고 있다. 이들 데이터는 잘 분석하면 고객, 사회, 인류에게 유용한 정보를 제공할 수 있다는 점에서 주목받아 왔다. 2012년도 세계경제포럼은 주목받는 10대 기술 중 첫 번째 항목으로 빅데이터 기술을 선정했다.[30] 당시 황창규 단장이 이끌던 대한민국 지식경제부 R&D 전략기획단도 그와 같은 트렌드를 반영해 IT 10대 핵심 기술로 선정했다.

우리에게 빅데이터 기술이 가깝게 다가온 사례를 간략히 소개해 보겠다. 바로 넷플릭스이다. 비디오 스트리밍 서비스계의 최강자 넷플릭스는 2013년에 「하우스 오브 카드」라는 드라마를 방영한다. 하우스는 미국의 하원을 의미하고 카드는 도박을 의미한다. 미국 하원을 중심으로 권모술수가 난무하는 정치판을 그린 드라마다. 이 드라마는 2년 후에 약 27만 명 시청자로부터 10점 만점에 9점의 평가를 받을 정도로 성공했다. 이 성공 배경에 빅데이터 기술이 있다.

넷플릭스는 구글처럼 엄청난 데이터를 축적했다. 시청자가 가입할 때 기록한 기본 인적사항에 더해 '사용자 행동user action'이라고 불리는 데이터를 실시간으로 수집했다. 예를 들어 개개인이 언제 공포 영화를 보는지, 언제 로맨틱 코미디 영화를 보는지를 기록한다. 드라마를 볼 때도 몇 시에 보기 시작하는지, 어디서 시청을 그만두는지, 티브이로 봤는지 아이패드로 봤는지 등을 남겼다. 어떤 영화들을 봤는지 그 내역은 물론이고 각각에 매긴 평점까지도 기록에 남겼다. 넷플릭스는 이러한 데이터 분석을 통해 「하우스 오브 카드」 감독과 주연배우를 결정했다. 감독인 데이빗 핀처와 주연인 케빈 스페이시의 과거 작품들에 대한 시청자들의 반응까지 분석해서 드라마 시나리오 등에 적극 반영했다. 시청자들의 취향을 제대로 저격한 것이다.

그런데 회사 조직 내에도 넷플릭스처럼 많은 데이터가 쌓여 있다. 대기업들을 한번 생각해보자. 매년 수백 수천 통에서 수만 통의 입사 지원서가 들어온다. 글로벌 기업이라면 전 세계에서 들어온 다양한 지원서가 수십만 통 쌓인다. 이렇게 쌓인 입사 지원서를 검토해 서류 전형을 통과하면 인성과 적성검사를 한다. 이 역시도 엄청난 데이터 양이라 하겠다.

그렇다면 이처럼 조직 내 축적되는 구성원 데이터를 잘 분석하여 인재경영에 유용하게 활용할 수 있지 않을까? 그 가능성에 주목해 최근 많은 인사부서가 빅데이터, 머신러닝, 인공지능에 주의를 돌리고 있다. 이런 기술들이 어떻게 활용될지는 4장에서 상세히 밝혀 보겠다.

지금까지 우리는 인재경영에 부는 과학의 바람을 살펴보았다. 특히 1950년대부터 시작한 공채제도를 중심으로 발전사 1단계부터 최근의 4단계까지 역사적으로 검토해보았다. 1990년대까지만 하더라도 개인의 직관과 영감에 많이 의존했다. 반면 그 이후부터는 심리학, 조직행동학, 통계학 등의 발전에 힘입어 한 걸음 한 걸음 과학의 세계로 진일보해 나가고 있다. 앞으로 인재경영에는 어떤 발전들이 있게 될까? 두렵기도 하지만 사뭇 기대되기도 한다.

2장

인사부서에 등장한 심리학자, 통계학자, 데이터학자

1
사람 데이터 분석가들이 왜 인사부서에 왔는가

조직의 리더십 개발이 실제로 유용한가

지금까지 공채제도를 중심으로 한국의 인재경영이 과학화되는 과정을 살펴보았다. 2단계 때 인적성 검사를 도입했고 3단계 때 구조화 면접을 도입했다. 그렇게 한 걸음 두 걸음 전진해왔다. 하지만 그렇다고 인재경영이 과학화되었다고 보기는 어렵다. 왜 그럴까?

많은 기업들이 2000년대 중반 인적성 검사와 구조화 면접을 도입했다. 하지만 실제로 타당도 계수가 어느 정도로 나타나는지 검증하고 발표한 곳은 거의 없다. 단순히 학자들이 이게 더 우수하다고 보증했으니 그 말만 믿고 현업에서는 그대로 답습한 것에 지나지 않는다.

나는 '신념 행위'는 곧 '증거 행위'가 되어야 한다고 믿는다. 좀 더 풀어서 말하자면 인재경영에서 '신념'에 기반한 행위는 곧 '증거'에 기반한 행위가 되어야 한다. 예를 들어보자. 많은 기업에서 리더십 교육 또는 훈련을 한다. 리더십이 조직의 성장과 발전을 크게 좌우한다고 믿기 때문이다. 그럴 것이라고 믿기 때문에 그 행위를 하는 것이다. 이는 '신념 행위'다.

맥킨지[31]와 버신 딜로이트[32]에 따르면 미국 내에서 기업들이 리더십 개발에 매년 투자하는 규모가 약 140억 달러이다. 한화로 계산하면 약 15조 1,000억 원 정도다. 직무 교육 등의 비용은 빼고 리더십만을 대상으로 추산했으므로 적지 않은 투자를 하는 셈이다. 특히 미국에 본사를 둔 글로벌 기업들이 투자를 하고 있기에 우리는 더더욱 그렇게 해야 한다는 신념을 갖는 경우도 비일비재하다.

불현듯 과거의 일이 떠오른다. 모 그룹 본사 근무 시 각 계열사가 인재육성에 얼마나 투자하는지를 종합적으로 조사해서 보고하는 일을 오래 했다. 처음 그 일을 할 때 52개 계열사에 이메일을 보내서 그 대답을 엑셀로 취합했다. 만만치 않은 일이었다. 간혹 데이터가 꼬여서 분석 결과가 틀린 경우도 있었다. 한 번은 작업을 하다가 너무 열이 받았다. 그래서 아예 내가 직접 시스템을 만들기로 했다. 퇴근 후에 PHP Hypertext Preprocessor라는 프로그래밍 언어를 사용해 만들었다. 한 일주일 정도 걸렸던 걸로 기억한다.

시스템은 이렇다. 각 계열사 담당자들이 사이트에 접속해서 고유의 아이디와 패스워드로 로그인을 하면 양식이 나온다. 가령 리더십 교육에는 구성원 계층별로 얼마나 투자되고 직무교육에는 얼마가 들어가는지를 조사한다. 온라인 교육과 오프라인 교육을 구분해서 조사하기도 했다. 한번 만들어놓으니 그 뒤로는 작업하기가 무척 편했다. 그때 내가 인재육성 투자비에 관해 최고경영층에 보고한 자료들을 지금도 가지고 있다. 그 목차는 대략 이렇다.

그룹 차원: 인재육성 투자비 연도별 추이
그룹 차원: 당해연도 계획 대비 투자비
그룹 차원: 타 그룹과 비교
계열사 차원: 계열사별 투자비 추이
계열사 차원: 계열사별 경쟁사 비교

가장 애를 많이 먹은 항목은 타 그룹 또는 계열사별 경쟁사를 비교하는 것이었다. 그 업종에 있는 경쟁 회사들이 인재육성에 얼마나 투자하는지 알아야 하기 때문에 '지인 찬스'를 써서 인맥을 건너고 건너 실례를 무릅쓰고 물어봐야 했다. 금융감독원의 전자공시시스템에서 경쟁 회사들을 검색해서 공시 자료를 참고하면 될 듯하지만 인재육성에 들이는 실질 투자비와는 사뭇 다른 경우들이 많았다. 최고경영층에 보고하는 자료라 정확한 수치가 생명인 작업이었다. 직접 조사할 수밖에 없었다.

특히 글로벌 기업들과 비교해보라는 지시를 받았을 때는 눈앞이 캄캄해졌다. 지금은 링크드인linkedin 등에서 그 회사 인사담당자들을 찾아내 무작정 이메일이라도 보낼 수 있다. 하지만 그때 당시는 그런 소셜 미디어도 없었다. 무척 난감해서 일이 손에 잡히지 않던 차에 '미국교육훈련협회ASTD, American Society for Training & Development'에서 매년 미국 내 글로벌 기업들 중심으로 인재육성 투자비를 조

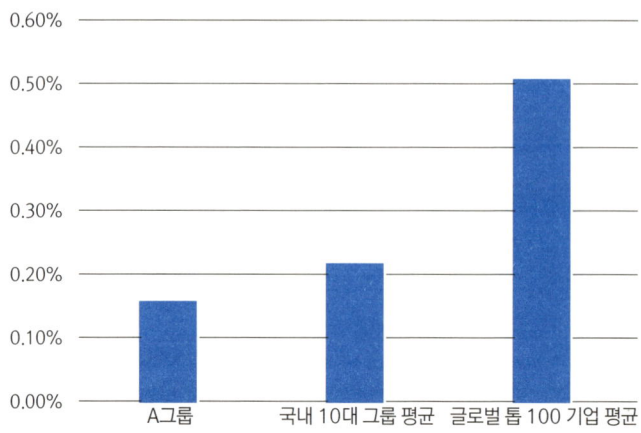

사하고 그 결과를 리포트로 발간한다는 이야기를 들었다. 부랴부랴 그 리포트를 구매했다. 리더십, 직무교육, 온라인, 오프라인 등 항목별 정리가 잘되어 있었다.

리더십 교육 투자비를 비교한 그래프는 위와 같다. 당시 내가 보고한 그대로가 아니라 숫자를 임의로 바꾸어 인용했다. 국내 10대 그룹 평균과 비교하고 글로벌 톱 100 기업과도 비교했다. 이 그래프가 최고경영진에게 주는 암묵적인 메시지는 명확하다. 'A그룹의 리더십 개발 투자가 10대 그룹보다는 조금 낮다. 특히 글로벌 톱 100 기업에 비해서는 터무니없이 낮아서 보다 더 리더십 개발에 투자해야 한다'는 주장이다. 나름대로 데이터를 입수해서 비교한 결과이므로 과학적인 인재경영인 듯 보인다.

그러나 엄밀히 따지면 과학적이지 않다. '남들이 그렇게 하는 데는 다 이유가 있는 법 아니겠어? 특히나 잘 나가는 애들이 그렇게 하는 데는 뭔가 그럴 만한 이유가 있겠지.'라는 논리와 뭐가 다를 게 있겠는가. '글로벌 기업이 저만큼 투자를 하니 우리도 그렇게 해야 한다'는 생각은 과학적 근거가 없는 순진한 믿음에 불과하다.

그와 같은 '신념의 행위'가 이제는 '증거 행위'로 바뀌어야 한다. 우리 조직의 리더십 개발이 실제로 유용한지를 따져봐야 한다. 그러기 위해서는 다음 세 가지 문장에 대한 데이터를 증거로 제시할 수 있어야 한다.[33]

문장 1. 리더십은 우리 조직의 목적 달성에 기여한다.
문장 2. 리더십은 개발이 가능하다.
문장 3. 리더십 교육은 우리 조직의 리더십 향상에 효과적이다.

위의 문장들은 그 순서대로 검증되어야 한다. 문장 3을 데이터로 검토해보니 '그렇다'는 증거들을 얻었다고 가정해보자. 그런데 문장 1을 충족시키지 않는다면, 즉 우리 회사 리더십 교육은 리더십 향상에 효과적이지만, 리더십이 조직 목적 달성과는 관련이 없다는 결론이 내려진다. 그렇다면 개인의 성장과 발전이라는 인본주의적 측면에서는 리더십 개발이 좋을지 몰라도 조직의 목적 달성에는 무관하기 때문에 막대한 자원을 투자해야 할 명분이 없다. 조직은 자신들의 미션과 목적을 달성하기 위해 극히 한정된 자원을 효율적으로 사용해야 하기 때문이다.

문장 1~3의 증거에 따라 의사결정의 방향이 달라질 수 있다. 만일 문장 1에 대해 아무런 증거를 찾지 못한다면 모든 리더십 개발 활동들에 대한 전면 검토가 필요하다. 어쩌면 리더십 개발에 노력을 기울일 필요가 없다는 방향으로 귀결될 수도 있겠다. 문장 1에 대한 객관적인 증거는 찾았지만 문장 2에 대한 증거를 찾지 못했다면 어떻게 해야 할까? 즉 리더십이 조직의 목적 달성에는 기여하지만 리더십은 개발 가능한 것이 아니라 개개인의 타고난 자질이라는 결론에 도달했다면? 이 경우에는 우수한 리더를 선발하고 승진시키는 활동에 더 많은 노력을 기울여야 한다.

만일 문장 1~3이 모두 '그렇다'는 증거를 찾게 된다면 어떨까? 그렇다면 리더 선발과 승진 결정에 많은 노력을 기울여야 하고, 그만큼이나 리더십 개발에 아끼지 않고 투자해야 한다. 신념의 행위에 증거가 덧입혀지면 막대한 힘을 발휘한다. 흔히들 전략의 요체는 '선택과 집중'이라고 하는데 인재경영에서도 선택하고 집중해야 할 부분이 명확해지게 된다.

조직 내에는 서로 다른 믿음과 신념들이 존재한다. 앞서 구조화된 인터뷰 방식을 익히도록 하기 위해서 현업 관리자들을 교육시킬 때 터져 나온 불만의 목소리를 보자. 당시 인사부서의 신념과 '나는 전지전능하다 형'의 신념은 서로 충돌한다.

전지전능하다 형

"나는 우리 업의 전문가라서 지원자를 잠깐만 봐도 정확하게 판단할 수 있기 때문에 이런 도구는 필요 없어요!"

인사부서

"구조화 면접의 타당도 계수가 높게 나타나, 가장 과학적인 채용 방법입니다."

리더십 개발과 관련해서도 신념의 충돌을 종종 목도할 수 있다.

"사람은 기본적으로 변하지 않습니다. 그래서 리더십 개발이 아무런 소용이 없어요." "사람은 변하고 개발될 수 있습니다. 직책자들의 리더십도 얼마든지 발전할 여지가 있지요."

각각의 신념들은 그 나름의 근거가 있다. 각자가 살아온 환경과 그 과정에서 관찰한 사례들로 논리를 방어한다.

'전지전능하다 형'은 이런 증거를 가져다 댈 것이다. "재작년에 내가 뽑은 A, 작년에 내가 직접 면접해서 입사시킨 B, C들, 애네들 지금 일 잘하고 있잖아요?"라고. 인사부서는 이렇게 반박할지 모르겠다. "일반적으로 봤을 때 구조화 면접이 더 효과적입니다. 여러 학자들이 연구한 결과거든요." 이 말에 다시 이런 반박이 돌아올 거다. "그건 어디까지나 학자들의 이야기일 뿐입니다. 우리 산업, 우리 업은 다르다니까요."

이처럼 서로의 입장에서만 객관적인 신념과 신념의 충돌, 즉 제3자가 보면 어디까지나 주관에 불과한 신념의 대립은 소모적이다. 우리 회사에서는 사람을 뽑을 때 구조화 면접으로 표준화시키는 방식이 더 효과적인지, 아니면 면접관들의 자율에 맡기는 게 더 나은지 객관적으로 검증할 수 있어야 한다.

그 일을 누가 해야 하지?

그렇다면 이 일을 누가 해야 할까? 심리학 또는 조직행동학 분야에서 연구 잘하는 교수들과 하면 될까? 물론 선택 가능한 대안이 될 수 있다. 그분들의 전문성을 활용해 엄격한 분석 방법론을 토대로 가장 과학적인 결론을 내릴 수도 있다. 다만 분석하고 검증할 것들이 많을 텐데 그 하나하나마다 함께하기는 어렵겠다.

걸림돌이 한 가지 더 있다. 바로 데이터 보안 문제다. 때로는 구성원들의 인적 사항을 가지고 분석하는 경우도 있다. 가령 현재 주거지가 어디이고 출퇴근 거리가 얼마나 되는지 등이다. 또한 검증해야 할 사안에 따라서는 조직 내의 민감한 문제들이 있다. 외부에 알려지면 안 되는 내용들이다.

그래서 일부 기업들은 나와 같은 역할을 하는 사람을 직접 채용한다. 대표적인 기업이 구글이다. 구글은 과학적인 인재경영을 촉발시킨 장본인이다. 이 회사에는 '사람 운영people operations'이라는 이름의 부서가 있다. 인사부서를 총칭하는 이름으로 보면 되겠다. 얼마 전에 구글의 인사 최고 책임자 자리를 내놓고 물러난 라즐로 복이 전세계에 유행시킨 이름이다. 기존에 많은 사람들이 사용하던 인적 자원human resource이라는 용어가 본인이 보기에는 별로였다고 한다. 인격을 가진 '사람'을 '자원'으로 전락시킨다는 비판적 시각에서 그 대안으로 사용할 수 있는 표현을 쓰고 싶었다고 한다.

라즐로 복은 원래 전략을 하던 소위 '전략 가이strategy guy'다. 루마니아에서 태어나 미국 퍼모나 칼리지 학부를 졸업하고 예일대학교 경영대에서 MBA를 했다. 맥킨지에서 약 4년간 전략 컨설팅을 하고 나서 GE의 인적자원 부서에서 관리자로 근무하다가 구글의 인사 최고 책임자로 이직한다. 한 개인의 사고관은 그의 사회경력 초기에 겪은 경험들로부터 크게 영향을 받을 수 있다. 맥킨지에서 전략 컨설팅을 하던 경험들이 인사 업무를 하면서 적지 않게 영향을 준 듯하다. 인사 업무를 하는 사람들의 그 고유한 도그마들 중 몇몇은 전략 일을 하던 본인이 보기에 탐탁지 않았던 듯하다. 그중

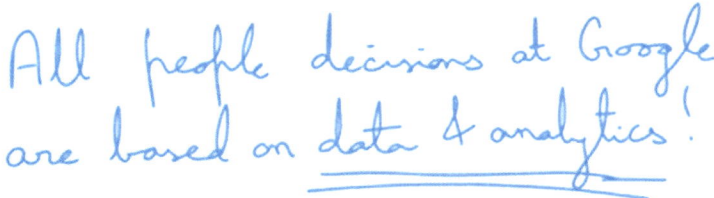

라즐로 복은 어느 날 구글 내 인사담당자들에게 자필로 이렇게 선언한다. "구글의 구성원에 대한 모든 의사결정은 데이터와 분석에 기반을 둬야 한다!"

에서도 그가 가장 마음에 들지 않았던 것은 데이터에 기반을 두지 않은 의사결정이었다.

구글의 '사람 운영' 부서에는 1/3, 1/3, 1/3 구성 룰three-thirds hiring model이 있다.[34] 1/3은 전통적으로 인사 업무를 해왔던 사람들, 그 다음 1/3은 경영 컨설턴트들, 나머지 1/3은 심리학자, 조직행동학자, 통계학자 등의 사회과학에서 박사학위를 받은 사람들로 부서를 꾸린다는 원칙이다. 이들 학자들은 구글 내 구성원들과 관련된 다양한 현상들을 연구한다. 데이터로 분석한 결과를 경영 의사결정에 반영하는 것이다. 그렇다. 바로 나와 같은 사람들이 기업에 들어와서 일하는 것이다.

내가 채용되었을 때 공고가 났던 직무기술서 내용은 다음과 같다.

> 산업·조직심리, 조직행동, 인사조직 관련 석사학위 이상 보유
> 구성원에게 요구되는 자질·역량 등에 대한 파악과 분석
> 분석 방법론에 대한 전문적 지식 및 실무 경험 보유

전 시간 학생으로 박사과정을 수료할 즈음에 헤드헌터를 통해 위와 같은 직무기술서를 받았다. 보는 순간 딱 내가 하고 싶은 일이었

2장 인사부서에 등장한 심리학자, 통계학자, 데이터학자

다. 부랴부랴 자기소개서와 경력기술서를 작성하기 시작했다. 이전에 일했던 경력들을 하나하나 정리해갔다. 연구와 분석 역량을 부각하기 위해 그 당시 내가 주도적으로 수행하고 있었던 5개 연구논문들도 꼼꼼하게 적었다. 정리하다 보니 감회가 새로웠다. 전문가의 길을 걷기 위해 나름대로 참 치열하게 살아왔구나 싶었다.

또한 스티브 잡스가 스탠퍼드대학교 졸업식 축사에서 언급한 "커넥팅 더 닷츠connecting the dots"[35]가 생각났다. 내 전문성과는 전혀 관계없을 법한 일들이 나중에 가서 하나의 구슬처럼 꿰어지며 빛을 발한 듯했다. 나는 중학교 때 앞으로 '무슨 일을 해서 벌어 먹고살지?' 하는 고민을 깊이 했다. 그 당시 텔레비전에서 '미래는 자격증의 시대'라는 말이 종종 나왔다. 그래서 인문계에 들어가서 공부하기보다는 자격증을 딸 수 있는 학교가 더 낫겠다고 판단했다. 그래서 군산에 있는 기계공업고등학교에 들어갔다. 당시 전체 수석으로 들어가 첫날 공식적인 학교 행사 때 신입생 대표로 발표하기도 했다.

나는 자동차과를 선택했다. 마침 군산에 대우자동차 공장이 들어서서 인력이 필요했던 상황이다. 그에 맞게 기계공업고등학교도 자동차과를 신설했다. 내가 그 학교 자동차과 1기생이다. 그런데 입학하고 보니 이렇다 할 체계적인 커리큘럼이 없었다. 첫날부터 자동차 정비 기술을 배울 거라는 꿈은 환상에 불과했다. 가장 먼저 한 일은 긴 쇠줄인 야스리로 주먹만한 철 덩어리를 정육면체로 갈아내는 일이었다. 기계가 아니라 오로지 손으로. 1학년 내내 그것만 했던 것 같다. 정말 지겨운 작업이었다. 그때 알았다. 누구든 안 그렇겠느냐마는 내가 단순 반복 작업을 얼마나 싫어하는지 알았다. 적성에 맞는 직업 특성을 처음으로 자각하게 된 때였다.

자동차과 공부에 흥미를 잃었다. 수업이 끝나는 5시 이후에는 컴퓨터를 배웠다. 가정용 컴퓨터가 흔치 않던 시절이라 학원에 가서 프로그래밍 언어를 배우기 시작했다. 처음 배운 언어는 GW 베이직이었다. 실행 파일을 만들 수 없는, 그저 그런 프로그램 언어였다. 그러고는 C++과 어셈블리를 공부했다. 컴퓨터로 프로그래밍을 배워두면 그 당시 유명했던 빌 게이츠보다는 덜하지만 그래도 자동차로 먹고사는 것보다 더 잘 먹고 살 것 같았다.

그때 알고리즘을 배워두었던 것이 여러 장면에서 도움이 됐다. 앞서 말한 것처럼 계열사 인재육성 투자비를 조사하기 위해 PHP로 프로그래밍해서 사이트를 만들었던 경우가 그렇다. 최근에도 도움이 많이 됐다. 빅데이터를 분석하기 위한 도구들이 알고리즘을 가지고 프로그래밍해야 했기 때문이다. 컴퓨터 언어에 대한 기본 감각이 있어서 어떤 언어를 접하더라도 기본적인 문법만 익히면 초중급 수준에서는 금방 사용할 수 있게 되었다.

아무튼 헤드헌터에게 이력서를 제출하니 면접 날짜가 일사천리로 잡혔다. 면접 전날 밤에 잠이 오지 않았다. 내게 어떤 질문을 할까? 통계 프로그램은 뭘 다루느냐는 질문은 당연할 테고 구성원들의 심리와 행동을 분석할 때는 무엇을 유의해야 하느냐는 질문이 나올까? 뒤척거리다가 이렇게 잠을 못 잘 바에는 역으로 내가 그 회사에 궁금한 내용을 적어보자 싶었다. 15개의 질문거리가 쏟아졌다. A4 용지 한 장에 정리해서 가방에 넣고 새벽 즈음에 잠이 들었다.

"뭐 이런 비슷비슷한 연구들을 하셨나요? 그리 현업에 쓸모 있는 내용은 아닌 듯한데."

오전 11시. 담당 상무님은 눈도 마주치지 않고 고개를 숙인 채 이력서만 뒤적이더니 한 첫 질문이었다. 당황했다. 내 나름대로는 모두 가치 있는 연구라고 자부했는데 '그 나물에 그 밥' 수준의 연구라고 평을 하다니 말이다. 나중에 알고 보니 그 상무님이 전문가들을 면접할 때 주로 사용하는 의도적인 전략이었다. 상대방과 눈도 마주치지 않고 면접을 보는 방식이다. 지원자가 기분 나쁘지 않을 정도 수준에서 압박 질문을 던지고 상대방의 대처 반응을 관찰하는 것이다. 정신없이 면접을 받고 나니 11시 40분. 상무님은 "여기까지 왔는데 점심식사나 하고 가지."라고 했다.

상무님은 식사 자리에서는 얼굴을 마주보며 여러 재미있는 말씀들을 해주었다. 본인이 그 회사에 입사하게 된 계기, 현재 조직이 하는 일들, 앞으로 추진하고자 하는 계획들 등등. 식사가 끝나고 나서 상무님이 마지막 질문을 했다.

"김성준 씨, 혹시 우리에게 궁금하거나 질문할 사항 있습니까?"

가방에 넣어놓은 질문 리스트 종이가 생각났다. 그래서 궁금한 사항들을 좀 정리해왔는데 그것을 보면서 말씀드려도 되는지를 묻고는 가방을 열고 A4지를 꺼냈다. 그러고는 질문 리스트들을 하나하나 점검해가자 대부분의 궁금증이 해소되었다.

답변을 듣고 나서 식당 밖으로 나와 악수를 하고 헤어졌다. 떨어졌구나 싶었다. 면접을 볼 때 상무님의 반응이 너무 시큰둥했기 때문이다. 다음날 회사로부터 연락이 왔다. 기대하지 않았는데, 놀랍게도 합격이었다. 입사 후 한창 일할 때 상무님께 왜 채용했는지를 여쭸더니 이렇게 답변하셨다.

"그게…… 이 사람을 뽑아야 할까 말까 면접 볼 때는 잘 감이 안 오더군요. 확신이 잘 서지 않기에 점심을 먹자고 했죠. 그러고는 마지막에 내가 '궁금한 사항 있느냐?'고 물어보니 '잠시만요.' 하면서 가방에서 질문 리스트 종이를 꺼내는데 그때 감이 확 왔습니다. 이 사람이라고. 우리 조직과 일에 대해 궁금한 사항들을 미리 정리해 올 정도면 호기심과 학습력이 강할 것이라는 생각이 들더군요. 입사하고 나서 업무를 빠르게 파악해서 숙지하고 다양한 호기심으로 업무를 확장해 나갈 거라는 확신이 들어서 뽑았습니다."

지금까지 나는 구조화된 인터뷰가 가장 과학적인 방식이라고 설명했다. 그런데 당시 상무님은 그런 구조화된 방식이 아니라 본인의 직관과 직감을 사용한 것이다. 면접 볼 때는 이래저래 확신을 못 하다가 식사 끝나고 가방에서 질문 리스트를 꺼내는 모습을 보는 순간 '이 사람이다.'라는 촉이 와서 결정하신 거니까. 때로는 직관이 우수할 때도 있는가 보다. 이처럼 우수한 인재를(?) 영입하셨으니 말이다(농담이다). 이런 계기로 지금까지 조직 현상을 관찰하는 연구자로 살아오고 있다.

아이디어를 실천으로, 실천을 아이디어로!

언젠가 어떤 분이 이 분야에서 롤모델로 삼고 싶은 분이 있느냐고 물은 적이 있다. 사실 기업 조직 내에서 심리학자로서 연구자로서 일하는 직업들이 근래 들어 생겨서 정확히 들어맞는 인물은 떠오르지 않는다. 다만 유사한 상황에서 업적을 남긴 분이 있다. 미국 창의적 리더십 센터CCL, Center for Creative Leadership에서 근무하는 심리학자 신시아 맥콜리가 그렇다.

　미국 창의적 리더십 센터는 세계적인 리더십 교육 기관이다. 리더십 개발 분야에서 하버드, 스탠퍼드, 인시아드 등 대학교를 제외한 민간 기관 중에서 세계 1위로 꼽히기도 한다. 이 기관의 설립 배경은 참 독특하다. 1900년대 초에 미국 노스캐롤라이나 그린소보로라는 작은 도시에 런스포드 리처드슨이라는 약사가 살고 있었다. 그는 감기 기운을 낮게 하는 빅스 바포럽Vicks VapoRub이라는 가정용 상비약을 만들었다. 가슴과 목에 마사지하듯이 문질러 바르면 초기 감기 기운을 완화시켜준다. '바르는 감기약'이라는 별명이 붙은 이 제품은 지금도 피앤지P&G에서 판매하고 있다.

　이 회사를 그의 아들 스미스 리처드슨이 물려받아서 크게 키웠다. 그는 사장에서 물러날 시기를 생각하면서 어떻게 하면 기업이 지속 가능할 수 있는지 고민했다. 다음 세대가 회사를 이어받았을 때 사업에 실패하는 사례들을 종종 관찰했기 때문이다. 그는 '왜 새로운 리더들이 실패하며 왜 회사는 망하게 되는가?'라는 화두 하나로 오랜 고민을 했다. 그는 답을 찾고자 리더십과 창의성을 연구하는 심리 및 행동학자들에게 연구비를 투자했다.[36]

　이렇게 해서 1970년에 창의적 리더십 센터가 탄생하게 됐다. 그때 당시만 해도 '리더는 타고난다. 개발될 수 없다.'라는 통념이 강한 시기였다. 그런데 미국 창의적 리더십 센터는 그와 같은 통념에 정면으로 맞섰다. '리더는 개발될 수 있다.'라고. 리더십 개발의 새로운 문을 연 장본인이다. 기존 통념을 뒤엎기 위해서는 무엇이 필요했을까? 바로 객관적 증거였다.

　창의적 리더십 센터 초기 모토이자 지금까지 지속되어 온 슬로건이 있다. '아이디어를 실천으로ideas into action', 다시 '실천을 아이디어로action into ideas'라는 가치다. 창의적 리더십 센터가 전 세계적으로 유명해진 이유가 바로 이 모토에 숨어 있다. 창의적 리더십 센터는 아이디어, 즉 연구research를 하면서 실천하고 실천하면서 연구하는 데 초점을 맞추었다. 연구와 실천 그리고 실천과 연구가 서로 선순환으로 영향을 주고받는 것이다. '리더는 타고난다.'라는 통념이 실제로 그러한지 연구를 했고 '리더는 개발될 수 있다.'라는 객관적인 증거들을 다양한 연구로 보여왔다. 그 결과를 바탕으로 리더십 개발 프로그램을 만들었다. 다양한 조직의 리더들이 그 프로그램에 참여하고 그 과정에서 연구자들은 아이디어를 얻어서 연구를 했고 다시 실천에 반영했다.

사실 이 두 가지를 모두 추구하기가 쉽지 않다. 우리 식으로 표현하면 '지행합일知行合一'에 가깝다. 대학교에서 학자들이 리더십을 연구하지만 현업 리더들의 실천과 성장을 유도하는 측면에서는 한계가 있다. 공공기관, 기업, NGO 조직 각 현장에 있는 리더들에 대한 접근성이 떨어진다. 반면 리더십을 개발한다고 표방하는 조직들은 영리 활동에 매몰되어서 감동을 자아내는 콘텐츠와 교육 방법론에 집중할 뿐 연구에는 관심이 없다. 연구가 밥을 먹여주진 않으니까.

다시 맥콜리 이야기로 돌아와 보자. 맥콜리는 1984년에 조지아 대학교에서 산업조직심리학으로 박사학위를 받았다. 그 뒤 바로 미국 창의적 리더십 센터에 합류했다. 나는 이 분이 정말 대단한 사람이라고 느껴지곤 한다. 세계적인 학술지들을 포함해 80편에 가까운 논문을 발표했다. 특히 내가 좋아하는 리더 경험 분야의 대가이기도 한데 리더는 경험으로부터 성장한다는 가설하에 어떤 경험들이 리더 개발에 이바지하는지를 체계적으로 연구해왔다. 그와 동시에 실천가이기도 했다. 그녀는 수많은 리더들을 진단했고 코칭했다. 또한 그 자신이 창의적 리더십 센터의 여러 연구자들을 이끌고 있는 리더이다.

그녀와 비교하니 내가 한없이 초라해진다. 내 꿈은 우리나라에 미국 창의적 리더십 센터와 같은 기관을 설립하는 것이다. 그 꿈을 향해 한 발 한 발 정진할 따름이다.

2
사람 데이터 분석의
세 가지 유형

첫 번째 유형: 분석 결과가 기존 직관이나 통념과 일치한다

조직 내에서 사람 데이터 연구자로 일하면 흥미로운 일들이 많아서 재미있다. 하지만 부담도 크다. 특히 2010년 이후로 빅데이터 트렌드가 불기 시작하면서 무언가 깜짝 놀랄 만한 시사점이 있지 않을까 기대하는 분들이 많다. 마치 점성술사가 수정 구슬을 들여다보는 느낌처럼 말이다.

나는 경영진의 기대 수준을 합리적으로 조절할 필요가 있다고 보았다. 사람 데이터를 분석하면 얻을 수 있는 시사점들을 유형별로 구분해 비율을 조사했다. 그들 유형은 세 가지로 구분이 됐다. 첫째, 사람 데이터를 분석하면 가장 흔하게 마주하는 유형이다. 분석 결과가 경영자와 인사담당자들이 가지고 있는 직관이나 통념과 일치하는 경우로 대략 80% 정도를 차지한다.

예를 들어보겠다. 로위스Lowe's는 집수리 자재와 도구를 판매하는 소매 회사다. 2014년 기준 전 세계에 약 26만 명의 종업원을 고용하고 있으며 2016년 기준 1,857개의 매장에서 2017년 기준 총 70조의 매출을 달성하는 기업이다. 로위스 경영진들은 경쟁우위의 핵심 원천은 전 세계 매장에서 근무하는 종업원들이라고 믿었다. 종업원들이 집수리 전문성을 가지고 손님들을 친절하게 대응해야 고객으로부터 충성도를 확보할 수 있으니 말이다. 로위스는 종업원들의 태도와 행동이 성과를 좌우할 수 있다는 사실을 직관적으로 알았다.

하지만 실제로 그런지는 그 누구도 객관적으로 확인하지 못했다. 그래서 분석 전문 회사와 함께 프로젝트를 했다. '회사가 종업원의 몰입 수준을 관리하는 것이 정말 중요한가? 그것이 고객 만족과 얼마나 관련이 있는가?'라는 주제였다. 연구 결과 종업원들이 회사에 몰입하는 수준, 즉 회사에 애착심과 연대감을 느낄수록 고객 서비스를 위해 헌신적으로 노력하고 그 결과로 고객들의 만족도를 높인다는 사실을 통계적으로 확인했다. 로위스 인사부서는 경영진에게 이 결과를 보고했고 구성원의 몰입도가 사업에 핵심 요인임을 확신했다. 그리고 구성원들의 몰입도를 높이는 방안들을 검토하고 개선 활동들을 전개했다.

로위스의 결과를 보면 기존의 통념을 뒤집어엎는 내용이 나오지 않았다. 기존에 경영진들이 이미 '감으로' 알고 있는 바를 데이터와 통계로 재확인한 유형이다. 이와 같은 유형의 효용은 무엇일까? 앞서 나는 신념의 행위는 곧 증거의 행위가 되어야 한다고 주장했다. 인재경영 활동의 대부분은 신념의 행위다. 사업 아이디어를 가진 사람이 하나의 부족장이 되어서 부족민을 모집한다. 초기에는 서너 명의 작은 부족이 사업이 커지면서 그 몸집도 커진다. 그리고 수십에서 수백 그리고 수천 명의 부족민이 모여 세상과 싸워나가면서 신념을 만든다. 몸으로 겪어서 알게 된 믿음이다. 로위스의 경우 '종업원들의 몰입이 중요하다', 구글의 경우 '구성원들의 기발한 아이디어가 중요하다'는 것들이다. 그렇지만 그 누구도 객관적으로 제대로 검증해보지 않았다. "정말로 그래? 증거가 있어?"라고 물어보면 "확인해보지는 않았지만 경험적으로 그렇다."라는 궁색한 답변만 할 수 있다.

하지만 기본적으로 가졌던 가정들을 데이터를 가지고 객관적으로 점검해볼 수 있다. 그럼으로써 신념의 행위가 증거의 행위로 전환된다. 원래 해왔던 일들에 강한 확신을 가지고 특정 제도를 지속 시행하거나 더 많은 투자를 할 수 있다. 또한 조직 내 이해관계자들을 대상으로 설득할 수 있는 근거가 되기도 한다. 로위스가 데이터 분석을 하기 전에 종업원 몰입을 향상시키기 위한 프로젝트를 실시하려고 했다고 해보자. 그런데 재무 담당 임원이 '그런 쓸데없는 일에 왜 돈을 쓰려 하느냐?'며 반대표를 던졌다. 이와 같은 상황에서 재무 담당 임원을 어떻게 설득해야 할까? 재무 담당 임원과 같이 숫자를 중시하는 역할에는 그에 합당한 근거가 필요하다.

그런데 나는 이 유형에 애증이 있다. 나 같은 사람 데이터 분석자들을 가장 힘들게 만드는 유형이다. 경영진으로부터 종종 "그거 뻔한 이야기 아니야?"라는 반응을 듣게 하기 때문이다. 내가 가장 많이 들었던 표현들은 이렇다.

"밥 먹으면 배부르다는 말과 비슷하네요."

"장총은 길다. 이렇게 설명하는 거네요?"

"그래서 뭐 어쩌란 건가요? 새로운 인사이트가 없네요."

두 번째 유형: 분석결과가 기존 직관과 통념에서 벗어나 있다

다음은 직관과 통념이 간과한 영역에서 시사점들이 도출되는 분석 유형으로 대략 15% 정도를 차지한다. 사례를 통해 살펴보자. 2015년 12월 『매일경제』에 '관리의 삼성, 올 신입사원 빅데이터로 뽑았다'는 제목의 기사가 나왔다.[37] 그 내용을 인용해보겠다.

"삼성인력개발원이 개발한 프로그램은 지난 20년간 신입사원들이 제출한 이력서와 자기소개서를 텍스트 마이닝 기법을 활용해 분석한 뒤 데이터베이스로 만들었다. 여기에 신입사원들이 입사한 후 달성한 성과와 경력을 추적해 빅데이터화했다. 신입사원 지원자가 제출한 이력서와 자기소개서를 삼성인력개발원이 개발한 프로그램을 활용해 분석하면 입사 후 어느 정도의 성과를 달성할 수 있을지를 빅데이터 프로그램이 전망하게 된다. …(중략)… 삼성그룹 핵심 관계자는 '지난 20년간 신입사원 자기소개서를 빅데이터로 분석해보니 지나치게 많은 미사여구를 쓴 신입사원들이 입사 후 이룬 성과가 평균에 훨씬 못 미쳤다'고 말했다. 하지만 그 미사여구가 무엇인지, 어느 정도면 지나친 건지 등에 대해서는 '절대 밝힐 수 없다'고 말했다."

이 기사 내용을 설명하기 전에 데이터 유형을 먼저 이해하면 좋을 듯하다. 데이터는 크게 '정형 데이터structured data'와 '비정형 데이터unstructured data'로 나뉜다. 형태가 있느냐와 연산 가능하느냐의 기준이다. 정형 데이터는 숫자와 같이 일종의 규약이 존재하며 연산이 가능하다. 반면 비정형 데이터는 연산이 불가하고 일정한 형태가 없다. 트위터나 페이스북에 올라온 글들, 네이버와 다음에 게시된 신문 기사 등이 그렇다.

  대졸 공채에 지원하는 이력서와 자기소개서에는 두 종류의 데이터가 공존한다. 출생연도, 대학 재학기간, 학부 성적 평균, 대학원 성적 평균, 공모전 수상 횟수 등은 모두 정형 데이터다. 개수를 셀 수도 있고 연산도 가능하다.

  이력서에 있는 정형 데이터를 활용해 분석한 사례를 하나 보자. 피터 노빅은 컴퓨터 과학자로서 구글의 수석 연구자이다. 구글에 합류하기 전에는 미국 항공우주국 나사NASA에서 계산과학부서의 수장으로 과학자들 200명을 데리고 일했고 2001년에는 나사에서 수여하는 최고 업적상을 받기도 했다. 그는 2015년 비엔나 공과대학에서 '컴퓨터가 어떻게 학습하는가'라는 주제로 강연하며 구글에서 머신러닝을 어떻게 발전시켰고 또 채용에 적용해본 결과가 어떠했는지를 이야기했다.

  그는 지원자가 프로그래밍 콘테스트에서 상을 받은 횟수가 입사 이후의 성과와 유의미한 관련이 있다고 밝혔다. 콘테스트에서 상을 많이 탄 프로그래머일수록 성과가 좋았을까? 결과는 잠시 후 알려 드리겠다(80 페이지). 하여튼 이처럼 숫자로 표현할 수 있는 데이터들은 분석이 상대적으로 수월하다. 연산이 가능하기 때문이다. 반면 자기소개서에 있는 한글은 분석이 어렵다. 수치화도 안 되고 연산도 쉽지 않기 때문이다. 기껏해야 단어별로 빈도수를 세는 정도다. 그러다 보니 그동안 자기소개서는 사람이 직접 읽고 검토해야 했다.

그런데 최근 몇 년 사이에 기술이 급격히 발전해 한글 텍스트를 분해해서 다양한 분석들을 해볼 수 있다. 예를 들어 감성 분석 sentiment analysis 기법이 있다. 다른 말로는 의견 분석 opinion analysis 이라고도 한다. 어떤 감정을 가지고 문서 또는 문장을 작성했는지 분석하는 방법이다.

영화 평점을 가지고 예를 들어보겠다. 영화 「명량」에 대한 네이버 평가는 총 6만 4,000건 정도가 등록되어 있다. 일반 대중들이 감상평을 올린 것이다. 이 데이터에도 정형과 비정형 데이터가 함께 있는데 쉽게 이해할 수 있도록 다음 두 개 데이터만 가져오겠다.

★★★★★ 10	모든 장면이 감동
★ 1	국뽕, 노잼

첫 번째, 10점을 주고 묘사한 문장을 보자. 독립적으로 존재해도 의미가 있는 단어들을 중심으로 분석하는데 한국어에서는 명사, 동사, 대명사, 형용사를 주로 많이 사용한다. 이 문장에서 '모든'은 관형사이고 '장면'과 '감동'은 명사이다. '모든'과 '장면'은 중립적인 표현에 가깝지만 '감동'은 여기에서 긍정적으로 사용된 단어이다.

물론 '억지로 감동을 짜내는 듯한 시나리오'와 같이 부정적인 느낌을 묘사할 때 쓰이기도 한다. '감동'이 평점이 높을 때 더 많이 쓰였는지, 낮을 때 더 많이 사용되었는지를 조사해보면 평가점수와 긍정적인 혹은 부정적인 관련이 있는지를 알 수 있다. 즉 '감동'이라는 단어가 출현하면 평가 점수가 높아지는지, 낮아지는지를 볼 수 있다.

두 번째는 '국뽕, 노잼'이다. 이 말들은 신조어로 명사 취급을 한다. 한국사를 심하게 미화하는 경향을 '국뽕'이라 하고 심하게 재미없음을 '노잼'이라고 표현한다. 두 단어 모두 대부분의 영화평에서는 부정적인 의견을 기술할 때 사용된다. '노잼'이라는 단어가 출현하면 평가 점수가 낮아지는 추세를 볼 수 있다.

6만 4,000개의 데이터를 가지고 '감동' → 평점, '국뽕' → 평점, '노잼' → 평점에 미치는 평균적인 영향력을 도출할 수 있다. 대략 '사람들이 국뽕이라는 단어를 사용하면 영화 평점을 10점 만점에 몇 점으로 주는 추세가 있더라.' 식의 분석이다.

머신러닝machine learning은 컴퓨터가 스스로 데이터를 분석해서 예측하는 기술이다. 예를 들어 여러분께 영화 「명량」을 보게 한 후 그 소감문과 평점을 쓰도록 한다. 그리고 내게 소감문만 제출하고 평점은 그대로 가지고 있게 한다. 여러분이 제출해준 소감문 내용을 머신러닝 알고리즘에 넣어서 평점을 예측한다. 여러분이 10점 만점에 몇 점을 주었는지 맞출 수 있다는 것이다.

이런 기술을 자기소개서에도 적용해볼 수 있다. 예를 들어 여러분의 회사가 매년 1,000명 정도의 신입사원을 뽑는데 입사지원서가 2만 통 들어오는 규모라고 가정해보자. 지난 5년간의 입사지원서 10만 개와 지난 5년간 입사한 5,000명 신입사원의 성과 데이터를 가져온다. 현업 부서 팀장이 S(매우 우수), A(우수), B(보통), C(미흡), D(매우 미흡)로 고과를 매겼다. 이를 숫자로 바꾸면 5-4-3-2-1로 표현할 수 있다.

분석 로직은 영화 평점의 사례와 비슷하다. 고과가 높은 신입사원들이 자기소개서에 주로 활용한 단어들과 고과가 낮은 신입사원들이 주로 활용한 단어들이 추출된다. 각 단어가 고과 점수와 어느 정도로 관계가 있는지 그 값을 얻을 수 있다.

앞서 기사를 언급한 삼성그룹의 사례로 돌아와 보자. 위에서 내가 개괄적으로 설명한 로직으로 분석해, 삼성그룹 관계자는 다음과 같은 시사점을 얻었다고 언급했다. "신입사원 자기소개서를 빅데이터로 분석해보니 지나치게 많은 미사여구를 쓴 신입사원들이 입사 후 이룬 성과가 평균에 훨씬 못 미쳤다."라고.

지나치게 미사여구를 많이 쓴 사람들이 성과가 낮았다는 결과는 그 누구도 생각하지 못한 결과이다. 그 누가 그런 가설을 가지고 있었을까? 경영자든 인사담당자든 면접관이든 또는 입사지원자든 그와 같은 직관을 가지기는 쉽지 않다. 우리가 전혀 생각지 못한 새로운 시사점이 나오는 유형이다. 앞서 말한 것처럼 드물게 마주하는 유형이다.

여담이지만, 삼성그룹 사례에서 언급된 미사여구들에는 어떤 표현들이 있는 걸까? 그 표현들을 알면 여러분의 조직에서도 적용해 볼 수 있지 않을까? 그 표현들이 많이 나온 자기소개서들은 모두 탈락시키는 건 어떨까? 하지만 여기서 유의해야 할 점이 있다. 삼성그룹에만 국한해서 해석해야 한다는 점이다. 즉 미사여구를 많이 쓴 지원자가 입사 후에 성과가 낮더라는 현상은 삼성그룹에서만 나타날 수 있는 현상임을 고려해야 한다.

삼성그룹은 보고서를 작성할 때 간명하고 명확하게 기술하는 방식을 대체로 선호한다고 한다. 미사여구를 제외하고 어떤 이슈, 문제, 그리고 그 대안을 촌철살인으로 기술하는 사원을 우수하다고 평가할 개연성이 있다. 반면 어떤 조직이 언어의 성찬을 좋아한다면 어떨까? 소위 무언가 있어 보이는 화려한 문체를 더 선호하는 조직이라고 생각해보자. 누군가는 '있어' 보이게 하는 '능력$_{ability}$'이라고 해서 '있어빌리티'라고 칭하기도 한다. 있어빌리티를 중시하는 조직이라면 오히려 미사여구를 잘 구사하는 사원들이 더 우수하다고 평가될 개연성이 있다. 따라서 삼성그룹이 밝혀낸 미사여구 리스트를 알고 있다 하더라도 우리 조직에 그대로 적용하기에는 무리가 있다.

세 번째 유형: 분석 결과가 기존 직관과 통념을 뒤집는다

사람 데이터를 분석하다 보면 종종 주변에서 "뭔가 신박한 결과 없어?" "깜짝 놀랄 만한 이야기 뭐 없어?" 이런 요구를 들을 때가 있다. 빅데이터에는 무언가 우리의 예상을 뒤엎는 놀라운 시사점들이 둥둥 떠다닐 거라 생각하는 것이다. 그런데 기존의 직관과 통념을 뒤집는 유형을 마주하기는 흔치 않다. 겨우 5% 정도 되는 듯하다. 20건의 분석 프로젝트를 수행하면 그중 1건 정도라고 할까. 경험적으로는 이보다 더 적은 비율이라는 것을 강조하고 싶다.

분석하는 족족 우리의 직관을 뒤엎는 결과가 나온다면 어떨까? 그동안 경영자 그리고 인사부서에서 오랫동안 경험적으로 축적해온 노하우들 또는 논리적으로 전개해왔던 주장에 기반한 경영활동들 대부분이 잘못되었다는 말이겠다. 사람의 직관과 통념이 때로는 틀릴 수도 있지만, 대부분은 들어 맞지 않던가. 그러니 직관과 통념을 뒤엎는 결과를 만나는 빈도가 낮을 수밖에.

앞서 구글 프로그래머 사례를 언급했다. 프로그래밍 콘테스트에서 상을 많이 받을수록 입사한 후 성과가 더 좋았을까? '그럴 것 같다'는 추론이 우리의 상식이다. 신입사원 지원자가 마케팅 공모전에서 많이 입상한 결과를 가지고 있을수록 마케팅 일에 감각과 열의를 가지고 더 잘할 것으로 생각한다.

그런데 구글의 프로그래머들은 그 반대의 결과가 나왔다. 즉 콘테스트에서 상을 받은 사람일수록 성과가 평균보다 더 못했다. 왜 이런 현상이 벌어졌을까? 피터 노빅은 이렇게 추론했다. 콘테스트 우승자는 문제에 대한 솔루션을 신속하게 만들어내는 데는 익숙했다. 하지만 현업에서 마주하는 문제들은 규모가 더 크고 시간도 오래 걸렸다. 그러다 보니 오랫동안 심사숙고하면서 깊이 있게 성찰해 근본 원인을 찾아낼 수 있는 사람들이 더 좋은 성과를 거두는 것 같다는 것이다. 기존의 통념을 뒤엎는 이야기이다.

어느 외국의 관리자는 자신이 담당하는 콜센터에서 어떤 특성을 가진 사람이 고성과자이면서 오래 근무하는지를 알고 싶었다. 그래서 분석을 했더니 그 회사에 입사하기 전에 다른 콜센터에서 근무한 전 직장 경력이 있는 사람이 성과가 좋지 않았다.[38] 일반적으로 그 산업과 그 직무에서 근무한 경력이 있으면 일을 더 잘할 것으로 생각한다. 그런데 그 회사의 콜센터에서는 전혀 아니었던 것이다. 이런 종류의 분석 결과를 듣는 순간 경영진이나 의사결정권자들은 눈이 휘둥그레지면서 "정말로 그래?"라는 반응을 보일 것이다. 하지만 안타깝게도 이와 같은 충격적인(?) 시사점은 실제로는 접하기 상당히 드물다.

또한 이와 같은 결과는 '양날의 칼'과도 같다. 경영진이 굳게 믿고 있던 믿음이나 신념을 뒤집어엎는 결과이기 때문에 매우 조심스럽게 보고해야 한다. 단순히 "우리가 이런 걸 분석해봤더니 생각하던 것과 정반대의 결과가 나왔습니다." 하면서 스치듯 보고할 일이 아니다. 사람은 자신이 굳건히 믿어온 가치관이나 신념이 깨질 때 매우 극렬한 감정을 겪기도 한다. 흥미롭다고 반응할 경우도 있지만 극렬한 분노를 느낄 수도 있다.

예를 들어 어느 금융업 회사는 전통적으로 최고 학벌 출신들을 선호해왔다. 경영진들이 그 학교 출신들이 더 뛰어나다고 믿어왔기 때문이다. 그리고 전현직 경영진들이 대부분 좋은 학벌 출신이기도 했다. 그런데 실제로 데이터를 분석해보니 학벌은 성과와 아무런 관련이 없었다. 오히려 다소 부정적인 관계의 결과가 나왔다면 어떨까? 그것을 보고한다고 생각해보자. 순진하게 접근했다가는 격렬한 반응을 받을 수도 있다. 통념을 뒤엎는 결과가 나온 이유는 무엇인지 탄탄한 증거와 논리로 무장되어 있어야만 한다.

다른 예로, 지인이 근무하는 한 회사는 해외에 여러 법인을 가지고 있다. 그들 중에서 유달리 현지 채용인들(현채인)의 퇴직률이 높은 곳이 있었다. 그래서 그 원인이 무엇인지를 파악해보고자 프로젝트팀을 구성했다. 그 법인에는 이렇다 할 데이터가 없었기 때문에 설문조사를 해 객관적인 시사점을 얻어 보고자 했다. 최대한 과학적으로 하기 위해 학문 연구들을 들춰보면서 설문지를 구성하고 현지 채용인들에게 설문을 했다.

그 법인에서 근무하던 한국인 관리자들은 현채인들이 임금이나 보상이 좋지 않아서 나간다고 굳게 믿었다. 그런데 데이터를 분석해보니 그 법인에서 성장 가능성이 보이지 않는다는 것이 주된 원인이었다. 법인장 및 관리자들이 가지고 있던 직관과는 전혀 다르게 나타난 것이다. 그 분석 결과를 공유하자 어떤 반응이 나왔을까? "아, 정말? 진짜로 그래? 그럼 어떻게 해야 하지?"라는 반응이 아니었다. 오히려 프로젝트팀이 뭐라 대응할 수 없도록 원천적인 문제를 비집고 들어와 반론을 펼쳤다. "현채인들 대상으로 한 설문지 구성 자체가 잘못되었다."라고 지적했다. 심혈을 기울여 측정하고 분석했음에도 결론은 다시 원점으로 돌아갔다. 현채인들이 퇴사하는 이유는 성장 가능성의 문제가 아니라 "임금과 보상" 때문이라고 말이다.

이 사례에서도 볼 수 있듯 기존의 직관과 다른 결과가 나왔을 때는 철저한 논리와 강력한 증거들이 필요하다. 그 이유는 레온 레스팅어가 연구한 그 유명한 인지부조화 이론에서 찾을 수 있다.[39] 사람들은 자기가 가진 태도, 신념, 행동이 일치하지 않을 때 생기는 심리적 불편함을 어떻게 해서든 없애고자 한다. 특히 자신의 주관적 신념과 객관적 증거가 서로 불일치할 때는 종종 그 증거를 부정하고 자신의 신념에 더욱 확신을 둔다.[40]

지금까지 조직 내 존재하는 사람 데이터를 분석하면서 마주하게 되는 유형 세 가지를 살펴보았다. 아무래도 경영진의 기대 수준을 좀 낮출 필요가 있지 않나 싶다.

3
인사 빅데이터를 분석하는
두 가지 접근법

가설은 반드시 필요한가

처음 이 일을 시작하였을 때, 무언가를 분석하기 위해서는 제대로 된 가설이 필요하다고 믿었다. 가설은 영어로 hypothesis라고 한다. 고대 그리스어 'hupothesis'에서 유래되었는데 '가정하다'라는 의미가 있고 옛날에는 이 단어가 고전 연극의 줄거리를 언급할 때 사용하기도 했다고 한다.

우리나라에는 "용장 밑에 약졸 없다."라는 옛말이 있다. 우수한 장군 밑에 우수한 부하가 있다는 것이다. 실제로도 그러할까? 이순신 장군은 우리나라 역사상 길이 빛날 최고의 장수이다. 그런데 그의 부하 중 동명이인인 이순신이 있었다. 발음은 같지만 한자 표기는 같지 않은, 완전히 다른 사람이다. 우리가 널리 알고 있는 이순신은 '충무공'이고 충무공을 보좌한 이순신은 '무의공'이다. 무의공 이순신은 세종대왕의 큰형인 양녕대군의 후손이다. 그 당시 임금이었던 선조와는 14촌 할아버지뻘이다. 이황의 제자였던 김성일의 제자로 학문적 경지도 높은데다 무예 또한 우수했다. 특히 활쏘기를 잘했기에 '명궁'으로 불렸다.

두 사람은 상사와 부하 관계였지만 이름이 같아서였는지 사적으로 허물없이 친하게 지냈다. 충무공이 나중에 모함을 받아 백의종군하자 무의공은 그 누구보다도 먼저 찾아와 술로 위로했다는 기록이 『난중일기』에도 있다. 충무공만큼 용맹스러웠던 무의공은 충무공을 보좌해 수많은 전쟁을 승리로 이끌었다. 또 충무공이 노량해전에서 왜군의 총에 맞아 쓰러지자 그 뒷자리를 수습해서 전투를 마무리 지었다. "용장 밑에 약졸 없다"는 말이 더할 나위 없이 어울린다.

그런데 오늘날의 조직 현장은 어떨까? "용장 밑에 약졸 없다."라는 옛말이 과연 맞는지 분석해본 적이 있다. 우선 가설이 있어야겠다. 가설이 없으면 한 장의 지도도 없이 보물을 찾아 떠나겠다고 설쳐대는 꼴과 비슷하다. 이곳저곳을 기웃거리다가 시간만 허비하게 된다. 옛날에는 '가설hypothesis'이 고전 연극의 줄거리라는 의미도 있었다고 한다. 가설은 우리가 분석하고 시사점을 도출하고 보고하는 일련의 스토리가 집약된 문장이기도 하다. 가설을 이렇게 세워봤다.

영가설:
상사의 리더십 수준과 그 부하의 리더십 수준은 아무런 관련이 없다.

주장가설:
상사의 리더십 수준이 높으면 그 부하의 리더십 수준도 높다.

주장가설은 연구자가 '나는 이렇게 될 것 같은데 실제로 그러한지 검증해보자.'라고 주장하는 내용이다. 반면 영가설은 연구자의 주장을 아무런 가치 없게 만드는 또는 무위로 돌아가게 하는 가설이다. 영가설null hypothesis이라는 표현에 영어로 'null'이 들어가 있다는 점에 주목하면 된다. 또는 아무런 변화가 없는 '현상유지 가설'이라고 표현하기도 한다.[41]

이 둘 간의 관계는 법정에서 자주 조우하게 된다. 판사는 법복을 입고 가운데에 앉아 있고 좌우 양쪽에 변호사와 검사 측이 있다. 서로 이렇게 주장한다.

영가설: 원고는 범인이 아니다.(변호사)
주장가설: 원고는 범인이다.(검사)

나는 전작 『빅데이터, 인재를 말하다』에서 사람 데이터를 분석하기 위해서는 반드시 가설이 필요하다고 강조했다. 그런데 지금은 생각이 바뀌었다. 어떤 분석은 가설이 필요하지만 반드시 필요한 조건은 아니다.

빅데이터 분석가들은 데이터를 통해 시사점을 이끌어내는 방식을 두 가지로 제시한다. 첫째는 모델 의존적 방식model dependent method이다. 이 방식은 위에서 설명한 내용과 같다. 어떤 현상에 대해 가설을 세우고 데이터를 검증해서 결론을 내리는 것이다. 두 번째는 데이터 적응적 방식data adaptive method이다. 분석가가 아무런 가설을 세우지 않고 '데이터는 무슨 이야기를 들려주는가?'라고 접근해 분석하는 방식이다.

첫 번째 접근법: 모델 의존적 방식

먼저 모델 의존적 방식은 사회학, 심리학, 조직행동학, 인사관리, 인적자원개발 등의 연구자들이 활용하는 방식이다. 연구자들은 철저히 다른 학자들이 주장한 내용과 관찰한 결과를 토대로 자신의 주장을 논리적이고 체계적으로 펴나가야 한다. 그러고 나서 자신의 주장을 검증 가능한 가설로 만들어내고 현실 세계의 데이터를 수집하고 검증한다.

우리는 경력직 채용 때 경험을 유심히 살펴본다. 다양한 경험을 많이 해본 사람이 일을 잘하고 더 높은 성과를 낼 것으로 생각한다. 즉 경험의 질과 양이 성과와 긍정적 관계가 있다고 가정한다. 그런데 여러분은 '과연 지원자의 경험이 입사 후 성과와 진짜 관련이 있는가?' 하는 의구심을 가질 수 있다. '그 분야 경험이 진짜 많아서 채용했는데 성과는 신통치 않네?'라는 평들을 심심치 않게 들어왔기 때문이다. 그래서 이런 생각을 하게 된다. '일반적으로 경험이 많을수록 성과가 좋지만 지나치게 경험이 많은 경우에는 오히려 성과가 별로인 것 같다'고.

이를 학술적으로 연구해보고 싶으면 어떤 절차를 거쳐야 할까? 먼저 각각의 개념들을 명확히 정의하는 작업이 필요하다. 경험의 질과 양의 의미는 무엇인가? 성과를 어떻게 정의해야 하는가? 그 직무가 요구하는 일들을 충실하게 수행하는 성과를 의미하는지, 새로운 아이디어를 내서 실행하는 혁신 행동을 의미하는지 등을 정의한다. 그러고 나서 학자들이 그동안 경험과 성과에 대해 어떤 연구들을 해왔고 어떤 주장들을 펴왔는지를 살펴본다. 어떤 연구자들은 경험을 '나이'로 정의하고 나이와 성과 간의 관계를 보기도 하고 또 어떤 연구자들은 '조직 근속 연수' 또는 '직무 근무 연수'로 정의해서 보기도 한다.[42]

선행 연구들은 대부분 인적 자본 이론human capital theory에 기반을 두고 가설을 만들어 데이터로 검증했다. 시카고대학교의 경제학자인 게리 베커가 처음으로 주창한 이론이다.[43] 그는 1950년대에 미국 대학 졸업자들 사이에서도 소득 수준에 큰 차이가 있다는 것을 관찰했다. 그 당시 대학 졸업자들이 흔치는 않았기에 보수가 높은 직업을 갖게 될 개연성이 컸다. 그렇게 따지고 보면 대학 졸업자들은 소득 수준이 엇비슷해야 할 것 같다. 그런데 실제로는 그들 사이에서도 격차가 크게 존재했던 것이다.

베커는 왜 그와 같은 현상이 벌어지는지, 대학 졸업자 소득 차이를 만드는 요소들은 무엇인지를 연구했다. 그 과정에서 지식, 기술, 태도, 습관에 더해 업무 경험을 포괄하는 '인적 자본human capital'이라는 개념을 만들어냈다. 어떤 사람들은 자신을 개발하기 위해 퇴근 후 공부를 하거나 학원을 가거나 자격증을 취득하는 등 자신에게 투자했다. 이를 통해 자신의 지식, 기술, 경험 등을 향상시키고 그러면 더 높은 성과를 달성할 개연성이 있다. 이런 근로자들은 노동 시장에서 다른 사람들보다 더 매력적으로 보일 것이다. 고용주들은 다른 사람들보다 이들에게 더 많은 보수를 주면서 데려오고 싶어 할 것이다. 이렇게 자본을 재투자해 자본을 증식하듯이 사람은 자기 자신에게 재투자해 지식, 기술, 경험 등을 증진한다는 개념으로 '인적 자본'이라 칭한 것이다. 베커의 주장은 '일반적으로 경험이 많을수록 성과가 좋다'는 생각을 지지해주는 이론이다.

관련 연구들을 살펴보면 또 하나 '경험의 덫experience trap'이라는 이론을 접하게 된다. 경험이 많을수록 오히려 독이 된다는 논지의 주장이다. 인시아드 대학교의 키쇼어 센굽타 교수 등은 관리자들을 대상으로 실험 연구를 실시했다. 소프트웨어를 개발하는 가상의 프로젝트를 운영하도록 해보니 경험이 많은 관리자들이 불량률도 높고 납기 시한도 어겼다. 이 이론은 '지나치게 경험이 많은 경우에는 오히려 성과가 별로인 것 같다'는 생각을 지지해준다.

이제 이 두 가지 이론과 선행 연구들을 근거로 이렇게 주장을 펼칠 수 있다. '경험이 많을수록 성과가 좋지만 지나치게 많으면 오히려 성과가 좋지 않다.'라고. 그 다음 데이터로 검증 가능한 가설로 재기술한다. '그 분야 직무 근속 연수는 어느 수준까지는 직무성과와 긍정적 관계가 있다. 하지만 그 수준 이후부터는 직무성과와 부정적 관계가 있을 것이다.'라고 말이다. 그리고 여러분의 조직 내 관련 데이터들을 입수해서 통계적으로 분석했더니 지지하는 근거가 나왔다. 그럼 여러분은 이를 토대로 자신의 주장이 맞는다는 결론을 내릴 것이다.

이와 같이 연구자들은 이론과 기존 연구를 토대로 자신의 주장을 펼치고 가설을 세운 후에 데이터를 분석한다. 이렇게 하는 이유는 무엇일까? 학문 연구자들은 일반론과 보편성을 추구하기 때문이다. 대부분의 상황들에서 설명할 수 있는 이론을 찾아내는 데 목적이 있어 '논리 실증주의logical empiricism'에 기반한다.⁴⁴ 연구자의 주장은 이론적이고 논리적이어서 납득할 만하고 그 주장은 곧 우리가 관찰한 결과와 경험적으로 일치해야 한다는 의미다. 심리학이든, 조직행동이든, 대부분의 연구자들이 이와 같은 순서를 따른다. 이 계열의 석사논문을 써본 독자라면 다음과 같은 전개에 익숙할 것이다.

문제 제기 → 주장 → 이론 구성 → 가설 수립 → 데이터 수집 → 통계 검증 → 논의 및 결론

이들 분야에서 훈련받은 연구자들은 현상을 보편적으로 설명할 수 있는 원리와 '가설'이 반드시 있어야만 한다고 생각한다. 이를 거슬러 거꾸로 접근하는 방식은 학문 세계에서는 찾아보기 어렵다. 데이터를 먼저 분석하고 그 결과를 바탕으로 주장을 하면 보편성을 담보하기 어렵기 때문이다. 모든 사람들 또는 그 모든 현상들을 대상으로 입수한 데이터라면 모를까 아주 극히 일부에서 취득한 데이터로는 전체를 설명할 수 없기 때문이다.

여러분이 조직 내 데이터를 분석해보니 '직무 몰입' 수준과 '성과'가 부정적 관계가 있는 것을 발견했다고 해보자. 즉 자신의 직무에 대한 애정과 몰입도가 높은 사람들이 오히려 성과가 더 낮게 나타난 것이다. 여러분은 이 데이터를 근거로 과감하게 이렇게 주장한다. "직무 몰입은 성과를 저해한다!"라고.

과연 이 주장이 다른 조직들에서도 일반적으로 통용될 수 있을까? 그렇지 않다. 사람이 자신의 직무를 사랑하고 몰입하면 조직이

요구하는 업무 목표를 충분히 달성해낼 수 있다. 따라서 일반적으로는 성과 수준이 높아야 한다. 여러분의 주장은 아주 특수한 상황에서 얻어진 특이한 데이터에 기반을 둔 것일 뿐 일반화할 수 없는 결론이다.

나도 학문적인 훈련을 오래 받아왔기 때문에 조직 내 현상을 분석하기 위해서는 가설이 반드시 필요하다는 입장을 고수해왔다. 그러다 어느 순간부터 그와 같은 고집을 버리기 시작했다. 왜 그랬을까? 다른 방식을 설명한 후 그 이유를 말씀드리겠다.

두 번째 접근법: 데이터 적응적 방식

'데이터는 무엇을 말해주는가?'의 관점에서 분석하는 방식이다.

어느 미국 기업 콜센터에서 전화 상담 직원들의 근무 기록을 분석했다. 그 결과 구글의 크롬chrome, 오페라opera, 파이어폭스firefox를 사용하는 직원들이 마이크로소프트사에서 제공해주는 익스플로러explore를 사용하거나 애플에서 기본 제공하는 사파리safari를 사용하는 직원들보다 약 15% 정도 근속일수가 더 길었다.[45] 성과도 평균적으로 높았다.

아무런 이론이나 가설 없이 분석했다. 데이터를 분석한 사람들조차 그 결과를 보고 깜짝 놀랐다. "왜 이런 현상이 벌어진 거지?" 그리고 그 이유를 역으로 추론한다. 데이터 분석 결과에서 출발해서 그로부터 일반적인 논리를 찾아보려는 것이다. 분석가들은 웹브라우저를 선택하는 그 행위 자체보다도 그들의 성격에 근본 원인이 있을 것으로 보았다. 크롬, 오페라, 파이어폭스는 사용자가 인터넷에서 검색해서 추가적으로 깔아야 하는 프로그램이다. 기본적으로 주어진 익스플로러나 사파리에 불만을 품고 새로운 대안을 적극적으로 찾아 적용한 사람들이라고 보았다. 그들은 불만을 느끼면 해결하고자 적극적으로 행동했다. 따라서 다른 사람들보다 근속일수도 상대적으로 길고 성과도 더 높았던 것으로 추론한다.

'데이터 적응적 방식'은 빅데이터를 분석하는 사람들이 주로 사용하는 접근법이기도 하다. 1990년대 미국의 한 마트에서 수요일마다 기저귀와 맥주의 매출이 동반 상승하는 현상이 발견되었고 두 품목을 함께 배치하니 매출이 더 높아졌다고 한다. 마케팅계에서 매우 유명한 사례다. 특정 가설을 가지고 분석한 결과가 아니라 각 품목 간에 날짜별로 상관을 내다 보니 기저귀-맥주 간의 상관이 높게 나왔던 것이다.[46]

월마트는 고객들의 과거 거래 내역에 대한 데이터베이스를 분석하는 과정에서 한 가지 흥미로운 사실을 발견했다. 날씨 상태에 따라 매출 품목이 달랐는데 허리케인이 올 즈음에는 손전등 판매뿐만 아니라 미국인들이 아침 간식으로 즐겨 먹는 팝타르츠의 판매도 증가한 것을 발견했다.[47] 왜 이러한 현상이 일어나는지 그 원인을 파악할 수는 없었다. 어쨌든 허리케인과 팝타르츠 매출 증가 간의 상관성을 근거로 월마트는 폭풍우가 다가올 때면 매장 입구 허리케인 용품 코너에 팝타르츠 상자들을 쌓아놓았다. 그러자 매출이 더욱 증가했다.

나는 사회과학 학문에서 훈련을 받았기 때문에 주로 가설을 세워서 분석하는 '모델 의존적 방식' 접근을 해왔다. 그런데 그와 같은 방식은 한계가 있었다.

첫째, 조직 내 쌓여 있는 빅데이터를 분석할 때 한계가 있다. 가설은 보통 연구자가 관찰한 결과 또는 경험에서 나오거나 기존 연구들에서 도출되기도 한다. 그런데 만일 연구자의 경험과 식견이 짧다면? 그가 관찰하지 못한 현상들이 있다면? 기존 연구들에서조차 다루지 못한, 우리가 알지 못하는 무언가가 있다면?

앞서 우리는 삼성그룹의 자기소개서 사례를 살펴보았다. 미사여구를 많이 사용한 신입사원들의 성과가 저조했다는 결론이다. 그와 같은 가설을 그 어느 누가 직관적으로 알고 있었을 수 있을까. 데이터를 분석하다 보니 우리의 직관 아래 있지 않은, 그래서 우리가 가설로도 만들 수 없었던 현상을 발견하게 된 것이다.

둘째, 가설 자체가 새로운 가능성에 닫혀 있는 경우가 많다. 그러다 보니 '모델 의존적 방식'을 고수해 분석한 결과들 대부분이 '너무 뻔한 이야기 아닙니까?'였다. 뭔가 색다른 인사이트가 없느냐는 요구다. 데이터 적응 방식으로 데이터를 탐색하면 우리가 알지 못한 새로운 이야기들이 있을 수 있다.

나는 모델 의존적 방식과 데이터 적응적 방식 두 가지를 모두 활용한다. 연구자로서 학술지에 연구 논문을 낼 때는 철저히 전자의 접근법을 고수한다. 이론과 선행연구를 토대로 내 주장을 뒷받침한 후에 데이터로 검증해 근거를 제시한다. 조직 내에서도 때로는 전자의 방식을 사용하고 있다. 조직마다 리더십 설문조사를 할 것이다. 여러분의 조직에서도 하는 경우가 있을 텐데 직속 상사의 리더십을 몇 가지 항목으로 응답하는 설문이다. 그런데 어느 날, 현업의 한 리더가 이런 문제를 제기했다.

"내가 담당하는 조직의 구성원들은 굉장히 비판적이라서 기준치가 기본적으로 높습니다. 5점 척도로 설문조사에 응답할 때 다른 조직들은 4점과 5점을 주로 활용합니다. 그런데 우리 구성원들은 시니컬해서 3점, 최대한 후하게 줘봤자 4점밖에 안 줍니다. 그래서 내 리더십 설문조사 점수가 낮게 나올 수밖에 없습니다. 그와 같은 경향성을 반영해서 무언가 보정을 해야 하는 것 아닙니까?"

이 리더의 주장을 받아들여 어떻게든 설문조사 점수를 보정하는 방법을 찾아봐야 할까? 그 전에 이 리더의 주장이 맞는지부터 검증이 필요하다. 사실 응답자의 성향이 설문조사 응답에 영향을 미친다는 것은 널리 알려진 연구 결과이지만[48] 해당 조직이 실제로 그러한지 파악하기 위해서는 다음과 같은 가설들을 확인해봐야 한다.

가설 1. 그 조직 구성원들의 비판적이고 부정적인 성격은 다른 조직 구성원들에 비해 높을 것이다.
가설 2. 매년 같은 해에 실시된 설문 조사들(예: 구성원 만족도 조사) 응답 결과는 리더십 설문조사 응답 결과 수준과 유사하게 낮게 나타날 것이다.
가설 3. 과거 추이를 봤을때 조직의 리더가 바뀌었더라도 리더십 설문조사 응답결과 수준이 일관되게 낮게 나타날 것이다.

이들 가설을 데이터로 검증해보니 가설 1부터 3까지 이를 지지하는 결과들이 나왔다. 모두 다 '그렇다'고 나온 것이다. 그래서 그 리더의 주장이 타당하다는 결론을 얻었다.

두 가지 접근법을 동시에 활용하자

한편으로는 '모델 의존적 방식'과 '데이터 적응 방식'을 동시에 활용하기도 한다. 연말에는 거의 대부분의 조직들이 인사평가를 한다. 보통은 한 해 동안 달성한 업적 수준, 그리고 그가 보유한 역량 수준으로 구분하고 각각에 대해 S/A/B/C/D로 평가하곤 한다. 또는 5점 척도나 6점 척도를 사용한다. 어떤 척도를 사용하느냐는 그 조직이 정하기 나름이다. 정량적으로 점수를 준 후에 피평가자의 강점과 약점을 기술하도록 설계가 되어 있을 것이다. 그와 같은 데이터를 5개년 정도 가지고 있다고 해보자. 이 데이터에서 어떤 시사점을 이끌어낼 수 있을까? 먼저 모델 의존적 방식을 사용해 이런 가설을 세워볼 수 있다.

'당해연도 승진 대상자들은 고과가 높은 반면 승진하고 난 직후의 고과는 크게 낮아질 것이다.'

이 가설은 대부분의 공공기관과 대기업에서 발견되는 현상을 묘사한 것이다. 많은 조직의 성과 평가가 대부분 상대평가라서 높은 고과를 줄 수 있는 사람은 한정되어 있다. 어떤 사람을 올해 말 또는 내년 초에 승진시키려면 그 해 고과가 매우 좋아야 한다. 그래서 승진을 앞둔 사람들에게 의례적으로 높은 고과를 주는 조직들이 있다. 그리고 그가 승진하고 난 다음 해에는 다른 사람들에게 높은 고과를 자의로든 타의로든 양보하게 된다. 어떤 조직은 이를 '고과 돌려먹기'라고 표현한다.

어려운 통계 분석 방법론을 사용하지 않고도 직관적으로 볼 수 있다. 데이터를 가지고 있는 그 5년 동안 승진한 사람들의 명단을 모두 추린다. 한 200명 정도가 있다고 해보자. 이들의 승진 직전 2

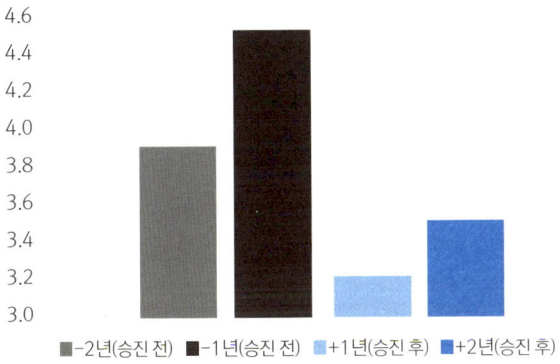

개년 인사고과와 승진 이후 2개년 인사고과를 그래프로 그려본다. 만일 S/A/B/C/D로 평가되어 있다면 5/4/3/2/1로 바꿔본다. 내가 본 어느 조직의 데이터를 가설적으로 그려보았다.

  승진 전까지 인사고과가 높게 나타나다가 승진 직전 연도에 가장 높은 점수를 받았다. 그러다가 승진하자마자 고과가 푹 꺼진다. 거의 'B' 등급 가깝게 받은 경우들이 많다. 고성과자라서 승진시켰더니 저성과자가 되는 현상이 합리적인가? 누군가는 '승진했기 때문에 주변의 기대치가 높아졌을 것이고 1년 차 때는 적응하느라 성과가 낮아질 수 있지 않은가?'라고 반론을 펼 수도 있다. 물론 그 주장도 타당할 수 있다. 다만 여기서는 연구자가 그와 같은 '고과 돌려 먹기' 현상이 있다는 걸 구성원에게 들어서 알았고 가설로 만들어서 데이터로 확인했다.

  아울러 데이터 적응적 방식을 사용할 수 있다. 가령 '우리 회사의 일 잘하는 구성원의 특성은 무엇인가?'라는 주제로 데이터를 분석해볼 수 있다. 이때는 그 어떤 가설을 세우기보다는 데이터는 무엇을 말해주는지를 보는 게 맞다. S등급, A등급, B등급, C등급, D등급을 받았을 때 상사가 기술한 강약점을 텍스트 분석으로 볼 수 있다.

이제 등급별로 차별적으로 묘사되는 키워드를 도출해야 한다. 나와 친분이 깊은 지인이 부탁해서 분석한 추세를 보면 대략 이렇다. D등급에서는 강점에 대한 언급이 거의 없다. 빈칸 수준으로 놔두었다. C등급에서는 '성실하다.' '노력한다.'는 표현들이 대표적이었다. B등급은 '책임감이 강하다.', A등급은 '전문성이 우수하다.', S등급은 '새로운 가치를 만들어낸다.' 등의 키워드들이 차별적으로 나왔다.

참, 여기서 유의할 사항이 한 가지 있다. 데이터 적응적 방식으로 분석할 때 상관성과 인과성을 혼동하면 안 된다는 것이다. 이 관계에 대해서는 후술하겠다. 여기서는 간단히 사례를 하나 들어보겠다. 언젠가 계량통계 분야의 세계적 권위자인 어느 교수님과 점심 식사하던 중 빅데이터 분석이 화제로 등장했다. 그는 최근 황당한 뉴스를 들었다고 했다. "빅데이터를 분석해보니 비 오는 밤에 이성과 자동차 드라이브를 하면 연인관계로 발전할 가능성이 큰 것으로 나타났다."라는 이야기였다. 그리고 그 결과를 근거로 "싱글인 분들은 비 올 때 이성에게 드라이브 신청하세요."라고 했다고 한다. 그런데 그처럼 인과적으로 추론하는 것이 말이 되느냐는 것이다.

비 오는 밤에 드라이브할 정도면 이미 둘 간에 모종의 감정 교류가 있었기 때문이다. 그런 원인과 결과의 선후관계를 무시하고 결론을 내리니 그와 같이 엉뚱한 결론이 나온 것이다. 나 또한 그 말에 적극 동의하면서 "비 오는 밤에 밖에 나오는 게 얼마나 번거로운 일인데요. 특히 여성에게는 말입니다. 서로에게 마음이 1그램도 없었다면 상대를 만나러 밖에 나오려 하지 않았을 겁니다."라고 말했다.

4
분석할 때 상황과 맥락을
함께 읽어야 한다

의미는 맥락에 따라 달라진다

바로 앞에서 내가 S/A/B/C/D 등급별로 차별적인 키워드들을 도출해봤다고 언급했다. 분석 결과는 매우 뻔했다. 이 뻔한 결과를 왜 분석한 걸까? 책 목차를 구상할 때 원래 이 섹션은 생각지도 않았다. 그런데 이 책 뒷부분을 집필하면서 분석 결과는 상황 또는 맥락과 함께 읽어야 한다는 점을 반드시 강조해야겠다 싶었다.

분석 결과만 따로 딱 떼어내 가져와도 그 자체로 재미있는 결과들이 있다. 앞서 구글의 피터 노빅이 프로그래머들의 성과를 머신러닝으로 분석한 결과 프로그래밍 콘테스트 수상 경력이 있는 사람들이 입사 후 다른 사람들보다 성과가 낮게 나타났다고 밝혔다. 이 결과는 맥락을 떼어놓고도 흥미로운 결과다. 그럼에도 불구하고 이 역시도 상황과 맥락을 함께 고려해 해석하는 태도가 중요하다.

모든 분석에는 목적과 이유가 있다. 그 목적과 이유는 그 조직의 상황과 맥락에 존재한다. 상황 또는 맥락을 영어로는 '컨텍스트 context'라고 한다. 컨텍스트는 '함께 뜨개질하다.' '연결을 시키다.'라는 라틴어에서 유래되었다고 한다.[49] 분석 결과는 그 조직이 처한 맥락과 연결지어 해석해야만 진정한 의미를 알 수 있다.

상황 또는 맥락에 대한 강조는 조직심리학이나 조직행동론에서도 있어 왔다. 카네기 멜론 대학교의 데니스 루소 교수는 조직행동론 저널의 편집장을 맡으면서 유명한 아티클 한 편을 발표했다. 제목이 좀 재미있다. 「장소, 장소, 장소: 조직연구를 맥락화시키기 Location, location, location: Contextualizing organizational research」이다.[50] 루소는 조직 내 구성원들의 심리, 태도, 행동 등을 연구할 때는 그 구성원들이 처한 상황이나 맥락과 연결지어서 해석해야 한다고 주장했다. 그러고는 자신이 연구한 조직에 대해 풍부하게 묘사해 제시하도록 동료 연구자들에게 권고했다.

조직 내에서 사람 데이터를 분석한 결과도 마찬가지이다. 외부에서 볼 때는 '그게 무슨 의미가 있나?' 싶어도 맥락에 따라 의미가 있을 수 있다. 예를 들어보자. 여러분은 2008년 구글에서 산소 프로젝트oxygen project를 시행했다는 이야기를 들어보았을 것이다. 구글은 이 프로젝트를 통해 관리자들의 리더십이 팀 성과와 관련 있음을 확인했다. 그런데 이 결과는 너무 당연한 이야기 아닌가?

수많은 연구들이 리더십과 성과는 통계적으로 유의한 관계가 있음을 보여준다. 앞서 학자들은 종종 메타 분석meta analysis 연구를 한다고 말했다. 분석 결과의 분석analysis of analyses이라고 했다. 리더십에서도 여러 메타 분석 연구들이 발표되었다. 과거에 출간된 개개의 리더십 연구 수백 편 이상을 종합한 분석 결과들이다. 예를 들어 티모시 저지와 로널드 피콜로[51]는 1887년부터 2003년까지 출간된 모든 리더십 연구를 찾아보았다. 이들이 찾은 논문들은 총 1,231개였고 그중 관심 주제를 다룬 247개를 추렸다. 이들의 메타 분석 연구 결과에 따르면 관리자의 리더십은 부하들의 직무만족, 동기수준, 그리고 팀의 성과와 긍정적인 관련이 있었다.

리더십과 성과 간의 관계는 당연한 이야기이다. 그런데 왜 구글의 사례가 『뉴욕타임스』[52]에 대서특필되고 『하버드 비즈니스 리뷰』[53]에 사례연구 자료로 실렸을까? 내가 대학원 강의에서 산소 프로젝트를 사례연구로 나누어주면 리더십이 성과와 관련 있다는 사실에만 집중하고 그 맥락을 두루 살피고 연결지어 음미하지 못하는 경향이 있었다. 구글 내의 상황 또는 맥락이 충분히 설명되어 있음에도 불구하고 말이다.

구글은 역사적으로 '관리'를 다소 혐오했다.[54] '관리자' 자체를 싫어하는 분위기여서 관리자가 필요 없다고 생각했다. 구글은 10여 년 역사 동안 관리에 대해 매우 단순한 원칙을 가지고 있었다.[55] 일단 무조건 구성원들을 그냥 놔두는 것이다. 엔지니어들과 프로그래머들이 좋아하는 일을 하도록 그냥 내버려둔다. 그러면 마음에 맞는 사람들끼리 모여서 무언가 일을 저지르기 시작한다. 그러다가 기술적으로 벽에 부딪히면 그 문제를 해결할 수 있는 전문가를 찾는다. 그리고 어디선가 나타난 전문가가 그 어려운 문제를 떡 하니 해결하면 기술적인 리더로 모시게 된다.

구글 문화가 그러했기 때문에 관리자들은 필요가 없다고 생각했다. 지식과 기술력이 풍부한 전문가들만 있으면 된다고 믿었다. 그래서 구글의 창업자인 래리 페이지와 세르게이 브린은 2002년에 관리자 직급을 모두 없애버렸다.[56] 하지만 불과 몇 개월도 안 돼 관리자 직급을 다시 만들었다. 관리자가 없으니 구성원들이 우왕좌왕 했던 것이다. 그들은 당시를 마치 '재앙disaster'과도 같았다고 표현한다.

그와 같은 실험에도 여전히 구글러googler들 사이에서는 관리자들이 방해만 되는 존재라는 인식이 팽배했다. 그래서 구글의 사람 운영 부서에서는 '정말로 구글에서는 관리자가 필요 없을까? 관리자가 성과에 방해되는 존재일까?'를 검증해보기로 마음먹는다. 데이터를 가지고 통계적으로 검증해보니 리더십 측면에서 최고의 관리자와 최악의 관리자들 간에는 팀의 성과에서 확연한 차이들이 존재했다.

그 결과를 구글 내 공표하니 일부 사람들이 통계적인 문제를 걸고 넘어지는 게 아니겠는가? 최고-최악의 관리자를 모두 합쳐봐야 겨우 207명밖에 안 되었다. 그런데 이 숫자는 구글 전체 관리자 규모와 비교해 터무니없이 작은 숫자라는 것이다. 207명의 샘플이 전체를 대표할 수 없다는 것이다. 역시 통계에 강한 구글러들이니 비판하는 내용도 전문적이다.

그래서 '사람 운영' 부서는 또 한 번의 분석을 했다. 누구도 비판할 여지가 없이 다시 한 번 해보니 "관리자의 리더십은 직원의 성과와 만족도에 영향을 주는 변수임이 분명"해졌다.[57] 그러고 나서 구글 내 우수 관리자들의 여덟 가지 행동 특성을 도출했다.

맥락에 따라 반응이 달라진다

산소 프로젝트의 결과는 '관리자의 리더십이 구성원 만족, 팀 성과와 긍정적인 관계가 있다.'라는 매우 당연하고 뻔한 이야기였다. 하지만 구글의 상황 또는 맥락 안에서는 엄청난 충격으로 다가온 결과였다. 관리자들은 거추장스러운 방해물인 줄로 생각했는데 실제로는 그렇지 않았으니 말이다.

더구나 사람 운영 부서가 도출한 여덟 가지 행동 특성들마저도 기존의 통념을 뒤집어 엎었다.[58] 앞서 말한 것처럼 구글러들은 그 분야의 지식과 기술이 뛰어난 전문가가 리더가 되어야 한다고 보았다. 기술적 전문성, 과장되게 말하면 잠을 자면서도 컴퓨터 코드를 작성할 수 있는 정도의 능력이 최고의 덕이라고 생각했다. 그런데 구글이 밝혀낸 최고 관리자들의 특성 여덟 가지 중에서 전문성은 맨 마지막 여덟 번째에 겨우 포함됐다. 전문성보다 더 중요한 행동들은 코칭을 잘하고, 충분히 권한을 위임하고, 팀원들에게 개인적인 관심을 갖고, 소통을 잘하는 등의 행동들이었다.

이처럼 'A가 B와 관련 있는 것으로 나타났다.' 'C가 D 수준을 오히려 낮추더라.' 식의 분석 결과만 따로 똑 떼어내서 해석하려 하면 고개가 갸웃거려지는 경우들이 많다. 따라서 그 분석이 수행된 맥락 안으로 녹아 들어가서 상황과 함께 읽어야 한다. 분석 결과를 곧 상황 또는 맥락과 함께 읽어야 한다는 말은 곧 다음과 같은 경고의 메시지가 되기도 한다. 피터 노빅이 프로그래밍 콘테스트 수상자들이 오히려 입사 후 성과가 좋지 않더라고 밝혔다. 그러면 '아 정말? 우리 회사도 IT 산업인데 앞으로는 콘테스트 수상자들은 가급적 채용하지 말아야겠다.'라고 생각해도 될까? 그렇지 않다. 한 회사의 데이터와 그로부터 분석한 결과는 – 이론이나 논리가 없는 한 – 고도로 맥락 의존적이다. 그 조직에서 입수한 데이터로는 그와 같은 결과가 나왔다. 하지만 다른 조직에서 입수한 데이터로는 그렇게 나오지 않거나 반대의 결과가 나올 수도 있다.

구글의 맥락을 생각해보자. 구글은 트렌드 검색, 지메일, 가상 드라이브 등 스스로 서비스를 만들어서 일반인들에게 제공한다. 대부분의 프로젝트가 장기 레이스다. 그렇기 때문에 오랜 시간 동안 깊이 파고들어서 심사숙고하고 근본적인 문제를 해결할 수 있는 사람들이 더 적합하다. 반면 프로그래밍 콘테스트는 소위 '빠르게 치고 빠지기'에 능해야 한다. 오래 숙고하기보다는 주어진 짧은 시간 안에 머리를 팽팽 돌려서 문제를 풀어야 한다. 그러다 보니 이런 인재들은 새롭고 다양한 문제들에 더 끌리고 한 가지를 깊게 고민하는 일에는 흥미를 쉽게 잃을 가능성이 있다. 구글의 맥락에서는 콘테스트 수상자들이 성과가 좋지 않을 수 있다.

만일 여러분 회사가 B2B 형태의 솔루션을 제공하는 IT 기업이라면? 6개월 혹은 1년 단위로 고객사에 프로그램 솔루션을 만들어주고 빠져나오는 기업이라면 어쩌면 프로그래밍 콘테스트에 입상한 사람들이 더 성과가 좋을 개연성이 있다.

그렇기 때문에 나와 같은 사람들이 일부 기업들에서 필요하다. 동종 업계에 있는 A 기업은 분석해보니 이렇다는데 과연 우리 조직 내에서는 어떻게 나올까? 우리 조직은 콘테스트 수상자를 적극적으로 뽑아야 할까? 아니면 가급적 지양해야 할까? 이에 대한 과학적인 답을 찾아보기 위해서 말이다.

이 책 전체에 걸쳐서 내가 직접 수행한 분석 결과들을 조금씩 언급할 것이다. 부디 '이런 분석을 왜 한 거지?' 하고 비웃지 말아주기 바란다. 분석 결과는 맥락 의존적이기 때문이다.

조직에 따라 분석 주제와 가설은 다를 수밖에 없다

여러 기업들에서 벤치마킹을 요청하는 경우가 있다. 내가 속한 조직이 벤치마킹의 대상이 된다니 정말 영광이다. 그런데 가끔 당혹스러운 부탁을 받을 때가 있다. "우리 조직을 대상으로 무언가 분석을 해야 합니다. 그런데 무슨 주제와 가설로 분석해야 하나요?"라고 묻는 경우가 있다. 이런 질문을 받으면 숨이 탁 막힌다. 마치 "논문은 써야 하는데 무슨 주제와 연구 모델로 써야 하나요?"라는 질문을 받는 느낌이다.

실제 조직에서 데이터를 분석하고 시사점을 이끌어낸 경험이 없어 답답하고 막막한 심정을 충분히 이해한다. 하지만 내가 답을 드릴 수는 없는 일이다. 내가 그 조직을 잘 모르기 때문이다. 어느 문제나 이슈든 상황 또는 맥락에서 나오는 것이다. 내가 그 회사의 전략, 구조, 문화, 사람을 모르는데 어떻게 어떤 주제와 가설로 분석해보라느니 할 수 있겠는가. 한번은 이런 부탁도 받아봤다.

"어떤 주제로 무슨 분석을 할 수 있을지 내부적으로 주제들을 리스트업 중입니다. 혹시 김성준님이 속한 조직에서는 어떤 주제들로 연구했는지 알려주시면 저희가 많이 참고할 수 있을 듯합니다."

이처럼 지금까지 어떤 데이터를 분석해왔고 그 시사점들이 어떠했는지 막무가내로 알려달라는 분들이 간혹 있다. 말문이 막히고 만다. 이 일을 하는 특성상 분석한 주제나 가설은 경영진의 고민일 수도 있다. 간혹 회사의 고질적인 병폐나 조직의 치부가 담긴 내용일 수도 있다. 보고서 앞장에 '극비strictly confidential'란 문구가 있는 내용을 어떻게 공유할 수 있겠는가. 이렇게 말하니 내가 마치 '국정원'급 문서를 다루는 느낌이 난다. 물론 그 정도로 엄청난 기밀을 다루는 일은 아니다. 그럼에도 소속 조직에서 고민하는 내용이 외부에 알려져서 좋을게 없지 않은가.

아무튼 현재 소속된 회사의 현상을 깊이 있게 고민해 분석 주제들을 생각해야 함에도 일단 벤치마킹이나 해보겠다는 심산인 듯해서 나로서는 그런 부탁이 매우 아쉽다. 본인이 고민하는 바를 먼저 이야기하면서 유사한 주제로 분석해본 적이 있느냐고 묻는 게 더 맞는 접근이 아닌가 싶다. 내가 이 말을 하는 이유는 독자 여러분께도 양해의 말씀을 드리고 싶어서이기도 하다. 내가 수행한 일 중 그 내용상 공유할 수 없는 사례들이 많다. 이 책 전반에 걸쳐 직접 겪은 일들을 군데군데 언급했다. 하지만 어떤 사례는 스치듯 언급하기만 했다. 또 어떤 사례는 좀 더 깊이 들어가긴 하지만 상황이 어떠했는지를 생략하기도 했다.

그래서 좀 아쉽다. 문제는 뭐였고, 그래서 가설은 어떻게 세웠으며 데이터는 어떻게 입수 및 분석했고 어떻게 보고 자료를 만들었으며 그 결과는 어떠했는지 설명할 수 있으면 좋았을 것이다. 함께 성장할 수 있을 텐데 말이다. 정말 아쉽다.

3장

사람 데이터 분석가들은 무엇으로 사는가

1
내가 아는 것과
당신이 알아야 할 것은 무엇인가

"내 그럴 줄 알았다!"

조직 내 심리와 문제를 연구하는 사람으로서 여러 가지 희로애락을 겪는다. 이제부터 그 이야기를 해보겠다. 내가 종종 마주치는 일 중 하나. 심혈을 기울여 데이터를 분석해서 경영진에 보고하면 "그거 너무 당연한 이야기 아닙니까?"라는 반응이 비일비재하다. 예를 들어보겠다. '리더가 구성원과 신뢰관계를 굳건히 할수록 그 조직의 성과가 높을 것이다.'라는 가설을 가지고 분석해서 데이터로도 그렇다는 결과를 보고했다고 하자. 백이면 백 이런 반응이 나온다. "그거 너무 뻔한 결과 아닌가. 당연한 걸 왜 그리 어렵게 분석했나." "새로운 인사이트가 없나." "그거 누구나 다 알고 있는 내용 아닌가." "그래서 어쩌란 건가." 이런 말들이다.

사실 그와 같은 말들은 나에겐 신경증적 반응을 일으키게 한다. 그런데 사회학 연구 논문을 읽다가 가슴을 뻥 뚫어준 개념을 알게 되었다. 바로 '사후 확신 편향hindsight bias'이란 개념이다. 소위 '뒷북 편향'이라고도 한다. 사건의 결과를 알고 난 후에 '내 그럴 줄 알았다니까.' 하고 마치 스스로 그 결과를 이미 충분히 알고 있었거나 예측해낼 수 있었던 것처럼 착각하는 심리를 말한다. 개인적으론 '뒷북 편향'이란 표현을 더 좋아한다.

이스라엘 히브리대학교의 바루치 피쇼프라는 심리학과 학생은 어느 세미나에 참석했다가 폴 밀이라는 사람이 '내가 사례 콘퍼런스에 참석하지 않는 이유'라는 주제로 발표하는 내용을 듣게 된다.[59] 폴 밀은 내과 의사들이 특정 사례의 결말을 예측하는 자신들의 능력을 과도하게 평가하는 경향이 있는 것 같다고 말했다. 바루치 피쇼프는 그 얘기를 들으면서 심리학도로서 반드시 검증해봐야겠다고 생각했다. 그리고 심리학 실험연구를 통해 그와 같은 현상을 보고했다. 그가 1975년에 출간한 논문 제목이 「나는 그 일이 일어날 줄 알았다 I Knew It Would Happen」이다.[60]

애자일 컨설팅의 김창준 대표는 이 현상을 이렇게 설명했다. 그의 블로그에서 몇 가지를 가져와 보겠다.[61] 다음은 프린스턴 대학 출판부에서 1949년에 출간된 『미국 군인The American Soldier』이라는 책의 내용 중 일부를 발췌한 것이다. 이 책은 2차 세계대전에 참전한 미국 군인들을 관찰해 연구한 책이다.

• 고학력 군인들은 그렇지 못한 군인들에 비해 더 많은 정신신경증 증상을 보였다.

- 시골 출신 군인들이 도시 출신에 비해 군 복무 기간 중에 보다 더 긍정적이었다.
- 백인 사병들은 흑인들에 비해 장교가 더 되고 싶어 했다.

여러분이 이와 같은 연구 결과를 보고받았다고 해보자. 어떠한가? "너무 뻔한 결과 아니야?"라는 반응인가? 그렇다면 여러분도 사후 확신 편향에 걸린 것이다. 실상은 위의 문장들과는 정반대였다. 고학력보다 저학력 군인들이 더 많이 정신신경증을 보였고 도시 출신들이 더 긍정적이었다. 또 흑인들이 백인 사병보다 더 장교가 되고 싶어 했다.

어느 사회심리학자도 이 편향을 언급하면서 불평을 토로한다. 자기가 연구하는 주제와 그 결과를 가족이나 친구에게 설명해주면 "그게 연구거리가 되는 거니? 왜 그리 뻔한 연구를 해? 그런 거 연구하는 게 사회 심리학이야?"라는 소리를 듣는다고 말이다. 나도 너무 많이 겪어서 이젠 그런가 보다 한다. 분석 결과를 그럴싸하게 또는 매력적으로 만들어내지 못한 내 잘못이라고 탓하면서.

그런데 사후 확신 편향을 다소 완화시키는 방법이 있다. 서울대학교 심리학과의 최인철 교수가 블로그에 「논문 쓰는 법」이라는 주제로 글을 쓴 적이 있다. 연구자가 논문을 흥미롭고 단단하게 쓰는 방법을 논한 내용이지만 나와 같이 조직에서 문제들을 탐구하고 시사점을 도출해서 경영진에게 제언하는 역할을 하는 사람들에게도 유효하다.

사후 확신 편향을 경감시키는 한 가지 방법은 '뻔한 이야기를 뻔하지 않게 이야기'하는 것이다. 그러자면 최인철 교수가 제안한 것처럼 서두에 논란을 만들어내는 것이다. 나의 주장이 맞다는 내용으로 처음부터 끝까지 도배하지 않고 자신의 가설과 정반대에 있는 주장이 왜 또한 설득력이 있는지를 함께 제시한다. 이렇게 서로 대립적인 주장을 배치하면 긴장감을 유발해 보고를 듣는 사람의 지적 호기심을 불러일으키게 된다. "둘 중 어떤 주장이 맞지? 분석 결과는 무엇을 지지하지?" 하는 궁금증이 계속 생기도록 보고를 하는 것이다.

통계적으로 유의하다는 것

조직 내 현상을 연구하는 사람들에게는 통계가 필수다. 데이터를 분석하는 기본 도구이기에 그렇다. 조직에서 사람 데이터를 분석하는 사람들이 전 세계에서 모이는 콘퍼런스들이 있는데 주로 미국, 영국, 유럽에서 열린다. 이때 참석자들이 했던 이야기 중 흥미로운 게 하나 있다. '통계 전공자를 뽑아서 인사 일을 배우게 하는 게 더 낫느냐, 원래 인사 일을 하는 사람에게 통계를 배우는 게 더 낫느냐'는 것이다. 무엇이 더 좋을까?

서구, 특히 미국에 있는 사람들은 전자가 더 낫다는 의견이다. 통계 지식과 식견 그리고 데이터를 분석하는 기술을 가진 사람을 뽑아서 인사 일을 가르치는 게 더 낫다는 것이다.[62] 반면 우리나라는 전자보다는 후자를 더 선호하는 경향이 있다. 왜 그런 차이가 나는 걸까? 미국 기업들은 사람을 뽑을 때 명확한 '직무 명세서'를 만들어놓고 그에 규정된 일만 맡긴다. "너는 이것만 해."라고. 1~2년 일을 시키다가 그 직무가 회사에 별로 가치를 제공해주지 못한다거나 필요 없다고 여겨지면 해고하면 그만이다.

하지만 한국에서는 고용 계약 문화가 미국과는 다르다. 한국 기업들에는 명확한 직무 명세서가 없다. 조직의 필요에 따라 이 일도 하고 저 일도 해야 한다. 사람 데이터만 분석하게 할 수 없다. 채용도 하고 교육도 해야 한다. 해당 직무가 필요 없어졌다고 해도 정규직을 쉽게 해고할 수 없다. 다양한 활용 가능성까지 고민해야 한다. 그래서 한국에서는 통계 전공자를 뽑아서 인사를 가르치기보다는 인사 일을 해오던 사람에게 통계를 배우게 하려는 움직임이 더 많다.

나는 인사 일로 사회에 첫발을 디뎠지만 통계에 관심이 많아서 틈틈이 공부를 해왔다. 그리고 전 시간 박사과정을 하면서 고급 분석 기법들을 다양하게 다룰 수 있게 되었다. 그런데 현업에서는 그와 같은 고급 통계를 사용하기가 어렵다. 왜 그럴까? 어느 날 데이터 분석 결과를 설명하면서 "통계적으로 유의하다."라는 표현을 썼다. 그랬더니 어느 분이 "그 말이 어떤 의미입니까?"라고 물었다. 내가 일상적으로 쓰는 그 용어가 분석 결과를 보고받는 경영자들이나 구성원들에게는 매우 생경한 것이었다. 순간 당황해서 갑자기 머리 작동이 멈췄다. 그날 장황하게 설명하면서 어물쩍 넘어가기는 했지만 뒤돌아서서 후회가 많이 되었다. 좀 더 쉽게 설명했으면 내가 분석한 결과를 보다 더 믿고 신뢰했을 텐데 하고 말이다.

여러분도 통계적으로 유의하다는 말은 많이 들었을 텐데 무슨 뜻일까? 그 정의를 여기에 가져와 보겠다.

'영가설이 참이라는 가정하에서는 발생하기 극히 어려운 결과.'

너무 어렵다. 좀 더 풀어서 설명해야겠다. 앞서 우리는 영가설과 주장가설을 살펴보았다. 잠시 여러분을 재판정으로 데리고 가겠다. 방청객 입장에서 보면 좌측에 검사가 있고 우측에 변호사가 있다. 변호사 측은 보수적인 입장을 취하는 영가설이다. 즉 "이 사람은 범인이 아니다."라고 주장한다. 검사 측은 주장가설 또는 대립가설이다. "이 사람은 범인이다."라는 입장이다.

전지전능한 신이 지상을 내려다보고 "범인은 바로 너야."라고 콕 찍어주면 좋겠지만, 직접 목격하지 않고서 그 사람이 범인인지 아닌지 어떻게 알겠는가? 그렇기에 재판장은 증거물을 가지고 판단할 수밖에 없다. 우리나라에도 '무죄추정의 원칙'이 있다. '무죄추정주의innocent until proven guilty', 즉 범죄가 증명될 때까지 무죄라는 것이다. 라틴어에서도 그와 비슷한 말이 있다. '증거를 제시할 의무는 혐의를 제기한 사람에게 있지 혐의를 부인하는 사람에게 있지 않다Ei incumbit probatio qui dicit, non qui negat.' 검찰에 기소된 피고인이라 하더라도 무죄로 추정될 권리가 있다는 원칙하에 '영가설이 참이다.' 즉 '이 사람은 범인이 아니다.'라는 관점을 견지하면서 증거물을 본다.

만일 검사 측에서 변호인이 알리바이를 댈 수 없는 결정적인 증거를 제시했다고 해보자. 형사소송법 제307조 2항에 보면 '범죄사실의 인정은 합리적인 의심이 없는 정도의 증명에 이르러야 한다'고 되어 있는데 반론의 여지가 없는 결정적 증거가 나온 것이다. 이렇게 되면 재판장은 주장가설(대립가설)을 지지하는 증거가 더 많다고 보고 유죄 판결을 내린다. '통계적으로 유의하다'는 말은 피고인이 범인이 아니라는 가정하에서는(영가설이 참이라는 가정에서는) 성립하기 어려운 증거물이 나왔다는 의미와 일맥상통한다.

재판장을 잠시 떠나서 여러분을 실험실로 데리고 가겠다. 여러분은 슈퍼 닭을 키울 수 있는 사료를 개발 중이다. 세상에 존재하는 닭의 평균 무게가 500그램이다. 그런데 이 사료만 먹이면 그보다 더 몸무게가 많이 나가는 닭을 키워낼 수 있다.

오랜 실험 끝에 테스트용 사료를 만들어냈다. 병아리 100마리를 대상으로 그 테스트용 사료를 먹여 키워서 몸무게를 재어보니 평균 600그램이다. 그 사료가 정말로 효과가 있다고 확신할 수 있을까? 닭의 평균 무게가 500그램인데 그보다 100그램은 더 늘었으니 효과가 있다고 말할 수 있지 않을까? 효과가 있어 보이는 듯하지만 사실 여러 가지 고려사항들이 있다.

우리는 겨우 병아리 100마리만을 대상으로 실험해봤다. 우리의 관심을 받고 자랐기에 우연히 몸무게가 더 많이 나갔을 수 있다. 그렇다면 100마리로는 너무 적으니 수만 마리를 키워보면 어떨까? 수만, 수백만 마리를 키워서 몸무게를 재보면 더 정확한 결과를 얻을 수 있을 것이다. 하지만 닭을 키우는 비용이 엄청날 것이다.

그래서 우리는 통계적 검증을 해보기로 했다. 영가설 '이 약은 효과가 없다'와 주장가설 '이 약은 효과가 있다' 사이에서 어느 쪽 증거가 더 많은지를 보기로 했다. 양계 협회에서 데이터를 받아 조사해보니 성계의 평균 무게는 500그램이다. 그중 상위 30% 정도의 닭 평균 무게가 550그램이고 상위 5% 정도가 570그램인 것으로 나왔다. 그리고 600그램은 상위 1% 정도의 무게였다.

만일 여러분이 키운 닭 100마리의 몸무게가 대략 540그램이었다고 해보자. 닭의 평균 몸무게인 500그램보다는 40그램이 더 나가기 때문에 효과가 있다고 결론 내리기 쉽다. 하지만 사실 우리는 그에 대해 확신을 하기 어렵다. 내가 재래시장에 나가서 할머니 할

아버지가 산에서 키운 닭 100마리를 사서 몸무게를 재봐도 대략 540그램 정도는 나올 확률이 꽤 크기 때문이다. 일상적으로 접할 수 있는 닭 무게에 가까운 것이다.

그런데 여러분이 키운 닭 100마리의 무게가 600그램이 나온 것이다. 이 무게는 상위 1% 정도에서 발견되는 닭들이다. 내가 시장에 나가서 무작위로 100마리를 사서 무게를 재봐도 그 정도의 무게가 나올 확률이 매우 희박한 것이다. 여러분은 '영가설이 참이라는 가정하에서 발생하기 극히 어려운 결과'를 우리 사료를 통해서 얻어낸 것이다! 이러한 결과를 '통계적으로 유의하다.'라고 표현한다. 다시 말해 '우연히 발생할 것 같지 않다.' '확률적으로 봐서 단순한 우연이라고 생각되지 않을 정도로 의미가 있다.'라고 할 수 있다.

상관과 인과의 차이를 이해해야 한다

대략 감은 오지만 쉽지는 않다. 이처럼 용어조차도 생경한데 고급 통계 방법론을 사용한 결과를 보고할 수 있을까? 한 번은 구성원들의 직무역량과 성과 간의 상관관계를 보고한 적이 있다. 직무역량과 성과 간에는 긍정적인 관계가 있다. 긍정적 상관관계를 근거로, 구성원의 직무역량이 높을수록 성과도 높다고 기술하였다. 그렇게 보고했더니 경영진이 단박에 이렇게 말했다.

"단순 상관은 인과를 말해주지 않습니다. 더 많은 증거를 가져오세요."

깜짝 놀랐다. 그 당시 나로서는 상관관계와 인과관계를 구분해서 말하는 경영자를 처음 보았다. 그와 같은 통계적 식견을 가지고 있다는 점에 놀라 존경심까지 들었다. 이분 전공이나 업무 경력이 숫자나 통계와는 관련이 없었기 때문이다. 경영자는 정말 정신없이 바쁘다. 하루에도 회의가 수십 건이다. 그런 와중에도 자신이 부족한 부분을 메우려 얼마나 노력했겠는가? 이분 집무실은 칼같이 정리된 책이 쌓여 있기로 유명하다.

이분의 말씀을 이해하려면 상관과 인과의 차이를 이해해야 한다. 상관관계는 앞에서도 말했다시피 두 변수의 변화 방향이 같거나 역이 되는 관계를 말한다. 키가 크면(↑) 신발 사이즈도 크고(↑) 체중도 많이 나간다(↑). 이러한 관계를 '정적 상관관계'라고 말한다. 기온과 의복 무게는 부적negative 상관관계가 있다. 낮은 온도에서는 여러 벌의 옷을 껴입으니 무거워지고, 높은 온도에서는 한두 벌만 입으니 가볍다.

그런데 상관관계를 인과, 즉 원인과 결과의 관계로 해석하면 안된다. 예를 들어보자. 도시마다 교회 수가 많으면(↑) 범죄 수도 많다(↑). 교회 수-범죄 수는 정적 상관이다. 이를 인과적으로 해석하면 어떻게 될까? '교회 수가 많아지기 때문에(원인) 범죄가 늘어난다(결과).'라는 말이 된다. 이를 토대로 '범죄 수를 낮추려면 교회를 줄여야 한다.'라는 이상한 결론이 도출된다.

비슷한 사례다. 맥도날드 매장이 많으면(↑) 범죄 수도 많다(↑). 맥도날드 매장 수-범죄 수는 정적 상관이다. 이를 인과적으로 해석하면 '맥도날드 매장이 늘어나면(원인) 범죄가 늘어난다(결과)'가 된다. 그리고 이를 바탕으로 대안을 제시하면 범죄를 줄이기 위해서는 맥도날드 매장을 없애야 한다. 맥도날드 햄버거가 시민들의 폭력성을 키우는 걸까? 아니다. 매우 이상한 결론이다. 이와 같은 허상적인 인과를 만들어내는 진정한 변수는 무엇일까? 바로 도시 인구 수다. 인구 수가 증가해서 교회 수, 맥도날드 매장 수, 범죄 수가 증가하는 것이지 교회와 맥도날드가 늘어나서 범죄가 증가하는 관계가 아니다.

그렇다면 인과관계는 무엇일까? 원인과 결과의 관계를 말한다. 우리 속담에 "아니 땐 굴뚝에 연기 날까."라는 말이 있다. 원인이 없으면 결과가 일어날 수 없음을 비유적으로 하는 말이다. 사회 현상에서 인과는 쉽게 알아보기 어렵다. 워낙 복잡하게 얽혀 있기 때문에 어떤 현상에 대한 원인이 정확히 무엇이라고 단박에 짚어낼 수 없다. 인과를 추론하는 몇 가지 조건들이 있다. 여기에서는 딱 두 가지만 살펴보겠다.

첫 번째 조건은 바로 상관이다. 두 현상이 유의하게 서로 관련이 있어야 한다. 상관관계를 중요하게 여기는 이유가 바로 인과관계를 추론하는 첫 번째 관문이기 때문이다. 두 번째 조건은 '시간의 선후'다. '닭이 먼저냐, 달걀이 먼저냐'는 익히 잘 아는 논쟁이다. 생명의 기원이 어디에서 시작되었는지는 오래전부터 질문해왔던 물음이다. 무엇이 먼저냐는 곧 시간의 선후를 의미한다.

도미노를 세워본 적이 있는가? 내가 모 그룹에 입사한 후 약 10개월 뒤에 '신입사원 리프레시 교육'을 받았다. 신입사원이 조직에 정착하는 비율을 '착근율'이라고 부른다. 신입사원들은 대략 10개월 정도 되면 퇴사를 한번쯤 고민하게 된다. 그래서 그 무렵에 신입사원들을 다 모아놓고 마음가짐을 다잡도록 하는 프로그램이다. 학습 팀의 팀워크를 높이기 위한 일환으로 도미노로 글자를 만드는 활동을 했다. 한 팀이 10명 정도인데 수천 개의 도미노 조각으로 글자를 만들었다. 만들다가 어느 팀원이 실수하면 와르르 무너지고, 거의 완성될 뻔했는데 또 누군가의 잘못으로 무너지고…, 그러다 결국에는 마무리를 해냈다. 그리고 완성된 도미노를 무너뜨리는데 내가 집게손가락으로 시작점의 조각을 하나 툭 밀었다. 그랬더니 조각들이 연쇄적으로 넘어진다. 이때 도미노가 무너진 모습은 '결과'이고 '나의 손'은 원인이다. 첫 조각을 미는 행위가 시간상 먼저다.

고급통계, 기초통계, 차원 이동을 반복하다

앞서 말한 것처럼 직무역량과 성과 간의 상관관계를 보고했다가 핀잔에 가까운 말씀을 들었다. "다시 분석해보라." 원래 엄격하고 정밀한 통계 분석을 거칠 수 있었다. 하지만 보고를 받는 분이 이해하지 못할 것 같아서 단순 상관만을 보고한 상황이었다. 일부러 안 한 것이다. 그런데 경영자가 상관성과 인과성을 구분하고 있었다. 대체 그분의 통계적 지식을 어느 수준으로 맞춰야 할지 가늠이 안 되었다.

더 많은 증거를 원하니 '잠재성장모형latent growth model'이라는 학문적으로 엄격한 방법론을 써봤다. 잠재성장모형은 심리학, 교육학, 경영학에서 많이 사용하는 분석 방법이다. 사람이 시간의 흐름에 따라 성장해 가는데 그에 따라 학업 수준, 만족도, 성과가 어떻게 변화하는지를 검증할 수 있다는 것이다. 다소 어려워서 이 방법론을 설명할 수는 없고 그 당시에 분석한 모델을 보여 드리고 넘어가겠다.

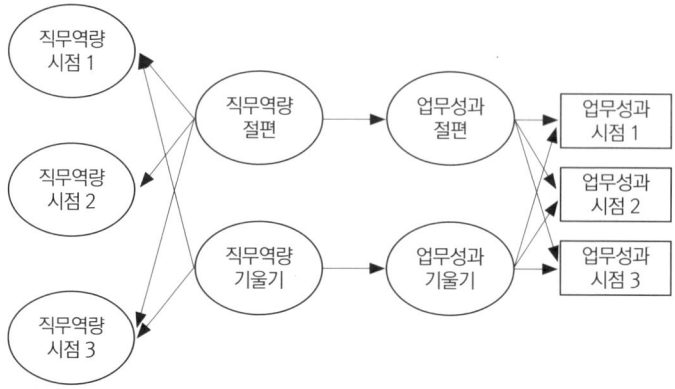

잠재성장모형 예시

무언가 복잡해 보이는가? 이 방법론에 의해 '직무역량이 증가할수록 성과가 증가한다'는 결론을 얻었다. 단순 상관이 아니라 원인과 결과에 대한 보다 많은 증거를 확보했다. 그런데 이 결과를 어떻게 보고할 수 있을까? 이 그림 그대로 보고하면 될까? 안 된다. 경영진이 저 그림을 꼼꼼히 들여다보면서 이해할 만한 시간적인 여유가 없다. 설령 시간 여유가 있어서 방법론을 설명하더라도 제대로 이해할 수 없다. 이를 이해하기 위한 기초적인 지식이 없기 때문이다. 또한 깊게 이해해야 할 이유도 없다. 경영진은 과학하는 분들이 아니라 비즈니스를 하는 분들이기 때문이다.

그렇다면 어떻게 설명하면 좋을까? 결론적으로 저 어려워 보이는 분석 결과는 나만 참고했다. 보고서에서는 누가 보아도 이해할 수 있도록 간단한 그래프로 제시했다. 가설적인 데이터를 가지고 내 기억을 더듬어 그려보았다. 그리고 이 그래프 하단에 작은 글씨로 각주를 써넣었다. '000명 대상, 직무역량과 업무성과 간의 인과관계 분석'이라고. 처음에는 '엄격한 통계 분석 방법론인 잠재성장

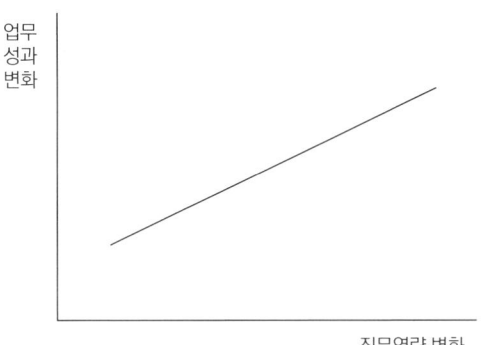

모형에 의한 분석 결과'라고 적었다가 이 문구마저도 어려운 듯해 막판에 표현을 바꾸었다.

토머스 라스무센과 미시건 대학교의 데이브 얼리치도 나와 동일한 접근을 했다.[63] 덴마크 기업인 A. P. 몰러-머스크 그룹은 운송, 정유, 에너지, 은행 등의 사업을 영위하는 110년 역사의 기업이다. 그중 한 계열사인 머스크 드릴링은 드넓은 대양에서 석유를 시추하는 사업을 하고 있다. 그런데 해저를 뚫고 석유를 추출하는 시추선들 간의 성과가 균질하지 않다는 문제가 있었다. 해양 환경이 비슷한 곳에 위치한 유사한 시추선들 간에도 서로 실적 차이가 났다. 라스무센과 얼리치는 그 원인을 알아보고자 했다.

이들은 시추 작업자들의 능력 수준을 측정하고 상사의 리더십을 설문했다. 그리고 시추선들 성과, 안전 성과, 고객 만족 등의 데이터를 입수했다. 분석 결과 상사의 리더십이 중요한 요소로 드러났다. 상사가 리더십이 좋으면 우수한 작업자들이 이직하지 않고 지속적으로 근무하고자 했다. 그 작업자들은 다른 동료들에게 노하우를 전수해서 시추 작업 능력을 높이는 데 이바지했다. 신입 작업자가 오더라도 충분한 교육을 통해 시추선의 운영 성능을 항상 고수준으로 유지할 수 있었다. 시추 운영 성과가 높으니 고객 만족도 높았다. 그렇다면 분석한 결과를 어떻게 공유했을까? 이들은 이렇게 말한다.

"시계열 데이터를 가지고 로짓 회귀 분석을 하는 등 고급 통계 방법론이 사용되었음에도 프레젠테이션할 때는 아주 단순하게 제시했습니다. 우리가 소통하는 대상이 학자들이 아니라는 점을 지속적으로 상기하면서 말이지요."

이처럼 고급통계와 기초통계 간에 차원 이동을 반복한다. 고급통계를 수행한 결과는 나만 참고한다. 연구자로서 나 스스로 확신을 갖기 위해서이다. 그런 다음, 평균, 편차 정도의 기초 통계량만 사용해 누가 보아도 이해 가능한 그래프로 바꾼다. 그러다 보니 고급 통계 방법을 활용해서 시간은 오래 걸렸는데 그 과정을 거쳐 나온 결과물은 막상 '있어빌리티'가 떨어지는 경우들도 있다.

어쩌면 내가 부족해서 더 어려움을 겪는지 모르겠다. 어느 날은 자괴감이 들어서 이런 생각도 해보았다. 만일 이 직무에 마크 주커버그나 스티브 잡스를 데려왔더라면 지난 기간 동안 어떤 가치들을 만들어냈을까? 예시를 든 인물이 좀 부적절한가? 이 분야의 대가들인 신시아 맥콜리, 워렌 베니스, 베스, 아볼리오, 콩거, 만프레드 박사들을 데려왔으면 어떤 변화를 만들어냈을까?

'나 말고 다른 탁월한 사람들이 내 직무를 맡았더라면 어떤 가치를 만들어냈을까?' 하고 생각해보니 '휴~' 그저 열심히 정진해야겠다는 생각만 든다.

2
누군가를
설득한다는 것은 어렵다

"내게 블랙박스를 보여줘!"

2016년에 우리 사회는 거대한 파고를 만났다. 바로 '알파고AlphaGo'이다. 알파고는 2016년 3월 이세돌 9단과 다섯 차례 대국에서 4승 1패로 승리했다. 알파고가 우리 사회에 던진 충격은 거대하다. 사회 곳곳에서 알파고를 이야기할 뿐만 아니라 그 원천 기술인 머신러닝, 딥러닝이 연일 인기 검색어로 떠올랐다. 구글 트렌드 검색으로 보면 우리나라는 이세돌 9단이 알파고와 싸우던 2016년 3월경에 갑자기 검색 빈도가 높아진 것을 볼 수 있다.

컴퓨터가 인간을 이길 수 없다던 바둑에서 알파고가 압도적으로 승리하자 머신러닝이 급격히 주목받게 되었다. 머신러닝이 무엇인가. 앞에서도 한번 얘기했지만 컴퓨터가 데이터에서 패턴을 학습해

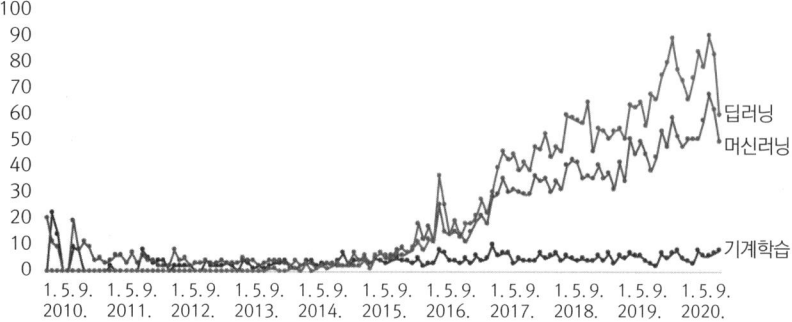

구글 트렌드 검색 결과

알고리즘을 만들어내 분류해서 예측하는 기술이다.

전통적인 통계 방법론과 머신러닝은 차이가 존재한다. 전자는 단순성과 해석 가능성을 추구한다. 적은 변수로도 현상을 합리적으로 '설명'하는 데 관심을 둔다. 복잡한 현상을 단순화해 명쾌하게 그 핵심 구조를 드러내 이해하기 쉽게 돕는 수단이기 때문에 '모델'이라고 부른다. 전통적인 통계 방법론으로 분석하면 그 내용을 우리 두뇌로 충분히 이해할 수 있다. 어떤 문제의 원인이 되는 변수가 무엇인지, 그것이 왜 영향을 미치는지를 인간의 논리로서 파악 가능하다.

반면 머신러닝은 '예측'에 집중한다. 왜 어째서 이런 현상이 일어났는가에 대해서는 별로 관심이 없다. 예측을 잘하면 그걸로 만족한다. 컴퓨터가 빅데이터를 가지고 스스로 패턴을 찾아내고 학습하기 때문에 그 알고리즘을 사람의 논리로서는 이해하기 어렵다. 나 역시도 사람 데이터를 머신러닝으로 분석한 결과를 보면 '이게 왜 이렇게 나온 거지?' 하고 고개를 갸웃거릴 때가 잦다.

앞서 넷플릭스의 「카드 오브 하우스」라는 드라마 사례를 말씀드렸다. 전통적인 통계 방법론은 사용자들이 어떤 영화를 선택했을 때 왜 그와 같은 영화를 선택했는지를 이해할 수 있는 모형을 만드는 데 효과적이다. 연령이나 사는 지역이 영화 선택에 영향을 미쳤는지를 볼 수 있다. 반면 머신러닝은 영화 선택에 대한 설명과 이해에는 관심이 없다. 이 사람이 어떤 영화를 흥미 있어 할 건지를 '예측'하는 데 유용하다. 영화 추천 시스템의 핵심이 되는 기술인 것이다.

인재경영에서는 역사적으로 전통적인 통계 방법론이 사용되어 왔다. 그런데 알파고 덕분에 2016년을 기점으로 머신러닝의 바람이 일기 시작했다. 나 역시도 머신러닝 기술을 활용해 예측 알고리즘을 만들어보기 시작했다. 그런데 난감한 상황에 처할 때가 잦다. 윗분들이 작동 원리를 구체적으로 설명해달라는 요구를 자주 하기 때문이다. 말 그대로 "블랙박스를 열어 보여줘봐."라는 요구이다. 나로서도 이해할 수 없는 로직을 어떻게 설명드릴 수 있겠는가. '예측'은 좋은데 '설명'이 안 되니 어려웠다.

한번은 성과를 예측하는 모델링을 머신러닝으로 만들었다. 과거의 데이터들을 학습시키는 일은 크게 어려운 일이 아니다. 개념적으로 이해할 수 있도록 하는 일이 더 어렵다. 예측 모형이 어떤 로직으로 돌아가는지, 어떤 사람은 왜 고성과자로 예측되는지, 어떤 사람은 왜 저성과로 나오는지를 설명하고자 했다. 그럼에도 많은 분들이 이해하기 어렵다는 반응들이었다. 나의 역부족을 많이 느꼈다.

투명성과 명확성이 중요하다

머신러닝뿐만 아니다. 전통적인 통계 모형을 이용하더라도 경영자와 구성원들이 이해하기가 쉽지 않다. 한번은 서베이 방식에 의한 리더십 역량을 보다 정확하게 추정하고자 문항반응이론item response theory을 적용하려고 시도했다. 문항반응이론은 1950, 1960년대에 태동해 미국의 교육평가전문기관인 ETSEducational Testing Service를 중심으로 발전했다.

여러분도 익히 들어 아는 영어 시험인 토플과 미국 대학원을 들어가는 데 필요한 시험인 GRE, GMAT를 시행하는 기관이다. 혹시 토플 시험에 응시해본 분이라면 알겠지만 시험을 치른 직후 학원에서 몇 개 틀렸는지 답을 맞혀보아도 자신의 점수가 몇 점인지 바로 알 수가 없다. "채점 기준을 잘 모르겠다." "점수가 나와봐야 안다." 등의 이야기들이 인터넷에서 떠도는데 그 이유가 바로 문항반응이론 때문이다. 문항반응이론은 측정하고자 하는 능력치를 세타(θ)라고 부른다. 문항별로 난이도difficulty와 변별도discrimination를 계산해 능력치, 즉 세타 값을 추정한다. 여러분이 개괄적으로 이해할 수 있도록 상식적인 수준에서 문항 난이도와 변별도를 설명해보겠다.

문항 난이도는 문항이 쉽고 어려운 정도를 나타내는 지수다. 총 응시자 중에서 답을 맞힌 사람의 비율을 말한다. 토플 시험을 예로 들어보자. 어느 한 문항을 맞힌 정답자가 시험 전체 응시생 100명 중 3명밖에 없다고 해보자. 이 문항은 무척 어려운 문제이다. 반면 전체 100명 중 99명이 맞혔다고 해보자. 이 문항은 정말 쉬운 문항이다. 이를 문항 난이도라고 생각하면 된다.

문항 변별도는 능력치가 높은 피험자와 낮은 피험자를 구분하는

데 얼마나 기여하는지에 대한 개념이다. 능력치가 높은 사람이 어느 문항을 맞혔는데 능력치가 낮은 사람이 그 문항을 맞히지 못했다고 하자. 그럼 이 문항은 능력치를 제대로 변별해낸 것이다. 그 반대의 경우도 있다. 능력치가 높은 사람이 어느 문항에 정답을 맞히지 못했는데 능력치가 낮은 사람은 되레 정답을 맞혔다고 하자. 그럼 이 문항은 변별도가 좋지 않은 것이다. 토플이나 GRE 시험은 문항 난이도와 변별도로 영어의 읽기, 말하기, 듣기 등의 세타를 추정한다.

토플은 정답이 있는 문제인 반면 리더십 설문조사는 정답이 없는 진단이다. 5점 척도(전혀 아니다 1점 ↔ 매우 그렇다 5점)로 응답하는 진단에서도 세타 값을 추정할 수 있을까? 가능하다. 일본 사람들이 5점 척도 능력치 추정 방식을 발전시키는 데 크게 기여했다. 1968년에 처음으로 이를 개발한 사람은 일본 게이오대학교의 후미코 사메지마였고[64] 그 뒤를 이어서 ETS에서 근무하던 에이지 무라키가 또 다른 추정 모델을 개발했다.[65] 이외에도 여러 가지 방법론들이 제시되어 왔다.

많은 조직에서 다면평가, 360도 피드백, 리더십 설문조사를 하고 나서 구성원들이 응답한 점수를 단순 평균해 제시한다. 나는 ETS에서 사용하는 기술을 빌려서 리더 개개인의 역량을 보다 과학적으로 추정해보고자 했다. 과거의 데이터들을 가지고 여러 번 시뮬레이션해보니 구성원들의 응답을 단순히 평균한 값보다 문항반응이론을 적용한 결과가 더 나아 보였다. 현실을 더 밀접히 반영하고 있다고 판단되었다.

이 기법을 도입하기로 마음먹고 의사결정권자들에게 어떻게 설명할지 오래 고민했다. 경영진께 보고 드릴 때 서두에서 미국 ETS 와 토플을 예시로 드니 개념적으로는 쉽게 이해를 했다. 그런데 세 타 값을 어떤 로직으로 추정해내느냐를 설명하는 부분에 이르러서 는 설명하기가 쉽지 않았다. 의사결정 라인을 타고 올라가서 적용 하기로 했다가 최종적으로는 도입하지 않기로 했다. 여러 가지 이 유가 있었지만 그중 하나는 이렇다. 기술적으로 우수해 기존보다 더 나은 접근이지만 리더십 설문조사 점수가 추정되는 과정이 명확 해야 한다. 즉 조직 내 리더들이 쉽게 이해할 수 있어야 그 결과를 수용하는데 추정 수식이 복잡해 이해하기 어렵다는 것이다.

한편으로는 아쉽지만 의사결정권자들의 결정에 충분히 동의한 다. 인재경영에서 투명성과 명확성은 매우 중요하다. 구성원과 관 련된 제도는 누구나 이해하기 쉬운 논리로 설계되어야 한다. 그리 고 그 제도가 운용되는 과정이 명쾌해야 한다. 그 제도의 본질과 목 적이 오해받지 않도록 조심해야 하는 것이다. '블랙박스를 열어서 보여줘.'라는 요구가 인사제도의 투명성과 명확성 측면에서 정당하 다. 나로서는 상당히 도전이 되는 일이긴 하지만.

아웃라이어 사례로 반박하면 힘들다

"모든 백조는 희다."

서구인들은 18세기까지 그렇게 믿었다. 그런데 오스트레일리 아에서 검은 백조가 발견되면서 상식이 완전히 무너져버렸다. 뉴 욕 대학교에서 교수이자 수필가이자 통계학자인 나심 니콜라스 탈 레브는 몹시 드물고 매우 충격적인 현상을 빗대어 '블랙 스완black swan'이라고 표현했고 동명의 책을 2007년에 출간하기도 했다.

나 같은 조직 내 연구자들은 때로는 '블랙 스완'을 연구한다. 조직 내에서도 '블랙 스완'이 있을 수 있다. 가령 이건희 회장은 "천재 한 명이 10만 명을 먹여 살린다."라고 말했다. 그 천재는 몹시 보기 드문 인재로 블랙 스완이라 말할 수 있다. 스티브 잡스 같은 사람들이다. 그들은 어떻게 해서 그렇게 놀라운 업적을 거둘 수 있었을까? 이를 연구하는 것도 나와 같은 사람들이 할 일이다.

나는 조직 연구자로서 여러 심리 측정 도구를 만든다. 성격, 가치관, 디레일먼트[66] 업무 경험, 리더십 역량, 조직문화 등을 진단하는 도구들이다. 그냥 후닥닥 만드는 게 아니고 학문적으로 체계적인 절차를 밟아서 통계적 엄격성을 고수하면서 만든다. 그리고 지속적으로 발전시켜 나간다. 또한 성격이나 가치관 등을 수많은 리더들을 대상으로 검사하고 그 결과를 기술하기도 한다. 결과 그래프를 읽어서 그 사람이 일을 추진할 때, 회의를 할 때, 스트레스를 받았을 때 등에 어떤 반응과 행동이 나올 수 있는지를 묘사한다. 해석하는 방법이 복잡하기에 오랫동안 훈련받고 반복적으로 연습해야만 한다.

요즘은 성격검사 결과 리포트가 자동으로 출력되게 시스템을 만들 수도 있다. 어떤 사람의 성실성이 '상上'에 가깝다면 '귀하는 모든 일을 성실하게 수행하고자 노력하는 사람이다.'라는 문구가 출력되게 하는 방식이다. 그런데 이 방식은 내용이 너무 천편일률적이다. 여러 명의 리포트를 같이 보다 보면 이 사람이 저 사람 같고 저 사람이 이 사람 같아 구분이 잘 안 된다. 그래서 때로는 성격검사 결과를 수기로 작성하기도 하는데 하루에 10명 정도 쓰면 정말 많이 쓴 것이다.

그런데 결과를 해석하다 보면 성격이 매우 독특한 분들이 일부 있다. 평균적인 범주를 벗어난 특이한 성격 패턴들만 따로 모아보았다. 그리고 이들이 어떤 리더십을 발휘하는지도 같이 보았다. 특이한 성격들은 리더십 행동도 특이하다. 몇 가지 대표적인 사례들을 보자.

천상천하 유아독존형:
"나만 잘났어, 니들은 똥덩어리야."

마이크로 관리자형:
"이런 작은 일도 완벽히 못하나? 그러니 니들을 신뢰할 수가 없어."

위협적으로 권한 행사형:
"내가 니들 팀장인데 말이야. 자꾸 그런 식으로 하면 인사평가 각오들 해."

위의 세가지 특성이 어느 한 사람에게서 동시에 발견되는 분은 그리 많지 않다. 블랙 스완을 연구하듯이 한 사람 한 사람 개별적으로 연구해야 한다. 그가 태어난 맥락, 아버지와 어머니의 성격, 형제자매 관계, 가정 분위기, 초중고등학교 시절 있었던 트라우마 등을 살펴봐야 한다.

조직 연구자들은 이처럼 때로 블랙 스완을 연구하지만 대부분은 경향성을 쫓는다. 통계 모델은 많은 경우, '그렇지 않은 경우도 있긴 하지만 상당 부분 그런 경향이 있다.'라는 뉘앙스를 가지고 있다. 통계 모델을 활용해 복잡한 현상을 단순화해 추세와 경향성이 어떠한지 이해하도록 돕는다.

그런데 경향성을 말했을 때 아웃라이어outlier, 즉 특이한 사례로 반박당하는 경우가 있다. 어느 날 관리자의 리더십에 대해 보고를 드리는 상황이었다. 관리자의 리더십은 담당 조직의 성과와 관련이 있다. 일반적으로 그런 경향이 있다는 것이다. 그런데 이에 대해 몇몇 분이 이렇게 반론을 폈다.

"스티브 잡스를 보세요. 성격이 진짜 별로 안 좋은데도 애플이라는 회사를 세계 최고로 만들었잖아요. 리더십이 뭐가 중요합니까? 리더십이 안 좋아도 성과가 좋은 사람들이 있습니다. 우리 회사의 A도 그렇고 B도 그래요. 특히 C는 성질이 지랄 같은데도 문제가 터지면 어떻게서든 해결하고 새로운 일을 만들어내서 회사 성과에 기여합니다."

그 반박에 대해 다시 보편적인 증거로 말하면 또다시 특수한 사례로 반박한다. 보편성과 특수성의 대립이다. 보편성도 맞지만 특수성도 틀렸다 하기 어렵다. 실제로 관찰할 수 있는 현상이니까. 그분들이 여태까지 보아온 바로는 '성질이 지랄 같아도' 성과를 내는 분들이 있으니 틀렸다고 할 수 없다.

보편성과 특수성은 동시에 공존한다. 많은 분들이 양자를 동시에 견지해주길 소망한다. 특수성으로 반박하는 분들은 부디 대다수가 어떤 추세에 있는지, 어떤 경향이 있는지를 고려해주면 좋겠다.

3
인공지능 시대에
사람의 몫은 어디까지일까

인격일까, 숫자일까

하루 종일 데이터만 갖고 씨름하다 보면 어느 순간 사람이 데이터로 보인다. 그 데이터의 본체가 사람이란 점을 종종 잊곤 한다. 차를 운전하고 가다 보면 내 앞의 차 안에 소중한 생명이 타고 있다는 생각보다는 단지 앞을 가로막고 방해는 철 덩어리라고 생각하기 쉬운 것처럼 말이다. 인사평가를 담당하는 지인은 어느 날 이렇게 고백했다.

"다들 알고 보면 남의 집 귀한 자식들이고 아버지이고 어머니인데 평가라는 잣대로 너무 쉽게 사람을 수치화하고 바보로 만들어버리는 것 같아."

연구자의 의도에 따라 사람 데이터의 분석 방향이 달라지기도 한다. 여러분이 구성원들의 인사고과 데이터를 분석한다고 해보자. 2~3년간 고과가 좋지 않은 집단들을 보게 되었다. 인격이 아니라 데이터로만 본다면 자기도 모르게 혀를 끌끌 찰 것이다. "도대체 왜 이렇게 성과가 안 좋아."

반면 숫자가 아닌 인격으로 보고 인간적인 관심을 기울이면 방향이 달라진다. "이 사람들이 이렇게 고과가 안 좋은 이유는 무엇일까?" 하고 말이다. '상사에게 혹시 미움을 받아서 그런 건 아닐까?' '다른 잠재력이 많은데 혹시 직무가 맞지 않아서 그럴 수 있지 않을까?' 하는 생각들이 꼬리에 꼬리를 문다. 그러고는 '이 사람들이 일에 만족감을 느끼고 열심히 할 수 있도록 하려면, 회사가 어떤 지원을 하면 될까?' 고민하면서 그에 필요한 자료들을 찾으려고 할 것이다.

인재경영은 사회과학 분야에 속한다. 하지만 나는 과학을 한답시고 숫자를 숫자로만 대하는 일은 경계하려고 한다. 그 숫자들을 단순히 아라비아 숫자 기호가 아닌 이 시대를 살아가는 사람들의 발자취이자 그들의 인격이 담겨 있는 결과물로 보고자 의도적으로 노력한다.

인공지능 면접관은 얼마나 일을 잘할까

인재경영 분야에도 인공지능 광풍이 불고 있다. 취업포탈 커리어가 2017년에 구직자 437명을 대상으로 설문한 결과 인공지능을 채용에 적용하는 방안에 대해 응답자 57.9%가 긍정적이라고 답했다.[67] 긍정적으로 생각하는 이유를 묻자 '편견 없이 공정한 채용 과정이 이루어질 것 같다'는 이유가 대부분이었다(87%).

동 시기에 인사담당자 375명을 대상으로 조사한 결과[68] 인공지능 채용 기술에 대해 응답자의 46.7%는 '도입할 생각이 없다', 23.2%가 '타 기업 사례를 보고 결정하겠다', 30.1%가 '도입할 생각이 있다'고 답했다. 인사담당자들이 구직자들보다 다소 보수적인 태도를 보이고 있는 것이다.

인공지능 채용을 도입할 의향이 있다고 응답한 인사담당자들은 대부분 '객관적인 채용을 진행할 수 있을 것 같아서'(61.5%), '채용 업무의 수고를 덜 수 있을 것 같아서'(16.%), '정말 우리 회사와 맞는 인재를 뽑을 수 있을 것 같아서'(13.9%) 등을 이유로 들었다.

미국의 경영대학에서 인사관리를 가르치는 친한 후배가 있다. 하루는 수업 시간에 자료로 사용하고 싶다며 채용 분야에서의 새로운 트렌드를 요청하기에 유니레버 사례를 전해주었다. 유니레버는 네덜란드-영국 중심의 소비재 업체이다. 도브Dove, 립톤Lipton과 같은 브랜드를 보유하고 있으며 전 세계에 17만 명의 직원이 근무하고 있다. 유니레버는 지원자가 링크드인에 프로필을 등록하고 제출하면 인공지능이 정보를 추출해서 자사의 조건들과 부합하는지를 판단하도록 했다. 조건에 부합하면 파이메트릭스Pymetrics에서 제공하는 신경과학neuro science 기반의 게임을 20분 정도 한다.

게임 중에 하나는 투자금 교환 게임이다. 간단히 설명하면 게임 초기에 여러분은 10달러의 가상적인 돈을 받는다. 곧 그 돈을 가지고 투자할 가상의 사람을 찾아주고 10달러 중 그 사람에게 얼마만큼 투자할 것인지를 묻는다. 투자금을 입력하고 몇 초 기다리면 가상의 동업자가 다시 여러분에게 얼마의 돈을 돌려준다. 돌려준 금액에 대해 얼마나 만족하는지를 여러분에게 물은 후 여러분의 성향을 추론하도록 되어 있다. 이 문제는 낯선 사람을 얼마나 신뢰하는지 그 성격을 측정하는 게임이다.

그 후 1차 면접을 보는데 사람이 아니라 인공지능이 면접관이 되어 평가한다. 하이어뷰HireVue에서 제공하는 기술을 활용해 스마트폰, 태플릿, 컴퓨터 등에서 무선으로 인터뷰한다. 화면에 가상의 면접관은 보이지 않고 지원자가 자신의 얼굴을 보면서 이야기하도록 되어 있다. 지원자가 사용하는 단어들, 억양들, 표정들을 분석해 그 결과를 유니레버 채용 담당자에게 통보한다. 이 단계를 통과한 지원자들에 한해서 인간 면접관이 직접 면접을 보는 것이다.

하이어뷰는 유니레버가 인공지능을 채용에 사용한 결과 지원자들의 약 5만 시간을 절약할 수 있게 했으며 채용 담당자들이 지원자들을 가리는 데 드는 시간의 75%를 단축시켰다고 한다.[69]

최근 미국과 유럽의 많은 기업이 인공지능 기술을 활용한 채용에 적극적으로 나서고 있다. 링크드인, 글래스도어Glassdoor 등 개인 맞춤형 구인 및 구직 서비스가 발달하면서 채용 담당자와 구직자들이 그곳으로 몰리고 있다. 개인은 링크드인에 작성한 이력서와 자기소개서를 가지고 일하고 싶은 직무와 회사를 탐색한다. 하루에도 클릭 몇 번으로 수십 군데 지원이 가능하다. 기업 입장에서는 그만큼 '허수 지원자들'이 많다는 얘기일 수도 있다. 진짜로 일하고 싶어서 지원한 사람이 아니라 '혹시 모르니 그냥 한번 넣어보자'는 지원자들이 많은 것이다.

그래서 링크드인이나 글래스도어는 채용 담당자들에게 매칭 서비스를 제공한다. 지원자들의 이력서와 자기소개서를 분석해서 그 직무에 몇 %나 적합한지 순위별로 보여주는 것이다. 그럼 채용 담당자들은 그 정보를 토대로 사람을 선별한 다음 파이메트릭스에서 게임을 시키고 하이어뷰로 자가 면접을 보게 한다. 유니레버 사례에서 설명했듯 인공지능이 그 사람의 표정과 목소리 톤 등을 분석해 채용 담당자에게 정보를 넘겨준다. 그제야 비로소 면접을 볼 수 있는 것이다. 유명 기업들인 인텔이나 메르세데스 벤츠 등에서 활용하고 있다.

인간과 인공지능 중 누가 더 합리적인가

아마존과 같은 기업은 인재를 제대로 평가하기 위해 평가센터 assessment center를 컴퓨터에 적용해 활용하고 있다. 평가센터는 1930년대 독일 군대가 우수한 장교를 선발하기 위해 최초로 활용하기 시작했다. 지원자 인터뷰는 기본이고 가상의 상황들을 설정해 그 맥락 안에서 지원자가 어떻게 판단하고 행동하는지를 관찰 평가하는 기법이다. 미국에서는 1940년대 지금의 CIACentral Intelligence Agency 전신인 OSSOffice of Strategic Services 공작 요원을 선발하기 위해 활용하기 시작했다.[70] 그 기법이 민간 기업들에 퍼지면서 1970년대 이후로 많이 활용되기 시작했다. 그에 사용되던 일부 도구들을 컴퓨터로 옮겨서 지원자의 논리력, 분석력, 숫자 감각을 인공지능이 평가할 수 있도록 구현한 것이다.

일본의 사례를 하나 더 보자. 소프트뱅크는 2017년에 IBM의 인공지능 왓슨Watson을 이용해 신입사원 서류를 심사한다고 밝혔다.[71] 소프트뱅크는 집념이나 민첩성 등을 소재로 200자 이상의 자기소개서를 기술하도록 요구한다. 왓슨은 그 텍스트를 분석해 합격과 불합격을 거른다. 인공지능이 불합격이라고 판단한 자기소개서를 중심으로 채용 담당자가 다시 한 번 확인하고 그중에서 합격자를 골라낸다. 소위, 패자 부활전이라고 할 수 있다.

소프트뱅크는 왓슨을 도입한 후 서류 전형을 검토하는 단계가 기존 680시간에서 170시간으로 줄어 업무 시간을 75%가량 줄였다고 밝혔다. 또한 서류들을 살펴보고 합격과 불합격 판정을 내리는 채용 담당자들 간에 눈높이나 기대치가 서로 달라 어느 한 사람의 자기소개서에 대해서 어느 채용 담당자가 검토했느냐에 따라 결과가 달라질 수 있다. 그런데 인공지능은 그와 같은 차이가 없다고 밝혔다.

몇 가지 사례를 보듯이 인공지능으로 인해 인재경영 분야에서도 많은 변화가 예상된다. 채용, 교육, 평가, 보상 등 여러 영역 가릴 데 없이 다양하게 적용 시도를 하는 중이다. 거부하거나 거스를 수 없는 대세가 되었다. 다만 그 인공지능을 사용하는 맥락, 상황, 그 기술을 활용하는 범위는 사전에 고민이 필요하다.

기존에 인간이 판단하던 많은 부분을 인공지능이 대체할 것이다. 그런데 어디까지가 사람의 몫이고 어디까지가 인공지능의 몫일까? 여러분이 승진자들의 데이터를 모아서 인공지능을 가지고 승진 예측 모형을 만들었다고 해보자. 같은 해에 입사한 A와 B가 있다. 상사가 보기에 둘 다 모두 역량이 좋다. 하지만 둘 중 하나만 승진시켜야 한다. 예측 모형을 실행시켜 보니 A는 승진 가능성이 85%로 나온 반면 같은 시기에 입사한 B는 65%라고 나왔다고 해보자. 인공지능의 판단을 믿어 B는 그대로 놔두고 A를 승진시켜야 할까?

만일 그즈음에 조직의 전략 방향이 바뀌어 A보다는 B가 가지고 있는 역량이 더 중요해지는 상황이라면 어떻게 할까? 그래도 인공지능의 판단을 따라야 할까?

어떤 분들은 '인공지능이 예측한 결과는 어디까지나 참고 혹은 보조 자료로만 쓰면 된다, 최종 결정은 사람이 하면 되지 않느냐'고 주장하곤 한다. 사실 그 말씀도 맞다. 인간이 지극히 합리적이고 편견에서 자유로운 존재라면 말이다.

'피그말리온 효과'를 한 번쯤 들어보았을 것이다. 주변의 긍정적인 기대나 관심이 사람에게 긍정적인 영향을 미치는 효과를 말한다. 자기 충족적 예언 self fulfilling prophecy이라고 해서 나 스스로 일이 잘될 거라고 믿으면 잘 풀리는 현상을 말한다. 반면에 '낙인 효과 stigma effect'가 있다. 어떤 구성원이 한번 나쁘게 찍히면 그 사람에 대한 부정적인 인식이 사라지지 않는다는 이론이다. 상사들 모두 A, B를 좋게 보고 있었음에도 불구하고 인공지능이 B를 안 좋게 평가했다. '인공지능이 예측한 거니까.'라는 생각이 곧 '사실'로 바뀔 수 있다. B는 승진시키기에는 부적절할 수 있다는 낙인이 찍히게 된다. 인공지능은 블랙박스 모형들이 대부분이라서 어떤 로직으로 그렇게 평가되었는지를 설명하기 어려운데도 불구하고 말이다.

이에 대해서는 2부에서 계속 논의하도록 하겠다. 여기서는 화두를 던지는 정도로 마무리하고자 한다.

4
조직문화는
보이지 않는 율법이다

'폐관 수련', 무한히 학습하다

　조직 구성원들의 성격, 심리, 태도, 행동들을 분석하면서 많은 어려움과 고민을 겪게 된다. 하지만 한편으로는 즐거움을 느낄 때도 적지 않다. 이제 그동안 내가 이 일을 해오면서 나름대로 즐거웠던 기억들을 소개해보겠다. 물론 여러분 중에는 "만날 데이터만 가지고 노는 게 재미있는 거야?"라는 반응이 있을 수 있다. 즐거움은 어디까지나 주관적 감정이니 이해해 주시기 바란다.

　내가 조직 내 쌓여 있는 사람 데이터 분석에 흥미를 갖게 된 계기를 서두에서 말씀드렸다. 조직문화 진단 결과를 분석하다가 그 과정에서 우여곡절을 겪게 되었고 그 후로 조직문화를 제대로 진단하는 방법을 고민했다. 사회생활 초기에 3개월마다 최소 100만 원은 나에게 투자하겠다는 마음을 먹고 있었다. 그런데 어느 날 모 업체에서 '조직문화 진단 과정' 교육을 하는 게 아니겠는가. 토요일마다 3회 과정 교육에 당시 비용이 83만 원이었던 걸로 기억한다. 참석자는 총 다섯 명. 그런데 강의하는 분의 실력이 좀 아쉬웠다. 오히려 나보다도 고민하지 않은 것 같았다.

당시에도 조직문화 진단 실무를 하고 있었지만 그 알 수 없는 답답함이란 게 있었다. 손에 잡힐 듯 잡히지 않아 어디 가서 제대로 배워보고 싶었다. 목이 타듯 배움에 대한 갈증이 심했나 보다. 그래서 대학원에 진학하면 제대로 배워볼 수 있지 않을까 하는 막연한 기대감으로 박사과정에 지원했다. 창피하지만 그때 썼던 '입학 후 연구계획서'를 좀 보여드릴까 한다.

> 저는 실업계 고등학교를 졸업하고 자동차 공장 라인 작업자, 영업사원, 컴퓨터 AS 기사, 건축 현장 등의 일을 전전하다가 20대 중반에 '죽을 때까지 공부하면서 살고 싶다. 평생 공부하고 연구하는 삶을 살고 싶다'는 생각을 했습니다.
>
> 1990년대 초반의 '앞으로는 자격증의 시대다'라는 구호에 자극을 받아 부모님과 선생님의 반대에도 실업계 고등학교 자동차공학과를 선택하였습니다. 하지만 현실과 이상 사이에는 괴리가 많았습니다. 고등학교 3학년 여름방학 때부터 시작되었던 자동차 공장 라인작업자 생활을 통해 사회의 학력 차별을 처절히 느끼게 되었고, 기계공보다는 공부하고 연구하는 지식인의 삶이 제 적성에 더 맞는다는 것을 알게 되었습니다.
>
> 평생 공부하는 삶을 걷기 위하여 25세에 대학교에 도전하였고 그

이후로 학부, 대학원, 회사 현장에 이르기까지 학문에 끊임없이 매진해왔습니다. 이미 발견된 진리로 세상의 이치를 알아가고 가설을 통해 사고의 폭을 넓히며 그 누구도 밝혀내지 못한 미지의 세계로부터 흘러나오는 빛을 향해 걸어가는 삶이 얼마나 즐겁고 행복한지요. 20대 중반에 대학교에 도전을 하지 않았다면 아마도 '배움의 즐거움'을 모르는 채로 살아왔을 것입니다.

또다시 학문에 도전하고자 합니다. 기업 현장에서 좌충우돌하면서 겪게 된 경험들과 왕성한 지적 탐미를 바탕으로 연구에 정진하는 길을 걷고자 합니다.

석사과정에서 참여하였던 여러 프로젝트들과 OO그룹에 입사 후 주도적으로 추진한 프로젝트들을 통해 조직문화, 조직변화, 조직개발에 대한 연구 열망이 생겼습니다. 커밍스와 월리Cummings & Worley의 『조직 개발과 변화』와 가레스 모건Gareth Morgan의 『조직이론: 조직의 8가지 이미지』 등의 관련 도서들을 탐독하고, 국내 전문가들을 만나 활발하게 교류하면서 기업에서 업무 수행보다 학문 연구에 더 많은 끌림과 보람을 알게 되었습니다.

저에게 가장 중요한 화두는 '학습과 성장'입니다. 회사 재직 중에도 늦은 밤 그리고 주말 전부를 학습에 시간을 쏟고 있습니다. 박사과정에 합격하면, 회사를 사직하고 제 모든 시간을 오로지 학업에만 충실히 임하고자 합니다.

그때는 수차례 고쳐 써서 '아 진짜 잘 썼다.'라고 생각했는데 지금 보니 손발이 좀 오글거리는 듯하다. 그래도 내가 얼마나 공부를 하고 싶었는지 그 마음이 절절히 느껴지지 않는가.

대학원에 들어가서는 그야말로 신나게 공부했다. 정말로 재미있었다. 나는 그 시기를 '폐관 수련'이라고 부른다. 무협지에서 자주 사용하는 표현인데 무술을 배우는 사람이 어느 한 곳에 머무르면서 모든 연락 수단을 끊고 수련에만 몰두하는 행위를 말한다. 조직문화, 리더십, 인적자원관리는 말할 것도 없고 통계와 측정 방법론도 탐독했다. 아, 그때야 손에 무언가 잡히는 느낌이 들었다.

조직문화가 사무실 공간과 배치에 영향을 미친다

나는 조직문화를 진단하게 되면 인터뷰나 설문조사부터 하지 않는다. 그 조직의 영혼과 가치관이 밖으로 표출되어 겉으로 드러난 현상부터 '관찰'한다. 내가 진단할 회사에 도착하면 가장 먼저 정문을 살펴본다. 2010년도에 어느 의류 회사에 갔을 때이다. 정문에 경비 아저씨 두 분이 있었다. 초대받아서 방문한다고 했더니 출입장부에 내 이름과 연락처를 기재하라고 요구하기에 작성하는데 그 옆에 임직원 출입 기록이 보였다. 그 회사의 직원들이 정문을 나가고 들어올 때 수기로 기록해야 하는 장부였다. 이걸 만들어놓은 이유는 무엇일까? 무엇이 출입이 중요하다고 믿게 했으며 기록하게 했을까?

두 번째로는 주차장을 본다. 대표이사, 임원석이 따로 지정되어 있는지, 아니면 선착순으로 대게 하는지를 보고 구조도 같이 살핀다. 그러고 나서 건물 로비에 들어섰을 때 그 느낌을 기록한다. 안내원의 위치, 출입구의 보안 장치, 엘리베이터 위치를 유심히 본다. 사무실에 들어서면 더 많은 상징들을 접하게 된다. 책상의 크기는 어떤가, 구성원과 구성원 사이의 간격은? 의자는 어떻게 생겼는가, 팀원, 팀장, 임원의 의자가 같은 종류인가, 탕비실은 어디에 있는가, 회의실이 존재하는가, 임원 집무실이 따로 있는가, 임원들 간 집무실 크기가 같은가, 구성원들이 전화를 받을 때 목소리가 평상시보다 큰가, 아니면 주로 나가서 전화를 받는가, 구성원들 간 대화를 나눌 때 표정과 목소리는 어떤가, 일상적으로 사용하는 보고서의 형태, 두께는 어떤가, 주로 사용하는 용어와 표현은 무엇인가?

2013년에 『하버드 비즈니스 리뷰』에서 스틸케이스Steelcase라는 회사의 연구 결과를 소개하는 짧은 문건 하나가 기사로 나왔다.[72] 그 글이 무척이나 반가웠다. 이 회사는 1912년에 미국 미시간 주에서 탄생한 철제 사무실 가구 제조 기업으로 사무가구뿐만 아니라 인테리어 자재와 산업용품까지 생산 판매하고 있으며 직원이 전 세계 1만 1,000명이나 된다. 이 기업은 5년간 11개국을 대상으로 문화가 어떻게 사무실 공간 활용과 배치에 영향을 미치는지를 연구했다.

이 기업은 다국적 회사이고 더구나 사무 가구 회사이다 보니 비교적 쉽게 데이터들을 축적할 수 있었다. 각 나라 문화를 헤이르트 홉스테이더의 연구를 기반으로 측정했다. 네덜란드 사람인 홉스테이더는 1965년에 IBM 유럽지사에 '사람 연구 부서'를 만들고 1971년까지 장을 맡았다. 내가 하는 일의 조상 격인 셈이다. 그는 IBM의 전 세계 지사들 간에 보이는 국가적인 문화 차이를 연구하고자 대규모 조사를 한다. 40개 국가에서 일하는 IBM 직원 중에서 총 11만 7,000명으로부터 응답을 받았고 이를 통해 나라마다 다음과 같은 요소들에 의해 차이가 나는 것으로 결론을 지었다.

차원	내용
권력거리	얼마나 수평적이고 참여적이냐, 얼마나 수직적이고 가부장적이냐의 정도
개인주의 vs 집단주의	개인의 존재와 정체성에 초점을 맞추는지, 집단을 더 강조하는지의 정도
불확실성 회피	불확실성을 최소화하여 불안에 대처하려는 정도
남성성 vs 여성성	경쟁, 야망, 권력 등을 더 중시하는지(남성성), 인간관계, 삶의 질, 정신적 성숙 등을 더 중시하는지(여성성) 정도

스틸케이스는 이들 특성들이 사무 공간 배치를 좌우한다는 결과를 보여주었다. 예를 들어 중국, 인도, 러시아는 상당히 독재적이고 집단주의적이며 남성성이 강한 나라들이다.

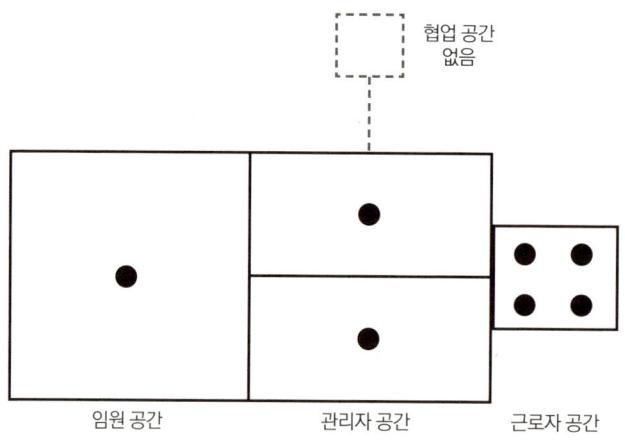

중국, 인도, 러시아 등의 기업에서 사무공간 (출처: 하버드 비즈니스 리뷰)

이들 나라에서는 위 그림과 같은 배치가 전형적으로 나타났다. 임원에게는 매우 많은 사적 공간을 제공하고 그 다음으로 중간 관리자들이 공간을 넓게 사용했다. 반면 근로자들은 매우 다닥다닥 붙어 있는 형국이다. 권위적이기 때문에 임원, 관리자, 근로자들이 서로 협업할 이유가 없다. 상명하복으로 일하면 되기에 그렇다.

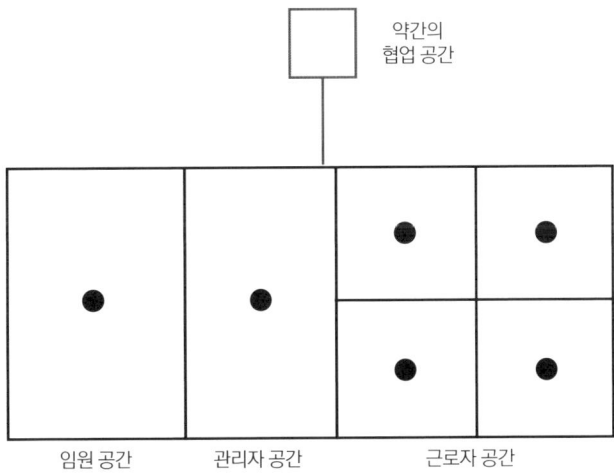

프랑스, 스페인 등의 기업에서 사무공간 (출처: 하버드 비즈니스 리뷰)

프랑스와 스페인은 권력거리와 집단주의는 중간 수준인 반면, 여성성은 높게 나타난다. 스틸케이스 연구에 따르면 이들 나라의 사무공간은 위와 같은 형태가 대표적이었다.

이들 나라는 상대적으로 평등을 강조하다 보니 사무 공간에도 그와 같은 가치관이 투영된다. 임원과 관리자의 공간은 다소 차이가 있긴 하지만 중국과 인도 등의 나라보다는 상대적으로 비슷한 사이즈로 설계한다. 그리고 임원과 관리자들의 사적 공간을 좀 더 축소하므로 근로자에게 더 많은 공간을 제공하고 있다.

스틸케이스가 연구한 마지막 집단은 미국, 영국, 독일, 그리고 네덜란드다. 이들 국가는 평등을 매우 많이 강조하고 개인주의 문화를 가지고 있다. 이들 나라는 임원이든, 관리자든, 근로자든 함께 동일한 공간을 공유한다. 가장 급진적인 공간 배치다. 그러면서도 개

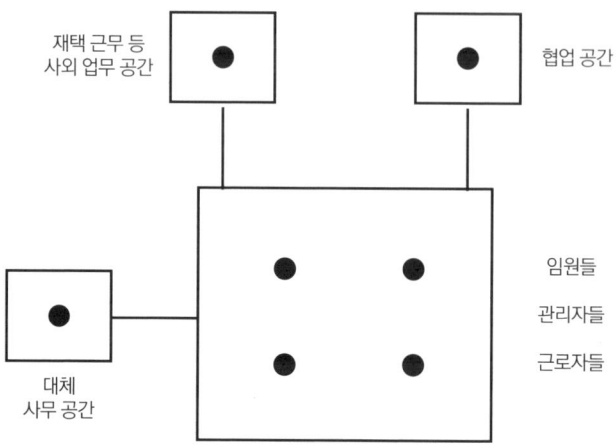

미국, 영국, 독일, 네덜란드 등의 기업에서 사무공간 (출처: 하버드 비즈니스 리뷰)

인주의 문화가 강하기 때문에 혼잡한 느낌이 들지 않도록 대체 사무 공간을 곳곳에 두어 때로는 혼자서 조용히 집중할 수 있도록 돕는다. '호텔'과 같은 수준의 공간을 자유롭게 사용하도록 조성하고 재택근무도 허용하는 형태다.

이로써 그동안 내가 사용해오던 '관찰법'이 조직문화를 판단하는 측면에서 타당하다는 것을 확인받은 셈이다. 그러니 『하버드 비즈니스 리뷰』의 기사가 꽤 반가울 수밖에 없었다.

조직문화가 용어와 보고방식에 영향을 미친다

조직이 주로 사용하는 용어는 또 어떠한가? 내가 전에 근무했던 회사는 KPI에 '평당 매출액'이 있었다. 한 평 규모의 땅에서 매출이 얼마나 발생하는지를 따지는 것이다. 이런 조직들은 직원들 사무실이 대부분 협소한 경향이 있다. 장소가 매출액, 곧 돈이기에 그렇다.

그와 같은 협소한 근무 장소에서 일하다가 다른 회사로 이직했다. 그 첫날 기억이 지금도 생생하다. 개인별 사무 공간이 상대적으로 넓었다. 이직한 회사에서는 '평당 매출액'이란 개념이 없었다.

보고하는 방식은 또 어떨까? 어느 회사에 조직문화를 진단하러 갔더니 사원급 실무자가 넥타이를 풀고 와이셔츠 소매를 올리고는 팀장에게 품의서를 보고하는 것을 보았다. 팀장 결재를 받은 다음에는 그걸 그대로 상무 자리로 가져가서 실무자가 자신의 생각을 충분히 설명하니 상무가 결재를 해준다. 다시 그 보고서를 가지고 이번에는 대표이사 집무실로 간다. 한 10여 분 있더니 최종 결재를 다 받아서 오는 것이다. 그 회사 문화가 투영된 행동 양식이라 하겠다.

다음 사진은 일본 방송에서 나온 어느 회사의 사례. 맨 오른쪽부터 왼쪽으로 담당자 → 계장 → 부장 → 부사장 → 사장 순인데 도장의 기울기를 주목해보자. 담당자가 계장에게, 계장이 부장에게, 부장이 부사장에게, 부사장이 사장에게 부탁하는 듯이 기울어져 있다. 이 역시도 이 기업의 조직문화를 여실히 드러내 준다.

나는 이것저것 관찰을 충분히 하고 나서 인터뷰를 시작한다. 인터뷰에서는 구성원들이 가지고 있는 암묵적인 가정을 들여다볼 수 있다. 그들의 집단적인 정신세계를 엿볼 수 있는 것이다. "조직은 다 거기서 거기야. 비슷비슷해."라고들 말한다. 하지만 조직마다 그 집단이 가진 정신모델이 다르다. 그래서 조직문화 연구가 재미있다. 많은 분들이 "남자든 여자든 거기서 거기야. 다 똑같아."라고들 하지만 개개인을 톺아보면 모두 다 다르지 않은가. 심리학이 왜 탄생했겠는가? 사람들이 다 비슷해 보이기도 하지만 또 사람은 누구나 달라서 생겨난 것이다. 차이가 매력을 만들어 낸다.

조직이라는 '부족'도 그러하다. 『기업문화 오디세이』라는 책을 집필한 신상원 작가가 있다. 그는 조직문화를 인류학과 신화학 관점에서 설명하고 탐구한다. 그는 상처가 심한 조직의 영혼을 치유하는 일에 사명을 걸었다고 한다. 나도 신 작가의 영향을 받아 인류학과 신화학을 4년 전부터 공부하기 시작했으며 그와 마찬가지로 조직을 '부족'이라고 부른다. 부족 내에는 태초의 신화가 존재하고 그 안에서 만들어진 논리들이 있다. 그 신화적 논리가 사람의 생각과 태도 행동에 영향을 미친다.

조직문화는 '무엇을 해야 하느냐, 하지 말아야 하느냐'에 대한 보이지 않는 율법이다. 어떤 행동을 하면 부족에게 처벌을 받고 배척을 당하는지, 어떤 상황에 가만히 있어야 하는지, 어떤 일을 하면 칭찬을 받는지를 알려준다.

**데이터를 통해
조직을 객관적으로 들여다볼 수 있다**

조직을 충분히 관찰하고 나면 설문조사나 인터뷰를 수행한다. 인터뷰 먼저 할지, 설문조사 먼저 할지는 조직에 따라 다를 수 있다.

관찰 결과, 인터뷰 내용, 설문조사 데이터를 통해서 그 부족의 신화, 정신세계, 율법, 의식 수준, 생각의 방향성 등을 종합적으로 살펴본다. 조직 연구자로 일하면서 가장 보람을 느끼는 것은 여러 데이터로 조직에서 일어나는 현상들, 즉 '그런 일들이 벌어지는 이유, 그렇게 행동하는 원인'을 가장 객관적으로 설명할 수 있다는 점이다.

한번은 어느 회사 리더들 전체를 대상으로 성격 검사를 했다. 성격은 개개인이 가지고 있는 남들과 구별되는 고유한 특성이다. 한 명 한 명의 성격을 합쳐서 그 평균을 내보면 '이 회사 리더들은 일반적으로 이런 성격을 가지고 있다.'라고 설명할 수 있는 데이터가 된다. 그런데 그들의 성격 패턴을 읽다가 깜짝 놀랐다. 그 회사의 조직문화와 매우 유사했던 것이다. 그 회사는 어떤 일에도 한 치의 허점도 허용하지 않는 논리와 체계성이 강한 문화였다. 그런데 리더들에게서 논리적 사고, 체계적 사고 성향이 높게 나타났던 것이다. '리더들의 집단적 성격이 곧 그 회사의 문화를 말해준다'는 암묵지를 알게 된 순간이었다.

그리고 그 회사의 대졸 공채 인적성 검사와 신입사원 입사 후 성과 간의 관계도 같이 분석을 해나가던 차였다. 입사 후 성과는 상사가 평가한 결과였는데 신입사원 2~5년 차의 성과와 유의하게 관계가 있는 유일한 항목이 바로 '언어 논리력'이었다. 논리적인 사원들이 더 우수한 평가를 받은 것이다.

이와 같은 현상을 어떻게 해석해야 할까? 리더들이 매우 논리적인 성격이다 보니 논리성을 강조하는 조직문화가 되었다. 또 그러다 보니 신입사원이 들어오면 그들 중 논리가 강한 사원들이 그 조직문화에 더 잘 적응하게 되고 좋은 평가를 받게 되었다고 해석하는 게 맞을까? 어쩌면 그 반대일 수도 있다. 원래부터 논리성이 강한 조직문화였기에 그와 같은 분위기에서 잘 적응해온 사람들만이 리더로 승진하게 되었을 수도 있다. 그래서 그 회사 리더 성격이 집단적으로 강한 논리성을 보이게 된 원인일 수도 있다. 그리고 그들로 인해 논리적인 조직문화가 예전보다 더 강화되었을 수 있다.

그 선후관계를 명확히 밝힐 수는 없지만 한 가지는 명확하다. 데이터를 통해서 조직에서 일어나는 현상들을 객관적으로 들여다볼 수 있다는 점이다. 그래서 이 일이 재미있다.

학계에서 수행하기 어려운 연구를 현업에서 직접 한다

앞서 내가 채용 인터뷰 연구를 했다고 말씀드렸다. 우리나라에서는 인재경영과 관련된 연구가 40년 역사가 다 되어가는데 채용 데이터를 가지고 검증한 연구는 몇 편 안 된다.[73] 채용 과정에서 생성되는 데이터를 구하기가 너무 어렵기 때문이다. 그런데 2010년 이후로 빅데이터 트렌드가 생기면서 조직 내에 쌓인 사람 데이터들을 분석해보자는 움직임이 일기 시작했다. 2010년 중반부터 국내 몇몇 그룹들이 전담팀을 만들었다. 어느 그룹은 복잡계 박사, 심리학 박사, 경영학 박사, 엔지니어 등으로 분석팀을 구성했다. 또 다른 어느 그룹은 심리학 박사, 인적자원 관리 박사, 컨설턴트 등으로 분석팀을 구성했다.

요즘은 학계 연구자들이 하기 어려운 연구들을 오히려 현업에서 직접 수행하고 있는데, 현업 분석자들이 갖는 장점은 내가 보기에 크게 두 가지다.

첫 번째는 데이터 접근성이 좋다는 점이다. 일반적으로 심리학, 조직행동학, 인적자원 분야의 외부 연구자들은 사람들에게 설문을 받아 연구를 수행한다. 하지만 이때 설문을 부탁하기도 상당히 번거롭고 민감한 항목에는 응답을 안 하는 경우도 적지 않다. 반면 조직 내에서 종사하는 연구자들은 그런 측면에서 상대적으로 자유롭다. 기존에 쌓인 데이터들을 분석할 수도 있고 그중에서도 채용이나 평가 등 다소 민감한 데이터들을 다룰 수도 있다. 구성원들 대상으로 설문하기에도 더 가까운 위치에 있기도 하다.

두 번째는 데이터의 크기가 크다는 점이다. 조직행동학이나 조직심리학 연구자들이 주로 다루는 데이터의 크기는 대략 300건에서 1,000건 정도이다. 조직 내에서 일하는 연구자들은 상대적으로 더 많은 데이터를 다룬다. 조직 크기에 따라서는 몇만 건에서 몇십만 건이 될 수도 있다. 물론, 데이터가 많다고 해서 학문적으로 무조건 신뢰할 만한 결과가 되는 것은 아니다. 데이터가 커질수록 허위의 상관관계가 나타날 가능성이 높아, 조심스럽게 분석을 해야 한다. 타당한 절차를 거쳤을 경우에 한 해, 데이터의 크기가 빛을 발할 수 있다.

어느 날 갑자기 '팀장에게 요구되는 리더십 특성은 무엇일까?'라는 궁금증이 생겼다. 그래서 팀장들 약 3,000명을 대상으로 5년간 축적된 데이터를 모아보았다. 그랬더니 팀원들 약 8만 명이 응답한 나름의 빅데이터가 만들어졌다. 문서 클러스터링 document clustering 기법을 활용해서 응답 결과들을 몇 개로 묶어보았다. 예를 들어 '팀원들의 의견을 잘 들어준다'와 '팀원들의 아이디어를 잘 반영한다'는 의미가 유사한 응답이다. 이처럼 비슷한 문장들끼리 묶어보니 팀원들이 팀장을 묘사한 강점들이 아래와 같이 나왔다.

순위	주요 내용	비율
1	팀원들의 의견을 존중하고 적극 경청함	20%
2	업무에 대한 전문성과 노하우를 보유함	16%
3	문제를 빠르게 해결함	7%
4	목표 의식이 뚜렷하며 책임감이 강함	5%

8만 건의 응답 결과를 보니, 1순위가 '팀원들의 의견을 존중하고 적극 경청한다'였다. 확실히 시대가 많이 바뀌었나 보다. 상명하복으로 지시하기보다는 의견을 합리적으로 경청하고 반영한다는 특성이 가장 많이 나온 걸 보면 말이다. 그런데 이것만으로는 시사점이 약하다. 이 결과는 '팀장의 강점은 대략 이러이러해.'라는 정도의 의미를 보여줄 뿐이다. 무언가 비교할 대조군이 있으면 그 차별점을 통해서 시사점을 더 이끌어낼 수 있을 듯하다. 그래서 팀장 중에서도 고성과자들만 추려서 비교를 해봤다.

그랬더니 강점 항목들은 유사하게 도출되었지만 그 순서가 달랐다. 일반 팀장들에게서는 7% 정도로 나와 3순위였던 강점이 고성과 팀장들에게서는 25%로 1순위로 나왔다. 문제 해결이 빠르고 우수하다는 의견이 상당히 많이 나온 것이다. 게다가 일반 팀장들에 게서는 잘 나오지 않던 표현들이 나왔다. 조직의 전략을 정확히 이해해서 효과적으로 팀 목표를 달성한다는 의견들이 차별적으로 나왔다. 그래서 분석 결과를 다음과 같은 순으로 정리해보았다.

1. 문제를 빠르게 해결함
2. 조직의 전략 방향을 읽고, 이를 바탕으로 팀 목표를 추진함
3. 팀원들의 의견을 존중하고 적극 경청함
4. 업무에 대한 전문성, 노하우를 보유함
5. 목표의식이 뚜렷하고 책임감이 강함

이 결과를 왜 분석했는지는 그 당시 상황 또는 맥락이 약간 민감하니 생략하도록 하겠다. 결론은 현업에 있는 분석가들은 매우 큰 데이터들을 상대적으로 수월하게 입수해 궁금증을 해결할 수 있다는 것이다.

보편성이 있어야 특수성을 이해할 수 있다

예전에는 대학교수들이 인재경영에 대해 많은 고민거리를 제공해주었다. 미국 등 외국에서 유학하면서 배운 선진 문물을 고국에 공유해주었다. 현업은 그분들이 말하는 화두를 쫓아가는 모양새였다. 그런데 현업에서도 그만큼 고민을 많이 해나가는 추세이고 다양한 데이터들을 다루다 보니 인사이트가 더 많아지고 있는 듯하다. 얼마 전에는 국내에서 이 일을 담당하는 분 20명 정도가 모여

현재 각자가 수행하는 일들을 개괄적으로 공유하다 보니 학문적으로는 연구되지 못한 내용들이 마구 쏟아져 나오기도 했다.

빅데이터와 더불어 미디어의 발달은 그와 같은 현상을 더욱 가속화시키고 있다. 2017년에 GE 그룹의 수장이 제프리 이멜트에서 존 플래너리로 교체되었다. GE가 2012년부터 5년 동안이나 체계적으로 준비해왔던 절차들을 최고인사책임자인 수전 피터스가 링크드인 개인 블로그에 남겼다.[74] 그녀는 GE 회장에게 요구되는 특성들을 어떻게 정의했는지, 이사회는 어떤 역할을 했는지, 최종 후보자를 선별하기 위해 어떤 내용으로 인터뷰했는지까지도 모두 공유했다. 다른 기업에서 CEO 후보를 물색할 때 충분히 참고할 만한 정보들이 아닐 수 없다.

구글은 아예 '리워크re:Work'라는 사이트도 만들었다. 구글의 인재경영과 관련된 정보들을 일반인들에게 공유하는 페이지다. 여기에는 구글의 신임 팀장들이 교육을 받는 강의안과 워크시트 등도 공유되어 있다.

실무자들을 위한 콘퍼런스도 무척이나 많아졌다. 2016년 가을 뉴욕에서 개최한 피플 애널리틱스People Analytics 콘퍼런스에 참여한 바 있다. 전 세계적으로 나와 같은 일을 하는 사람들이 모이는 자리로, 구글, IBM, 마이크로소프트, 시스코 등이 자신들이 현재 고민하는 바를 깊이 있게는 아니더라도 그 방향성을 공유해주어 유용한 기회였다.

상황이 이렇다 보니 어떤 분들은 더 이상 외부 교수나 연구자들이 필요 없다고 주장하기도 한다. 기업들이 선도적으로 치열하게 고민하고 있고 최근에는 자기 조직을 대상으로 내부에서 실증 연구를 하고 있기 때문에 그분들의 역할이 줄어들 것이라는 주장이다. 외부인들은 만질 수 없는 채용, 성과, 승진, 보상, 퇴사 자료들을 내부에서 나와 같은 사람들이 분석하고 연구하고 있으니 말이다.

2년 전에 어느 경영학 학회에 패널 토론자로 초대를 받은 적이 있다. '인적자원과 빅데이터'를 주제로 열린 자리였다. 현업에서는 어떤 고민을 하고 있는지 현황을 공유하고 학문과 연구자들의 역할은 무엇인지를 논해달라는 요청을 받았다. 그런데 장고 끝에 그 요청을 거절했다. '내 은사님과 같은 분들께 내가 감히 그런 제언의 말씀을 올릴 수 있겠는가?' 하는 생각도 들었지만 무엇보다도 학계의 역할에 대한 생각이 정리되지 않았기 때문이다.

그러나 지금은 명확하게 나만의 관을 세워 말씀드릴 수 있다. 인재경영과 관련된 연구에서 학계는 철저히 보편성을 추구해야 한다. 이론과 논리를 토대로 일반적인 경향성을 이야기해야 한다. 지금까지 그 분야 학문과 연구가 그래 왔듯이 말이다. 데이터 그 자체만으로는 고도로 맥락 의존적이기 때문이다. A 회사에서는 이런 결과가 나올 수 있지만 B 회사에서는 그와 반대의 결과가 나올 수 있다. 특수성이 있는 것이다.

나처럼 조직 내에서 일하는 분석가들은 학계에서 밝혀낸 보편성을 주지하면서 우리 조직의 데이터를 분석해야 한다. 보편성이 있어야 특수성을 이해할 수 있다. '우리 조직은 이런 결과가 나왔는데 이건 어떤 의미이지?'를 해석할 수 있어야 한다. 그러자면 우리 조직은 어떤지를 보편성을 기준으로 반추할 수 있어야 한다. 그래야만 우리 조직에 대한 통찰력이 더 커질 수 있다.

데이터 분석을 통해 성장한다

한 회사의 최고경영진이 지시한 매우 중요한 프로젝트에 참여한 적이 있다. 그 일을 추진하는 최종 책임자는 전무급 임원이었다. 프로젝트 방향성을 잘 잡아서 1차적으로는 그 전무님을 설득하고 2차적으로는 그 회사 CEO를 설득해서 재가를 받아야 했다. 처음으로 미팅하던 날 실무진에게서 여러 아이디어가 쏟아져 나왔다. 전무님도 이러저러한 생각들을 덧붙여주었다. 그런데 회의가 끝나가던 무렵 갑자기 이런 말씀을 했다.

"내가 이 회사로 옮겨온 지 3년이 다 되어 가는데 우리 리더들을 보면 너무 아쉽습니다. 리더들이 일 관리와 사람 관리를 두 마리의 토끼라고 생각합니다. 하나를 잘하려면 다른 하나는 포기해야 한다고요. 그런데 리더라는 존재는 사람을 통해서 일하기 때문에 일 관리가 곧 사람 관리이고 사람 관리가 곧 일 관리거든요. 우리 리더들의 인식이 변화해서 두 가지 모두 동시에 잘 챙기면 회사가 더 크게 발전할 수 있을 텐데……. 내가 느끼고 관찰한 바를 객관적인 증거를 보여줄 수가 없어서 너무 답답합니다."

전무님의 말씀을 들으며 '지금 그 말씀은 이 데이터를 가지고 이렇게 저렇게 분석하면 나올 것 같은데?'라는 생각이 들었다. 하지만 그 자리에서 바로 "그 문제는 이렇게 해결해볼 수 있다."라고 말씀드리지는 않았다. 괜히 자신 있게 얘기했다가 나중에 안 되면 신뢰를 크게 해칠 수 있으니까.

회의를 마치고 사무실로 돌아가는 길에 '이 데이터를 이렇게 가공해서 이렇게 해보면 되겠지?' 마음속으로 작업 과정을 시뮬레이션했다. 복귀하자마자 그 회사 데이터를 추려서 분석을 해보기 시작했다. 두세 시간 했더니 전무님이 가지고 있던 가설을 지지해주는 결과가 나왔다. 증거를 들이밀 수 없어 답답해하던 그 직관을 확인해주는 객관적인 자료가 나온 것이다. 그 어떤 비판의 여지도 없는 두 장짜리 결과물이었다.

나흘 뒤에 다시 미팅하러 그 회사에 찾아갔다. 우리가 추진하려는 방향을 전무님께 잘 설득해야 하는 상황이었다. 보고 자료 안에는 두 장짜리 분석 결과도 담겨 있었다. 전무님은 첫 장부터 말없이 보다가 그 분석 결과 페이지가 나오자 그 페이지를 뚫어지게 쳐다보더니 목소리를 높이시면서 여러 가지를 물었다. 이 데이터는 어떻게 분석한 것이냐, 어느 회사와 비교한 것이냐, 각각의 축이 의미하는 바는 무엇이냐 등. 보고서에 명확히 기술해 두었지만 다시 한 번 구두로 확인해보고 싶었던 것이다. 두 장의 결과를 모두 다 이해하고 나더니 이렇게 말했다.

"정말 좋습니다. 답답하던 가슴이 뚫립니다. 이걸 어떻게 분석한 건가요? 참 신기합니다. 이 자료는 그대로 토씨 하나 바꾸지 말고 내 발표 자료에 넣읍시다. 그리고 앞에서 보고해준 그 방향대로 합시다."

그날 미팅은 정말 화기애애하고 훈훈하게 마무리되었다. 그동안 답답해하던 그 문제를 데이터로 분석해 객관적인 증거로 보여 드리니 프로젝트팀 역량에 대한 신뢰가 급상승했던 것이다. 그야말로 기쁨과 보람을 느낀 하루였다.

나는 이렇게 경영자를 도울 뿐만 아니라 구성원들도 돕는다. 성격, 가치관, 경험 등을 측정하는 도구를 심리측정학적psychometrics으로 엄격한 절차들을 거쳐 만들고 리더와 구성원들을 대상으로 진단하는데 업무적으로 여력이 있을 때 구성원들의 성격과 가치관을 진단하고 그 결과를 가지고 이야기를 나눈다. 이를 '코칭'이라 표현하기에는 좀 부끄럽다. 진단도구를 통해 도출된 결과를 해석해주고 그에 비추어 일을 대하는 방식이 어떤지, 사람을 대하는 스타일은 왜 그런지, 어떤 일들이 스트레스를 유발하는지를 스스로 돌아보도록 돕는 수준이다.

어느 날은 상당히 의기소침한 구성원 한 분이 대화를 요청했다. 먼저 성격과 가치관을 진단해보라고 했더니 그 즉시 응답했다. 성격 검사 패턴을 읽어보니 작은 일에도 스트레스를 느끼는 취약한 성향인 반면 감정을 통제하는 힘은 강하게 나타났다. 이런 분들은 스트레스를 자주 느끼지만 표출하지 않고 안으로 응축하기 때문에 쌓이고 쌓이면 화병이 날 스타일이다.

그리고 이분의 사고 스타일과 일하는 방식을 보면 논리적이고 체계적이지는 않았다. 반면 본인의 촉과 직감을 매우 중시했다. 돌다리도 두들겨보고 건너는 신중한 성향은 낮았다. 보통 이런 성향들은 무언가 논리적으로 설명할 수는 없지만 촉이 오면 바로 내지르는 행동 패턴을 보인다. 앞뒤 재지 않고 '그냥 끌리니까 한다.' 식으로 일하는 경우가 많다.

반면 그의 상사는 매우 꼼꼼하고 논리적이었다. 그러다 보니 사사건건 상사와 부딪혔던 것이다. 이 분이 상사에게 "저는 이 일을 꼭 해야겠습니다."라고 하면 상사는 "그걸 왜 해야지?"라고 배경을 논리적으로 설명하길 원했다. 그런데 이분 스타일은 그냥 "그거 하면 좋을 것 같아요."라고 말했던 것이다.

검사 도구를 통해 나온 그래프를 객관적으로 해석하면서 본인의 성격을 토대로 업무를 수행하는 스타일을 돌아보도록 도와드렸다. 보통 이런 상황에서 나는 주제넘게 허튼 조언은 하지 않으려 한다. 스스로 대안을 찾아보도록 여러 질문으로 생각을 자극하려 노력한다.

사실 나 역시 늘 바람에 흔들리는 잔가지 같은 존재이다. 그럼에도 내가 가진 재주로 구성원들을 도와줄 수 있으니 이 또한 보람찬 일이 아닐까 싶다.

2부

—

어떻게 인재경영을
과학화할 것인가

4장

우수한 인재를
어떻게 뽑을 수 있을까

1
인적성 검사 결과로
신입사원 성과를 예측할 수 있는가

IQ가 높으면 일을 잘한다. 일반적으로

 인재경영의 여러 분야인 채용, 훈련, 평가, 승진 등에서 어떻게 과학화를 이룰 수 있는지를 함께 생각하고 고민해보겠다. 이 책의 서두에서 공채제도의 발전사를 다루었는데 발전 단계 두 번째가 바로 인적성 검사의 도입이었다. 적성검사는 우리가 일반적으로 알고 있는 '나에게 맞는 진로, 직무 찾기'의 개념과는 거리가 있다. 어휘력은 어떤지, 수리 계산을 얼마나 빨리할 수 있는지, 복잡한 패턴 속에서 일관된 경향성을 찾아낼 수 있는지를 검사한다. 지능 발달을 측정하는 IQ 검사에 가깝다. 그리고 인성검사는 달리 표현하자면 성격검사다. 조직에 들어와서 다른 사람들과 어울려 일하기 적합한 성격인지, 우리 회사에 부합할 수 있는 성격인지를 검토한다. 두 검사를 함께 붙여 '인적성 검사'라고 한다.

그런데 적성검사 점수가 신입사원의 성과를 예측할 수 있을까? IQ나 일반정신능력GMA, general mental ability이 직무성과와 관련이 있다는 결과는 널리 알려져 있다.[75] 예를 들어 찰스 머레이는 1998년에 재미있는 연구를 했다.[76] 집안 내력이 자녀의 사회적 성취에 영향을 미칠 수 있기에 집안 내력을 통제하고서도 IQ가 영향을 미치는지를 보고자 했다. 예를 들어 아버지가 고위 정치인이라면 그 자녀가 그리 똑똑하지 않다고 하더라도 아버지의 후광효과를 입어 좋은 직장에 들어갈 가능성이 있다. 머레이는 총 1만 2,000여 명의 데이터를 가지고 집안 내력의 영향력을 원천적으로 배제하기 위해서 형제자매들 간에 비교 연구를 했다. 그 결과 IQ가 120 이상으로 높은 형제자매는 평균적인 형제자매들보다 연 1만 8,000달러를 더 벌었고 평균적인 IQ를 가진 사람은 IQ가 80 미만인 형제자매들보다 9,000달러를 더 벌어들였다. 유복한 가정에서 태어났음에도 IQ에 의한 차이로 소득 수준이 달라지는 것이다.

슈미트와 헌터는 2004년에 메타 분석을 했다. 그들은 일반정신능력이 직무성과와 밀접한 관계가 있음을 확인하고는 연구 논문에 소제목으로 이런 질문을 써놓았다. "왜 일반정신능력이 직무성과에 중요한 것일까Why is GMA so important for job performance?" 기존 연구들에 따르면 IQ 혹은 일반정신능력이 직무와 관련된 지식을 빠르게 습득하는 데 도움이 되고 그 결과 직무성과가 높아진다는 해석이다. 너무 뻔한 이야기지만 이보다 더 설득력 있는 설명은 없을 듯하다.

성격 연구의 발전사

그렇다면 인성검사, 즉 성격검사는 어떨까? 성격이 성과를 예측할 수 있는 걸까? 조직심리학과 조직행동학에서는 성격과 성과 간의 관계를 오랫동안 연구해왔다. 성격 연구는 크게 2세대로 구분해볼 수 있다. 우선 1800년대 후반부터 1980년대 중반까지 약 100년간이 1세대다.[77]

여기서 잠시 성격 연구의 발전사를 정리해보면 좋을 듯하다. 영국 학자인 프랜시스 골턴 경이 성격을 처음으로 연구했다. 그는 진화론으로 유명한 찰스 다윈과 사촌지간이다. 다윈에 영향을 받아서 그런지 우생학 즉 인류를 유전학적으로 개량할 목적을 가진 학문을 처음으로 탄생시킨 천재다. '우생학eugenics'이라는 단어도 골턴이 만들어낸 것으로 '잘난' '우월한'의 뜻을 가진 그리스어 'eu'와 '태생', '태어남'을 뜻하는 'genos'를 합성해 만들었다. 말 그대로 '잘난 태생을 연구하는 학문'인 것이다.

그는 엄청난 괴짜인 걸로도 유명했다. 그는 우생학을 연구하기 위해 영국의 여러 도시를 돌아다니며 그곳을 지나다니는 여자들의 외모를 평가했다. 매력적임, 평범함, 못생김으로 3점 척도를 활용해서 점수를 매겨 '아름다움 지도'라는 것을 만들어냈다. 그의 연구 결과에 따르면 런던이 가장 아름다웠고 애버딘이 가장 못생긴 도시로 나타났다.[78]

그는 우생학자답게 처음으로 성격을 논했다. 그의 주장을 말하기에 앞서 여러분께 질문을 해보겠다. "사람의 성격을 포괄적으로 묘사할 수 있는 프레임워크를 어떻게 만들 수 있을까?" "오늘날 60억 인구의 저마다 다른 성격을 어떻게 공통의 프레임으로 엮어볼 수 있을까?" "그냥 칠판에 X축 하나, Y축 하나를 그려 놓고, 각각을 성실성과 외향성으로 명명하면 되는 걸까?"

골턴은 이 문제들의 해결 실마리를 제시한 사람이다. 그는 사람이 사용하는 언어를 연구하면 포괄적인 성격 유형을 만들 수 있다고 보았다. 이를 '어휘적 가설lexical hypothesis'이라고 부른다.[79] 성격은 우리가 사용하는 언어에 녹아 들어가 있다고 보는 가정이다. 생각해보자. '성격'이라는 개념이 왜 생겨났을까? 태초의 인류가 로빈슨 크루소처럼 혼자만 존재했다면 '성격'은 존재하지도 않았을 것이다. 이 세상에 오로지 '나' 하나만 있으니 나와 다른 '너'의 특성을 묘사할 이유가 없다.

『성경』의 세계관으로 이야기하면 태초에 아담에게 성격이라는 용어가 있었을까? 혼자 있다가 어느덧 이브가 왔고 자녀들이 태어났다. 아담과 이브는 자녀들의 다양한 특성들을 보면서 각각을 묘사하기 위한 표현들을 고민했을지 모르겠다. 아담과 이브의 아들들인 카인과 아벨의 경우 한 배에서 나왔지만 성격이 극명하게 다른 점을 볼 수 있다. 『성경』에서 카인은 농부로서 다혈질 성격에 폭력적인 모습을 보인 반면 아벨은 순종적인 성격으로 묘사된다. 카인은 아벨을 살해하고 이로써 인류 최초의 살인자라는 악명을 얻게 된다.

인류가 사용해온 언어들을 분석해보면 성격이 어떤 요소들로 이루어졌는지를 살펴볼 수 있다. 후에 '어휘적 가설'이라고 불리는 골턴 경의 주장을 바탕으로 1936년에 미국의 심리학자인 고든 올포트가 영어 사전을 활용해 성격을 묘사하는 4,504개의 형용사를 도출한다. 이를 미국 심리학자 레이몬드 카텔이 이어받아 4,000여 개에서 중복되는 동의어들을 삭제해서 총 171개 형용사로 줄였다. 예를 들어 성실하다, 근면하다, 착실하다 등은 거의 유사한 표현들이다. 이들을 하나의 포괄적인 단어로 통합시킨 것이다.

이처럼 아주 오래전부터 인간의 성격을 정의하고 측정하려는 논의가 지속되어 왔다. 그리고 성격이 다른 개념들과 어떤 관계가 있는지를 연구해왔다. 예를 들어 가정에서 느끼는 행복감과 직장 내에서의 만족감과의 관계 말이다.

성격으로 직무성과를 예측할 수 있는가

그런데 성격으로 직무성과를 예측할 수 있을까? 1세대에서는 성격과 성과 간의 관계에 대해 부정적이었다. 기온과 고티어 같은 학자들은 심지어 이렇게 말하기도 했다.

"성격검사 도구가 채용에 유용하다는 증거를 전혀 찾을 수 없다.[80]"

기온과 고티어가 이렇게 단언한 이유가 있다. 레이몬드 카텔이 수천 개나 되는 성격 특성들을 171개로 줄여놨다. 하지만 그럼에도 불구하고 여전히 많아서 연구자들 간에도 혼란이 많았다. 성격 변수 이름은 똑같지만 그 뜻은 제각기 다르다거나 실질적인 뜻은 동일하지만 성격 변수 이름이 다른 경우들이 많았다. 예를 들어 '목표를 달성하기 위해 지속적으로 노력하는 성향'을 어떤 학자들은 '성실성'으로, 어떤 학자들은 '근면성'으로, 또 다른 학자들은 '목표 지향성'으로 이름을 붙여 연구하는 등 제각기 달랐던 것이다.

그러다가 성격검사 도구의 여명이 1980년대에 밝아오면서 성격 연구 역사의 2세대가 시작된다. 미국의 국립 보건원National Institutes of Health에서 근무하던 심리학자 로버트 맥크래와 폴 코스타가 성격 연구를 집대성한다. 이들은 대표적인 성격요인들 30개를 찾아냈다. 그리고 이를 통계적인 방식으로 분석해보니 인간의 특징적인 성격 요인 5개가 도출되었다.[81] 이를 '성격 5요인'이라고 한다. 영어의 앞 글자를 따서 오션OCEAN이라고 부른다.

- 경험에 대한 개방성Openness to experience
- 성실성Conscientiousness
- 외향성Extraversion
- 친화성Agreeableness
- 신경성Neuroticism

이는 현대 성격 심리학계에서 가장 널리 인정받는 성격이론이다. 혹시 MBTI 성격 진단을 받아본 적 있는가? 우리에게 MBTI 성격 진단은 꽤 유명한데 오션 이론이 학계에서 차지하는 위상은 MBTI 와는 차원이 다르다. 성격 연구자들은 MBTI를 가지고 연구조차 잘 하지 않는다. 학문적으로 신뢰도에 문제가 있기 때문이다.[82]

오션 이론이 가져온 빛은 명확하다. 먼저 연구자들 간에 공동의 언어를 만들어줬다. 신경성Neuroticism이라고 하면 누구나 '아, 신경이 예민해서 종종 불안해하고 때로는 우울해하는 성향을 말하는구나.'라고 그 뜻을 서로 동일하게 이해하게 된 것이다.

그리고 오션 이론은 성격을 측정하는 공통의 규약을 마련해주었다.[83] 이전에는 외향성, 즉 낯선 사람과도 편안하게 친해지고 사람들과 친교 맺기를 선호하는 성향에 대해 어떤 연구자는 '귀하는 일주일에 가족을 제외하고 몇 명의 사람들을 사적으로 만나십니까?'라는 문항으로 측정했다. 또 어떤 연구자는 '나는 낯선 사람에게도 편안하게 다가가 먼저 말을 건넨다.'라는 문항으로 측정했다. 그런데 오션 이론의 출현으로 학자들이 동일한 도구를 사용하기 시작한 것이다.

오션 이론에 힘입어서 통계적으로 유의하게 예측한다는 연구 결과들이 쏟아지기 시작했다. 그러자 일군의 연구자들이 또 메타 분석을 했다. 여러 번 말씀드린 '분석 결과들에 대한 분석' 말이다. 머레이 배릭, 마이클 마운트, 그리고 티모시 저지는 2001년에 「새천년이 시작되는 시점에서의 성격과 성과 간의 관계: 우리가 알게 된 것은 무엇이고 앞으로 해야 할 것은 무엇인가?」라는 메타 분석 논문을 냈다.[84] 이들이 종합한 바로는 오션 이론 중에서 성실성과 신경성이 영업직, 노동자, 간호사, 경찰관 등 직업의 종류와 관계없이 성과를 가장 잘 예측하는 요소로 나왔다. 그 외 개방성, 외향성, 친화성은 특정 직업들에서만 유의미하게 성과를 예측했다.

인적성 검사에는 '범위 제한'의 문제가 있다

우리나라 공채제도 역사에서 1993~1995년경에 삼성그룹이 인적성 검사를 도입한 배경에는 학계의 발전사와 그 궤를 같이하는 측면이 있다. 오션 이론이 1980년대에 학계에 정착되고 1990년대 초반에 '성격이 직무성과를 유의하게 예측한다'는 종합적인 분석 결과들이 나왔다. 그 결과들을 바탕으로 삼성에서 SSAT를 만들었던 것이다. 그와 같은 맥락에서 인적성 검사가 도입되었으니 그 검사 결과는 신입사원들이 입사한 후의 직무성과를 유의하게 예측할 수 있을 것이라고 기대하게 했다.

내가 아는 어느 회사는 2012년도에 인적성 검사와 입사 2~5년 차 신입사원들의 성과 간의 상관관계를 분석했다. 이를 '타당도 계수'라고도 부른다고 했다. 그런데 그 계수가 얼마가 나왔을까? 무려 0.02라는 대단히 낮은 수치가 나왔다. 앞서 HR가이드닷컴에서 제시한 수치를 잠시 다시 보자.

범위	판단 가이드
0.11 이하	선발도구가 유용하지 않음
0.11~0.20	상황 및 조건에 따라 유용할 수도 있고 아닐 수도 있음
0.21~0.35	선발도구가 유용함
0.35 이상	매우 유용함

0.11 이하가 '선발 도구가 유용하지 않음' 수준이니 0.02라는 계수는 너무 민망한 수준 아닌가? 그 회사에서도 분석 결과에 깜짝 놀라 '이거 큰일 났다'는 생각이 들었나 보다. 부랴부랴 '인적성 검사' 개선 작업에 들어갔다. 인적성 평가 전문업체와 몇 개월 프로젝트를 해서 개선을 많이 했다고 했다.

그런데 이 말을 들었을 때 좀 이상하다는 생각이 들었다. 그 회사는 대학생들 간에 채용 브랜드 순위에서 손에 꼽을 정도로 누구나 가고 싶어 하는 곳이었다. 그런데 내가 생각하기에 그 회사는 그 어떤 검사도구를 들고 와도 타당도 계수가 낮게 나올 것 같았다. 내가 왜 그리 생각했을까?

통계에는 '범위 제한restriction of range'이란 개념이 있다. 말로 설명을 듣기보다는 그림을 보는 게 더 좋을 듯하다. 아래의 가설적인 그림을 보자. 그 어떤 검사든 논리는 동일하므로 적성검사 중심으로 설명하겠다.

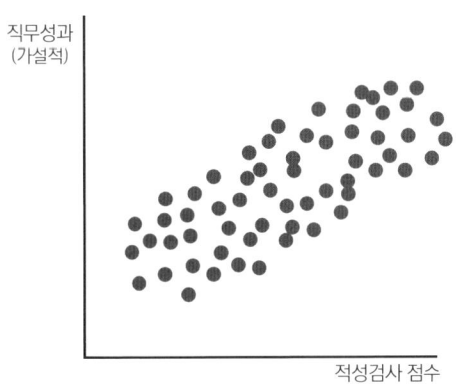

이 회사의 적성검사에 응시하는 인원이 한 번에 10만 명 정도 된다고 가정해보자. 위 그림에서 X축은 적성검사 점수이고 Y축은 이들 10만 명 모두가 입사했을 때 보이게 될 직무성과 값이다. 적성검사는 10만 명을 대상으로 실제로 입수 가능한 데이터이다. 반면 Y축은 어디까지나 가상의 데이터다. 그 10만 명이 모두 입사해 직무성과가 얼마나 되는지 그 값을 얻어내기란 현실적으로 불가능하다. 10만명이 모두 입사해서 성과 평가를 받을 수는 없으니 말이다.

기존의 수많은 연구에 따르면 IQ나 일반정신능력이 직무성과와 긍정적인 관계가 있다고 밝혀져 왔으므로 그림과 같이 긍정적 관계가 있을 것으로 생각해볼 수 있다. 즉 적성검사 점수가 높을수록 직

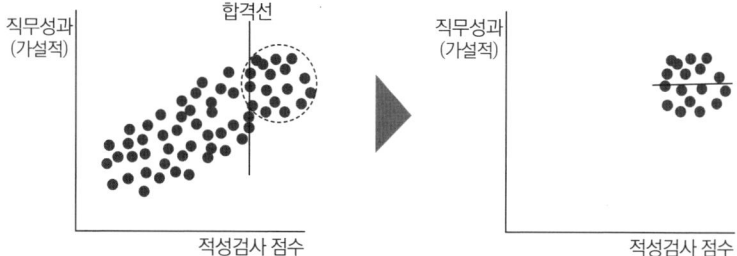

무성과도 높다고 보는 것이다.

그런데 이 회사는 대학생들이 누구나 가고 싶어 하는 곳으로 경쟁률이 치열하다. 그래서 적성검사 합격 기준을 매우 높게 설정했다. 위와 같이 합격 기준점cut off score에서 데이터를 싹둑! 잘라보겠다. 위 왼쪽의 합격선을 중심으로 데이터를 잘랐다. 그리고 그 데이터를 오른쪽으로 옮겨보겠다.

오른쪽에 있는 점들이 검사를 통과한 사람들이다. 각각의 점들이 그리는 분포가 어떻게 보이는가? 적성검사가 증가하면 직무성과가 증가하는 패턴을 보이는가? 그렇지 않다. 상관관계가 거의 0에 가깝게(빨간 선이 수평에 가깝게) 나타난다. 이 현상을 '범위 제한'이라고 한다.[85]

이 현상을 좀 더 전문적인 용어로 표현해보면 (a) 적성검사 등 시험 또는 평가에서 (b) 일정 기준 점수 아래로 절단한 데이터는 (c) 원래 전체 데이터와 비교해 (d) 위 그림의 오른쪽 형태와 같이 점수들이 비슷비슷해져서 (e) 데이터가 흩어진 정도를 의미하는 분산이 축소되는 현상을 말하며 (f) 그 결과로 상관관계가 왜곡된다.[86]

이 회사와 같이 채용 브랜드가 좋은 기업들은 합격 점수를 매우 높게 잡을 것이다. 그리고 그로 인해 '범위 제한' 문제가 발생할 것으로 생각한 것이다. 설령 인적성 검사도구를 오랜 시간 들여 수정 보완했다고 하더라도 결과는 마찬가지일 것이라고 예상했다. 단순 상관관계가 "0.00"에 가깝게 나타날 것이라고 말이다.

타당도 계수에 연연하지 말자

이 회사는 2013년도에 새로운 인적성 검사를 적용했고 3년간 쌓인 몇만 건의 데이터를 가지고 2016년에 다시 검증해보았다. 결과는 어떻게 나왔을까? 심혈을 기울여 도구를 개선했으므로 타당도 계수가 과거 0.02보다 더 높게 나왔을까?

내가 듣기로는 0.06 정도 나왔다고 한다. 기존 도구보다 조금 더 높아지긴 했지만 HR가이드닷컴의 기준에 따르면 여전히 선발 도구로서 유용하지 않은 수준이다. 자, 이제 어떻게 해야 할까? 또다시 인적성 검사를 개선하는 프로젝트로 돌입해야 할까? 2013년에 함께 작업했던 컨설팅 회사를 들볶아야 할까?

만일 여러분이 속한 조직에서 인적성 검사와 성과간의 관계를 분석해본다면 어떤 결과가 나올까? 이 질문에 대해 첫번째로 고려할 사항이 있다. 분석 결과는 상당 부분 맥락 의존적이라는 것이다. 앞서 내가 언급한 회사는 대학생들이 너도나도 가고 싶어 하는 곳으로 경쟁률이 심하기에 인적성 검사 점수를 매우 높게 설정한다고 말했다. 이게 바로 맥락 정보이다. 이를 함께 고려해야 한다.

만일 어느 회사가 채용 브랜드가 그리 좋지 못하다고 생각해보자. 또는 입사 경쟁률이 낮다고 생각해보자. 그런 회사에는 적성 검사를 보더라도 그 합격 기준을 낮출 수밖에 없다. 그렇게 되면 어떻

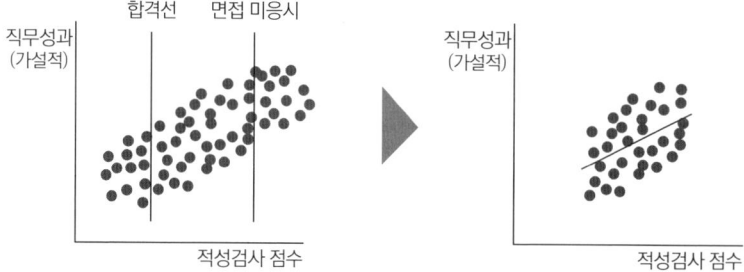

게 될까?

위 그림을 보자. 좌측 그래프에서 합격선은 이 회사 적성 검사 통과 기준이다. 그리고 바로 오른쪽 선은 상당히 우수한 지원자들이라 적성 검사를 통과해도 더 좋은 다른 회사들 면접을 보느라 바빠서 오지 않을 사람들이다. 그러면 데이터의 가운데 부분이 남게 된다. 이 데이터만 오른쪽으로 가져다 놓아 보자. 데이터가 퍼져 있는 정도, 즉 분포가 어떻게 되어 보이는가? 적성검사 점수가 증가할수록 직무성과도 증가하는 패턴이 관찰된다.

두 번째로 고려해야 할 점은 앞서 말한 '범위 제한'이다. 통계학자들은 이 문제를 아주 오래전부터 주목해왔다. 영국 출신의 학자로 현대 통계학의 창시자로 불리는 칼 피어슨은 1903년에 범위 제한 문제를 주목하고 보정 방법을 제시했다. 그 후로 여러 학자들이 좀 더 발전된 보정 방법들을 개발해왔다.[87]

앞서 예를 든 회사에서도 나중에 타당도 계수를 보정해보았다. 그랬더니 2013년 0.02였던 타당도 계수가 보정 후 0.03 정도로 나왔다고 한다. 겨우 0.01 상승한 값이다. 아무래도 그 회사는 채용 브랜드가 너무 높아서 보정하기 전이나 보정한 후나 차이가 없게 나타나는 듯하다.

이 장의 결론을 정리해보겠다. 일반적으로 인적성 검사 점수는 성과와 관련이 있다. 그런데 '범위 제한' 문제가 발생하기에 조직에 따라서는 타당도 계수가 낮게 나타날 수도 또는 그 수치가 유효하게 나타날 수도(HR가이드닷컴 기준으로 0.21 이상) 있다. 범위 제한 문제를 보정하는 방법도 있지만 조직에 따라서는 보정 전후의 값이 별다른 차이가 없을 수도 있다. 그런데 여기서 본질적인 질문을 하나 던지자면 인적성 검사를 하는 목적과 효용은 과연 무엇일까? 이 질문을 곰곰이 생각하면 타당도 계수에 그리 연연하지 않아도 된다는 점을 알 수 있다.

인적성 검사는 고성과자를 예측하기 위함이 아니라 오히려 그 반대의 목적이 있다. 조직 부적응자, 우리 조직에 맞지 않는 사람을 선별하고 기본적인 직무 수행이 어려운 사람들을 사전에 스크리닝 screening하는 데 그 효용이 있다. 따라서 인적성 검사 점수와 신입사원의 직무성과 간의 관계에 그리 천착하지 않아도 된다고 생각한다. 인적성 검사 본래의 목적에 부합하게 사용하면 될 일이다.

2
AI를 이용한 서류전형 통과 예측 모델링을 채택할 것인가

인공지능 IBM 왓슨이 합격과 불합격을 판단한다

자기소개서에는 정량적 데이터와 정성적 데이터가 있다. 일부 회사들은 정량적 데이터를 오래전부터 활용해왔다. 출신 대학교, 학점, 영어 시험 점수 등으로 사전에 스크리닝하는 것이다. 그렇게 선별한 자기소개서만 채용 담당자들이 검토했다. 어떤 회사들은 사전 스크리닝을 거쳤음에도 불구하고 지원자가 넘쳐서 몇 날 며칠을 자기소개서만 검토해야 했다.

그런데 최근에는 텍스트 분석과 자연언어 처리 기술이 고도로 발전하면서 정성적 데이터였던 자기소개서 문장들을 컴퓨터가 처리할 수 있게 되었다. 대표적인 예가 일본의 소프트뱅크이다. 지원자가 몇 가지 화두에 대해 쓴 텍스트를 바탕으로 인공지능 IBM 왓슨

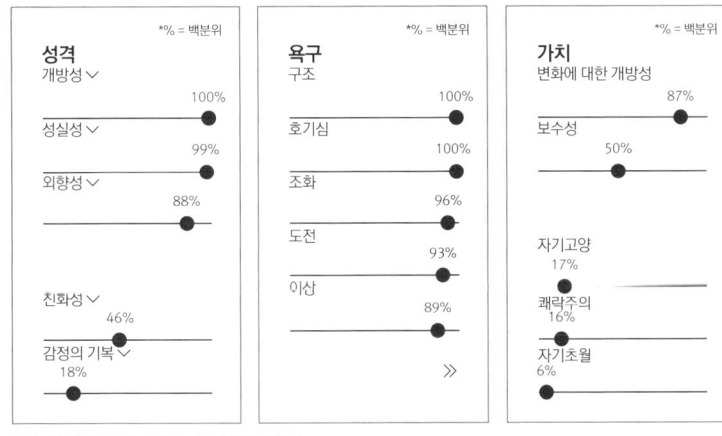

나의 성격을 에이브릴로 추정해 보았다.

컴퓨터가 합격과 불합격을 판단하는 것이다.

여기서 잠시 그와 관련된 기술 하나를 직접 소개하고자 한다. IBM의 인공지능인 왓슨 컴퓨터는 2015년부터 한국어를 학습했다. 이를 '에이브릴AIBRIL'이라고 한다. 에이브릴의 기능 중에는 개인이 작성한 글을 토대로 성격을 분석하는 서비스도 있다. 앞서 설명한 성격 유형인 오션OCEAN 특성과 더불어 개인이 중시하는 가치관도 분석해낸다. 여기에는 최소 3,500 단어, 제대로 추정하려면 이상적으로는 6,000단어 정도가 필요하다.

그렇다면 나의 성격을 한번 에이브릴로 추정해보겠다. 내가 작성한 6,557자의 글을 붙여 넣고 '분석하기' 버튼을 누르니 위와 같이 나왔다. 여러분도 미주의 주소를 통해 한번 해볼 수 있다.[88] 그런데 어떻게 텍스트를 가지고 성격을 유추할 수 있는 걸까? IBM 왓슨, 특히 한국에서 서비스되는 에이브릴은 어떤 원리로 동작하는 걸까? 기본 개념은 이렇다. 사람들은 블로그나 트위터나 일기장에 글을 쓸 때 주로 사용하는 단어들이 서로 다르다. 그 사람의 성격에 따라 선호하는 단어가 달라지기 때문이다. 예를 들어 신선한 자극을 좋아하는 사람들은 '새로운' '흥미로운'이라는 표현을 더 많이 사용할 것이다. 신경성Neuroticism이 높은 사람들, 즉 성격이 예민하거나 정서적으로 불안한 사람들은 '짜증' '화' '열 받아' 등의 단어들을 종종 쓸 것이다. 이처럼 그가 특정 단어들을 얼마나 많이 사용하는지를 분석하면 역으로 성격을 추론할 수 있다.[89]

 IBM은 이 서비스가 얼마나 정확한지도 검증했다. 트위터 사용자 중 언어별로 1,500~2,000명을 대상으로 실제 성격검사 도구를 응답하게 한 다음 작성한 글을 분석해 추론한 값과 비교했다. 트위터 사용자에게 '나는 뭔지 모르게 항상 걱정이 많고 불안하다.' 등으로 측정된 신경성 점수와 글을 통해 추론된 신경성 점수 간의 상관관계를 냈다. 보통 이런 종류의 연구들에서는 상관이 0.2가 넘어가면 수용할 만하다acceptable고 한다. 영어는 0.33 정도 되고 한국어는 0.21 정도 되는 것으로 나타났다.[90] 이 기술의 정확도가 더 향상된다면 인적성 검사를 거치기도 전에 1차 서류전형에서 지원자의 성격을 추정해 우리 조직에 잘 정착할 사람인지를 판단해볼 수도 있겠다.

 얼마 전에 '알쓸신잡'이라는 TV 프로그램을 우연히 보았다. 각 분야를 대표하는 다섯 인물이 주거니 받거니 하는 대화가 나름 재미있었다. 그런데 그중 맛칼럼니스트 황교익 선생이 IBM 왓슨 인공지능을 언급한 적이 있다. 이분 말씀인즉 본인의 글을 긁어다가 왓슨에게 분석하게 해봤더니 자신의 성향을 분석해주었다고 한다. 그런데 일정 부분 맞는 이야기도 있긴 했는데 결정적으로 틀린 결과가 있더라는 것이다. 왓슨이 이르길 '귀하는 외식을 별로 좋아하지 않는 성향'이라고 분석 결과를 내놓은 것이다. 그 말을 하자마자 주변에서 박장대소가 터졌다. 맛칼럼니스트인 황교익 선생에게 그 결과를 들이밀었으니 말이다.

황교익 선생이 언급한 것처럼 아직 IBM 왓슨이 익힌 한국어 인공지능, 즉 에이브릴은 신뢰도가 높지는 않다. 성격을 추론하는 기능은 지원자가 자기소개서에 기술한 내용을 바탕으로 합격과 불합격을 예측하는 일보다 더 어렵다. 자기소개서 예측은 상대적으로 단순하다. 합격이나 불합격이냐의 이분 범주 결과 값만(1과 0) 예측하면 되기 때문이다. 반면 앞에서 에이브릴이 분석한 나의 성격에서 볼 수 있듯 성격 추론은 40개 항목을 추론해야 할 뿐만 아니라 항목마다 1~100%까지 연속선상의 점수를 추정해야 한다. 그래서 성격 추론보다는 합격-불합격 예측이 더 정확도가 높다.

자기소개서 예측 모델링의 원리는 무엇인가

자기소개서를 가지고 합격과 불합격을 예측하는 모델링의 원리는 어떻게 될까? 앞서 영화 「명량」의 감상평과 평점을 예측하는 원리를 설명했다. 자기소개서 예측 모델링도 기본적으로 그와 비슷하다.

여기 1년에 약 2만 건의 자기소개서를 받는 회사가 있다. 이 회사는 출신 대학교와 학점 등으로 사전에 스크리닝하지 않는다. 현업에서 대리급 인력들을 뽑아서 자기소개서 검토 방법을 알려주고 평가 눈높이를 맞추도록 교육한다. 그럼 그들은 약 4일에 걸쳐서 2만 건의 자기소개서 내용을 읽고 합격-불합격 판정을 내린다. 컴퓨터로 코딩하면 합격은 1, 불합격은 0으로 기입할 수 있겠다. 이렇게 만들어진 5년치 데이터가 약 10만 건이 있다.

그중 70%인 7만 건을 가지고 머신러닝으로 학습을 시킨다. 컴퓨터는 합격 판정과 불합격 판정에 어떤 표현들이 기여했는지 패턴을 익히고 스스로 알고리즘을 만들어낸다. 그런 다음 나머지 3만 건을 가지고 어느 정도 예측을 해내는지를 시험한다. 앞서 7만 건을 훈련 데이터training data라고 하고 3만 건을 테스트 데이터test data라고 한다. 이를 나누는 기준은 분석가가 마음대로 정하지만 보통은 7:3, 8:2 정도로 나누는 관습이 있다.[91]

머신러닝으로 7만 건을 가지고 학습하고 나머지 3만 건으로 예측하게 했을 때 예측률이 상당히 높게 나온다. 과거에 축적된 10만 건 중에서 7만 건을 빼서 학습시키고 그 나머지로 예측하니까 당연히 높게 나올 수밖에 없다. 같은 우물에서 길어온 물이라 물맛이 같은 셈이다.

이제 회사는 올해 신입사원을 뽑기 위해서 입사 지원서를 받기 시작한다. 올해도 대략 2만 건이 지원되었다. 우선은 먼저 자기소개서 예측 모델을 실행시켜서 2만 건 전부에 대해 합격-불합격을 추정해본다. 컴퓨터를 돌리고 돌려 결과가 드디어 짠~ 하고 나왔다. 그러고 나서 올해도 현업에서 대리급 50여 명을 불러서 교육시키고 4일간 수작업으로 합격-불합격을 판단하게 한다. 그런 후 머신러닝이 추정한 결과와 대리급들이 수기로 판정한 결과를 비교해본다. 이를 통해 예측 모델의 실제 정확도를 계산하는 것이다. 일반적으로는 테스트 데이터 3만 건을 대상으로 예측한 정확도보다는 낮게 나타나게 되어 있다.

최근에 몇몇 그룹에서 서류전형 통과 예측 모델링을 고민하고 있다는 이야기를 직접 들었다. 입사 지원 서류를 검토하는 데 수많은 인력과 시간이 들어가기 때문이다. 그런데 컴퓨터로 후닥닥 돌리면 예측 결과가 나오니 이 얼마나 좋은 세상인가. 하지만 나로서는 몇 가지 사항들을 짚고 넘어가지 않을 수 없다.

첫째, 예측 모델링은 만능이 아니다. 머신러닝은 인간의 편견과 주관까지도 학습한다. 마이애미 대학교의 앤드루 브라이머 교수는 『포천』에서 최근 월스트리트에 있는 기업들이 예측 모델링으로 사람을 채용하려는 움직임을 이렇게 비판했다.[92] "예측 모델이 제시하는 결과물은 사람의 편견과 오류에 영향을 받습니다. 인간이 그 데이터(이력서, 자기소개서 등)를 판단했기 때문입니다."

이해를 돕기 위해서 아주 극단적인 상황을 가정해보겠다. 위의 사례에서 대리급들을 차출했다. 이들은 상명하복으로 자신을 받드는 신입사원들이 더 좋을 수 있다. 자신들도 모르는 사이에 '까라면 깝니다.' '시키신 일은 죽어도 해냅니다.' 식의 태도가 묻어나는 자기소개서를 더 선호한다고 생각해보자. 그래서 그런 태도와 소신을 밝힌 자기소개서들에 합격 판정을 더 많이 주고 반면에 다소 도전적인 태도가 묻어나는 자기소개서들은 떨어뜨렸다고 해보자. 이 데이터를 컴퓨터가 익히게 했다면 결과는 어떻겠는가? 머신러닝은 대리급들의 편견과 주관을 모두 학습한다.

어떤 분들은 다음과 같이 물을지도 모르겠다. "예측 모델이 그런 주관적 편향이 있다면 어차피 현업에서 대리급을 데려다가 사람이 판단하게 해도 편견이 들어갈 텐데, 이왕이면 비용 효율적인 예측 모델을 쓰는 게 더 낫지 않겠는가."라고 말이다. 그 말씀이 맞다. 그럼에도 내가 이 문제를 지적하는 이유는 일부 경영자 또는 의사결정권자들은 '그와 같은 예측 모델링으로 매우 객관적이고 공정하게 사람을 뽑을 수 있다'고 믿는 경향이 있기 때문이다. 그러나 사실은 사람의 편견도 들어간 결과이다.

최근에는 이와 같은 문제점을 인식하고 '백테스트back test'를 한다.[93] 어느 회사는 과거에 축적된 데이터를 모아서 컴퓨터로 학습을 시켰다. 그리고 합격-불합격 판정을 예측하게 했다. 그러고 나서 백테스트를 했다. 이는 컴퓨터가 예측한 결과 값을 재조사하는 활동이다. 남녀가 각각 어느 비율로 합격 하는지 특정 대학교에 합격이 몰리는지, 특정 연령대가 더 많이 통과하는지를 점검하는 것이다. 그 결과 남성 지원자는 압도적으로 많이 통과시킨 반면 여성 지원자는 극히 적은 비율로 합격을 예측했다. 그 원인을 조사해보니 이 회사는 물리학, 화학 전공자를 선호하는 경향이 있었다. 대학교 물리학, 화학 계열의 전공자 중에 여성 비율이 적었던 것이 원인이었다.[94] 그래서 여성이 통과되는 비율을 좀 더 높이기 위해 알고리즘을 튜닝하는 작업을 거쳤다.

둘째, 자기소개서의 진실성 문제이다. 현재 일부 취업준비생들은 채용 담당자들의 눈에 좀 더 띄도록 첨삭을 받기도 한다. 지원자가 원래 사용했던 표현들과 생각들이 취업 전문가들의 용어로 바뀌는 것이다.

만일 기업들이 머신러닝으로 자기소개서 합격-불합격 여부를 판단하게 하는 붐이 일게 되면 합격에 기여하는 키워드들을 알고 있는 전문가들이 채용 시장에 득세할 수 있다. 컴퓨터는 그 키워드들에 집중해 자동으로 합격 판정을 내리기 때문에 전문가들의 첨삭이 더 유효해질 가능성이 커진다. 기존에 사람이 일일이 검토하는 방식에 비해서 말이다.

최근 들리는 소식에 따르면, 대학생들을 대상으로 자기소개서 합격 또는 불합격 판정 가능성 여부를 머신러닝을 통해 서비스하려는 스타트업이 있다고 한다. 대학생들이 자기소개서를 작성한 후 약간의 비용을 내고 웹사이트에 올리면 그 자기소개서가 기업들의 서류전형에서 통과할 가능성이 높은지 낮은지를 머신러닝을 통해 결과를 보여주는 것이다. 해외 유학을 위해 최근에 GRE 시험을 보신 분은 알겠지만, 라이팅writing을 습작하고 웹사이트에 올리면 대략 몇 점 정도 맞을 수 있는 영작 실력인지 채점해주는 서비스와 유사하다. '방패'가 강화되니 이를 뚫는 '창'이 생겨난 셈이다.

셋째, 기술적으로 가능하느냐는 문제와는 별개로 기술이 구현되는 사회적 맥락을 고려해야 한다. 우리나라는 실업률이 매우 높은 상황이고 특히 대학 졸업생들이 어려움을 많이 겪고 있다. 2017년 10월 통계청이 발표한 자료를 보면 우리나라 청년층의 실업률은 9.2%, 체감 실업률은 약 21~24% 정도이다.[95] 체감률로 보았을 때 대학생 네 명 중 한 명은 직업을 제대로 갖지 못했다고 생각하는 것으로 봐야겠다. 청년 실업률은 근 10년 동안 우리나라를 골치 아프게 한 문제이다. 이 때문에 2017년에 들어선 문재인 정부는 '일자리 위원회'를 만들었고 특히 청년 일자리 창출에 심혈을 기울이고 있다.

소위 '취준생'이라고 줄여서 부르는 대학 졸업반 학생들은 취업을 위해서 3~4학년에 밤낮없이 공부한다. 토플, 토익, 오픽 등 영어 시험도 준비해야 한다. 틈틈이 인턴도 경험해봐야 하고 면접 준비를 위해 몇 개월간 스터디도 한다. 자기소개서는 어떨까? 짧게는 한두 달, 길게는 여러 달을 고민해서 나에 대한 스토리를 써내려간다. 고치고 또 고친다. 누가 내 자기소개서를 봐줄지 모르지만 일말의 희망을 가지고 최선을 다해 작성한다.

그런데 기업은 어떠한가? 머신러닝이라는 기술을 이용해 컴퓨터로 합격과 불합격 판정을 내리면 된다고? 그게 비용 효율적이라고? 그렇다. 비용 효율적인 방법인 것은 분명하다. 그런데 그 기술이 활용되는 우리 사회 분위기는 어떠한가? 취업에 힘들어하는 우리 청년들은 혼신의 힘을 다해 자기소개서를 쓰는 데 비용 효율이라는 이름으로 컴퓨터가 판단하게 한다는 것인가? 입장 바꾸어서 생각해보자. 내가 그리고 여러분이 취업준비생이라고 생각해보자. 오래 고민해서 작성한 자기소개서를 컴퓨터가 판단한다? 불과 몇 초 만에 사람이 아닌 인공지능에 의해 당락이 결정된다? 참 어려운 문제이다. 사회적으로 기업들이 '강자'(갑)이고 취업준비생들은 '약자'(을)인 상황에서 '강자'의 효익을 더 강화하기 위한 행동으로 보일 수 있다.

혹자는 이런 말씀을 하실 듯하다. "일본의 소프트뱅크도 인공지능으로 자기소개서 합격-불합격을 가리게 했지 않은가? 아무 문제 없지 않았는가?" 그 말씀도 맞다. 그런데 내가 이 책 전반에 걸쳐서 분석 결과는 상황 또는 맥락과 함께 읽어야 한다고 말씀드리고 있다. 어떤 현상이 있다면 그 역시도 맥락과 함께 살펴보아야 한다. 소프트뱅크가 그 기술을 도입해 활용한 시점은 2017년 4월이다. 그 당시 일본의 실업률은 어느 정도였을까? 일본 총무성이 발표한 완전실업률은 약 2.8%였다.[96] 24년 만에 실업률이 가장 낮았다. 선진국 최저 수준이기도 했다. 사실상 완전고용에 가까웠다. 구직자 1인당 1.36개의 일자리가 있는 것으로 추산되었다.[97] 기업들은 사람을 구하느라 눈이 빨개졌다. 반면 지원자들은 기업을 골라서 갈 수 있었다. 지원자들이 오히려 '갑'이 된 것이다. 이 상황에서는 소프트뱅크가 인공지능 채용을 도입할 수 있었다. 인공지능 채용이 불쾌한 지원자들은 소프트뱅크에 응시를 안 하면 됐다. 사회적인 파장이 별로 없었다.

우리 기업들도 조만간 인공지능 채용을 활용하기 시작할 것이다. 누군가 시작하면 너도나도 그 기술을 적용할 것이다. 다만 그 기술이 배태되는 사회 맥락을 함께 고려하면서 그 기술의 활용을 고민해야 한다.

넷째, 인공지능 채용이 초기에는 차별점이 될 수도 있다. '우리는 인사 기능이 다른 기업들보다 앞서 있기 때문에 우리나라 최초로 인공지능으로 서류 심사를 한다'고 자랑할 수 있다. 어느 순간 우리나라에는 인공지능 채용의 광풍이 불 것이다. 이처럼 인공지능 채용이 일상이 된 상황에서는 오히려 기존 방식이 차별화 포인트가 될 수 있다. "우리는 사람을 중요하게 생각합니다. 우리는 지원자 한 분 한 분의 서류를 사람이 직접 꼼꼼히 읽고 검토합니다. 우리에게 정말 적합한 분을 선별해서 귀하게 모셔오고자 합니다."라는 말이 회사의 무한한 자부심이 될 수 있는 것이다.

자기소개서 표절에는 어떻게 대응하는가

자기소개서 얘기가 나와서 말인데 '표절'을 언급하지 않을 수 없다. 표절은 일명 '도적글'이라고도 한다. 다른 사람이 고심해서 만든 글이나 작품을 그대로 베끼거나 모방하는 행위를 말한다. 그 출처를 명확하게 밝히지 않은 채 자신이 직접 만들어낸 결과물이라고 공표하는 행위이다. 표절은 학계에서는 매우 심각한 윤리적 문제로 간주하며 언론계에서는 기자 또는 언론기관의 신뢰를 크게 훼손하는 행위가 된다.

그렇다면 우리는 지원자의 자기소개서 표절에 대해 어떤 입장을 가져야 할까? 일단 입사지원자들이 실제로 표절을 하는지 확인할 필요가 있다. 자기소개서를 표절했는지를 알아보려면 그 비교 집단이 있어야겠다. 이 세상에 있는 문서 전체와 모두 비교할 수 있다면 표절을 원천 봉쇄할 수 있다. 하지만 현실적으로 세상의 모든 입사지원서를 입수할 수는 없다. 그렇기 때문에 우리 조직에 제출된 입사지원서만을 대상으로 표절 검사를 해볼 수 있다.

어느 조직에 약 1만 건의 자기소개서가 있다고 가정해보자. 어느 한 사람 A의 자료를 비교하려면 나머지 9,999건과 비교해야 한다. 이제 B라는 사람을 비교해본다고 해보자. B의 경우에도 나머지 9,999건과 비교해야 할까? 아니다. A를 비교할 때 이미 그 9,999건 속에 B의 데이터도 있었으므로 또다시 수행할 필요가 없다. B를 수행할 때는 9,998건과 비교하면 된다. 이처럼 A를 중심으로 B를 비교하든, B를 중심으로 A를 비교하든 중복이기 때문이다. 가지고 있는 데이터를 n개라 하면 $n(n-1)/2$로 비교해야 한다. 1만 건의 표절 검사를 위해서는 개개인의 문서가 총 4,999만 5,000쌍인 셈이다.

표절을 검출하는 방법에는 여러 가지 알고리즘이 있다. 전에는 키워드 사용 빈도와 유사성을 중심으로 표절 여부를 판단했다. 하지만 지금은 기술이 더 발전했다. 유의어 사전을 활용해서 일부 단어들만 바꾸거나 공백을 추가한 꼼수 같은 표절도 검출해낸다.[98] 예를 들어 "안면 인식은 미리 촬영된 안면 사진을 바탕으로 대상을 판단한다."에서 '안면'을 '얼굴'이라는 단어로 바꾸어 사용해도 표절로 검출해내는 것이다.

그런데 지원자들의 자기소개서를 대상으로 표절 검사를 해보면 실제로 표절이 검출되어 나올까? 업계 동료들이 연구한 바를 보면 대략 3~5% 정도로 표절이 검출된다. 표절 유형도 있다. 시중에 출간된 서적들에서 일부 문장들을 가져왔다거나 또는 아예 한두 문단을 그대로 복사한 유형도 있다. 같은 학교 같은 과 선후배 또는 동기끼리 표절한 경우도 있었다.

자, 이렇게 실제로 표절이 일부 발생하고 있다는 점을 확인했다. 표절은 사실이다. 이제 이를 어찌해야 하는지는 가치 판단의 문제이다. 어떤 분들은 표절한 지원자는 원천적으로 배제해야 한다고 주장한다. 표절 그 자체는 윤리적으로 좋지 않은 행동이기 때문이다. 따라서 면접을 볼 필요도 없다고 하며 그런 기회를 주어서도 안 된다고 주장한다. 칸트의 도덕법칙을 따르자는 것이다.

또 어떤 분들은 이러한 가설을 세우기도 한다. "입사지원서를 힘들이지 않고 작성해서 서류 전형을 통과하고 면접까지 통과했다면 무척 융통성이 있는 사람일 것이다. 이런 사람이 기업 조직에서 더 큰 성과를 거둘 수 있다."고 말이다. 그래서 굳이 표절을 원천 봉쇄할 필요가 없다는 것이다.

결론은 조직의 미션과 지향하는 가치에 따라 자기소개서 표절 행위를 보는 관점이 달라진다는 것이다. 여러분은 어떤 관점인가? 표절한 지원자에 대해 어떤 행동을 취하겠는가?

어떤 면접관들이 더 효과적일까?

지원자의 자질에 대해서는 고심을 많이 한다. 우선 면접 평가 양식에 심혈을 기울인다. 어떤 역량들을 평가해야 할까, 그 역량들을 몇 점 만점으로 평가하는 게 좋을까, A4 용지를 가로로 구성하는 게 좋을까 세로로 하는 게 더 나을까 등이다.

면접 사후 처리도 고민을 많이 한다. 면접관들끼리 평가가 극명하게 달라지는 지원자들에 대해서는 어떻게 처리해야 할까, 단순 평균을 해야 할까, 아니면 면접관들 간 서로 합의를 하게 만들까? 면접관들은 매우 높은 점수를 주었는데, 채용 담당자가 면접 대기 장소에서 관찰한 바로는 정말 별로일 때는 어떻게 해야 할까?

그런데 이상한 게 있다. "사람이 미래다." "인재가 우리가 보유한 최고의 자산이다."라고 말하면서도 면접관의 자질을 고려하는 조직은 드물다는 것이다. 내가 아는 한 채용 담당자는 이렇게 얘기했다. "지난번에는 우리 면접관 중 한 명이 지원자를 대상으로 성차별적 발언을 했다가 큰일 날 뻔했습니다. 면접관 기본 소양 교육이 필요할 듯합니다."

여러분의 조직에서 사람을 제대로 뽑는 면접관이 누구인지 알고 있는가? 그들은 어떤 특성이 있을까? 어떤 자질을 갖추어야만 면접을 잘 수행할 수 있을까? 물론 현실적인 고민은 있다. 어떤 조직들은 채용 브랜드가 좋지 않아서 오히려 구인난을 겪는 경우도 있다. 지원자를 선별하기보다는 그 누구라도 모셔와야 하는 처지다.

채용 브랜드가 좋은 기업일지라도 고민이 있다. 면접을 잘 보는 관리자들은 대부분 역량도 출중해서 현업에서 성과를 내느라 바빠서 계속해서 그분들에게 면접을 요청하기 어려울 때도 있다. 그럼에도 과학적인 인재경영을 지향하는 조직이라면 면접관 자질에 대한 고민도 필요하다.

한번은 면접관의 자질을 직접 분석해본 적이 있다. 어느 면접관 A가 어느 지원자들에게 합격, 불합격 판정을 주었는지, 그리고 그중에서 입사한 사람은 누구이며, 그들이 조직에서 현재 어느 정도의 성과를 보이고 있는지, 그 데이터가 필요했다. 그런데 당시에는 면접관들이 점수를 준 데이터만 있지, 누가 그것을 평가했는지에 대한 데이터가 없었다. 즉 면접관 성명 - 신입사원 성명을 짝을 맞추어 기록한 데이터가 없었다. 분석할 수 있는 상황이 아니었던 것이다.

그래서 고민하다가 다소 간접적인 방식을 취하기로 했다. 앞서 설명한 구조화 면접은 장시간 동안 교육이 필요하다. 면접관으로 활동해야 할 리더들에게 그 면접 기법을 익히도록 해야 한다. 그래서 내가 선택한 방식은 유사 실험quasi-experiment 연구였다. 면접관으로 활동해야 할 리더들이 가상의 면접을 진행하도록 하고 그 상황에서 가장 효과적인 인터뷰 행동을 보이는 사람의 특성을 보고자 했다. 이 방식은 몇 가지 가정들을 깔고 있기 때문에 비판의 여지가 적지 않다. 그럼에도 데이터의 부재 등 여러 상황을 고려해 유사 실험으로라도 시사점을 얻어보고자 한 것이다.

그래서 어떤 성격을 가진 사람들이 구조화 면접에 더 적합한지 분석해봤다. 그 결과 어떤 일이든 기본 원칙과 절차에 따라 진행하려는 성실성이 높을수록 더 적합했다. 구조화 면접은 모든 평가 질문과 프로세스가 사전에 정해져 있다. 따라서 그 절차에 따라 진행하려는 사람일수록 우수한 면접관의 자질이 있는 것으로 나타난 것이다. 또한 정서적으로 예민하지 않고 평탄한 감정을 유지하는 사람이 적합한 것으로 나타났다.

여기서 당부하고 싶은 사항은 이렇다. 지원자의 자질에 집중하는 만큼 그들을 제대로 선별해낼 수 있는 면접관의 자질이 중요하다는 것. 그렇기 때문에 우수한 면접관의 자질을 확인하는 노력이 필요하다는 점이다.

5장

사람은 기르면 자라는 존재인가

1
인재 육성 프레임워크 70:20:10 모델은 무엇인가

사람은 무엇으로 성장하는가

사람이 성장하는 데 이바지하는 요소들은 무엇일까? 그것을 밝혀낼 수만 있다면 인재를 제대로 키워낼 수 있을 것이다. 최근 인재 육성 분야에서는 70:20:10 모델이 주목받고 있다. 사람이 성장하는 데는 경험이 70%, 인간관계가 20%, 교육이 10% 기여한다는 주장이다.[99] 어떤 사람들은 경험 학습experiential learning이 70%, 사회적 학습social learning이 20%, 형식 학습formal learning이 10%라고 하기도 한다.[100]

2016년도에 인재육성 담당자들을 대상으로 한 조사를 보면 응답자의 47%가 '조직의 인재육성 제도는 70:20:10 모델에 근거해 설계되었다'고 대답했다.[101] 이 모델이 전 세계적으로 주목받는 건 분명하다. 그런데 이 모델이 인재육성 분야에 새로운 바람으로 떠오르는 이유는 무엇일까?

여러분께서는 '사람을 육성한다'고 하면 어떤 이미지가 떠오르는가? 강의실에 일렬로 앉아서 누군가로부터 지식을 전수받는 장면이 떠오르는가? 아니면 반원형 강의장에서 MBA 수업을 듣는 장면이 떠오르는가? 인재 육성이라고 하면 우리는 지금껏 천편일률적으로 '교육을 받는다.' '모여서 학습한다.' 등의 행위를 떠올려 왔다. 그런데 70:20:10 모델은 사람의 성장이 대부분 '경험'에 달려 있다고 주장해서 기존의 통념에 도전한다. 그런데 이는 사실 그리 놀랄 만한 주장은 아니다.

자, 장인 또는 전문가들을 생각해보자. 단순히 강의실 교육을 통해서 장인이 될 수 있을까? 아니면 허드렛일도 해보고 진창에도 굴러보고 실패도 겪었다가 작은 성공의 기쁨도 맛봤다가 하는 등의 일을 통해서 장인이 되는 걸까. '경험'이 성장에 크게 기여한다는 것은 너무나 당연한 이야기다. 그렇다면 누구나 조금만 생각해봐도 알 수 있는 사실이 왜 주목받는 걸까? 그만큼 우리들의 고정관념, 즉 '사람을 키워야 한다=교육을 많이 시켜야 한다'는 생각이 지나치게 강했던 것이 이유다.

리더들에게도 당연히 경험이 중요하다. 경험이 곧 자산이다. 네슬레Nestle라는 기업을 한번 살펴볼까 한다.[102] 네슬레는 1860년대에 설립된, 무려 150년의 역사를 자랑하는 스위스 식품 제조 기업이다. 2016년 기준으로 전 세계 33만 명이 근무하고 있으며 196개 나라에 진출해 있다.

실제로 네슬레를 이리저리 뜯어 관찰해보면 참 대단한 기업이라는 생각이 든다. 식품 산업은 IT나 바이오산업처럼 전도유망하지도 않고 차별화 전략을 구사하기도 쉽지 않다. 이미 성숙할 대로 성숙한 그래서 정체 현상이 오래전부터 벌어졌던 산업이다.

특히 이 산업에서 글로벌 기업이 되기는 만만치 않다. 왜 그럴까? 나라와 민족마다 입맛이 다르기 때문이다. 그들의 구미를 제대로 맞추지 못하면 성공하기 어렵다. 네슬레의 모국은 스위스다. 시장 자체가 작아서 미국, 중국, 인도와 같이 거대한 내수 시장을 등에 업을 수도 없었다.

그럼에도 네슬레는 전 세계 100조의 매출을 달성하고 있으며 기업가치는 300조 원이 넘는다. 이렇게 성장할 수 있었던 원동력은 무엇일까? 네슬레가 글로벌 기업으로 성장해 나가는 과정에서 겪은 고민의 궤적을 살펴보면 어떻게 리더들이 핵심적인 기여를 했는지 살펴볼 수 있다.

네슬레는 1990년대 성장이 정체되면서 난관에 직면하게 된다. 이 어려움을 어떻게 이겨냈을까? 네슬레의 리더들은 자신들의 비즈니스에 대한 시각을 전면적으로 다시 정의해야 한다고 생각했다. 성숙기에 깊숙이 접어든 산업이라 그로부터 벗어나야 한다고 결론을 내린 것이 아니라 오히려 자신들이 익숙한 산업에서 정면으로 승부를 겨뤄야 한다고 보았다.

네슬레는 제품과 경쟁자 중심으로 시장을 정의하기보다는 고객의 니즈가 어떻게 변화하고 있는지, 생활 패턴이 어떻게 바뀌고 있는지를 유심히 살펴보았다. 이를 바탕으로 이들은 '영양, 건강, 그리고 웰빙을 위한 식품'에 선택과 집중을 한다. 그리고 그로부터 10년 만에 기업가치 300조 원을 달성해냈다.

네슬레의 성공 배경에는 글로벌 트렌드를 시의 적절하게 읽어낼 수 있는 리더들이 있었다. 네슬레는 다양한 고객과 문화를 경험해 볼 기회를 부여해주는 방식으로 글로벌 리더를 키운다. 2017년 현재 이사회 의장이자 전 CEO인 폴 불케를 살펴보자. 그는 벨기에 출신으로 나이 25세에 네슬레에서 경력을 시작한다. 총 9개국(스위스, 스페인, 벨기에, 페루, 에콰도르, 칠레, 포르투갈, 체코, 독일)에서 일하고 나서 CEO로 임명되었고 최근에 이사회 의장으로 일하고 있다.

현 CEO인 피터 브라백은 오스트리아 출신으로 오스트리아에서 2년간 일했고 칠레에서 10년간 영업과 마케팅을 담당했다가 에콰도르 법인장과 베네수엘라 법인장으로 일했고 그 후 스위스 본사로 이동한 후에 CEO로 임명되었다. 이처럼 네슬레의 리더들이 다양한 경험들을 갖추고 있었다. 네슬레는 성장 정체에 봉착했을 때 글로벌 환경이 어떻게 바뀌어 나갈지를 미리 예견하고 배의 조타를 제대로 잡을 수 있었던 것이다.

GE 그룹은 전통적으로 팔방미인 관리자(jack-of-all-trades generalist)를 선호했다. 깊이 있는 지식보다는 얕지만 넓은 식견을 가진 리더를 고위 임원과 CEO로 승진시켰다. 무엇이든지 다 해낼 수 있는 만능박사를 키우기 위해서 그에 걸맞은 제도를 가지고 있었다. CEO감들은 매우 다양한 산업을 경험하도록 했다. 한국말로 표현하면 '뺑이를 돌렸다'고나 할까. 예를 들어보자. GE의 부회장을 역임했던 존 그레니키는 GE 화학, GE 재료공학, GE 광학, GE 운송, GE 플라스틱, GE 초정밀 연마제 등을 거쳐서 GE 에너지의 수장 자리에 앉았다. 대략 2년마다 한 번씩 다른 산업을 경험하게 한 것이다. 마치 메뚜기처럼 이리저리 점핑을 하고 다녔던 것이다. 이와 같은 육성 방식은 GE의 상징과도 같았다.

그런데 2012년 GE는 그와 같은 CEO 후보자 육성 제도를 버린다. 이것이 얼마나 유명한 사건이었는지 『월스트리트 저널』에 대서특보가 되기도 했다.[103] 특정 산업에 깊이 있는 지식을 가진 사람들을 CEO로 키우기로 한 것이다. 다른 산업으로 돌리지 않고 말이다. 왜 그랬을까? GE 그룹의 전략이 바뀌었기 때문이다. 항공, 의료, 에너지 등 고부가가치 산업에 선택과 집중을 하기로 한 것이다. 이 상황에서 CEO 등 경영진에게 필요한 핵심 자질은 넓고 얕은 지식보다는 한 분야에 깊게 파고들어 고민하고 새로운 기회를 탐색할 수 있는 전문성이 더 중요해진 것이다.

GE는 데이비드 조이스 사장을 새로운 프로토타입으로 제시했다. 그는 GE 항공의 수장인데 1980년 입사 후 계속해서 그 산업에서만 전문성을 길러왔다. 1998년까지 약 18년 동안 연구개발을 담당하다 1998년부터 4년간 고객 지원 부서에서 임원으로 일하고 나서 2001년부터 3년간 항공엔진 사업부장을 거쳤고 2003년부터는 6년간 항공엔진 사업부 사장을 역임한 후 GE 항공의 CEO로 승진했다.

70:20:10 모델은 어떻게 만들어졌는가

네슬레와 GE의 사례로 보듯 경험이 리더를 성장시킨다. 경험을 강조하는 70:20:10 모델을 이제 제대로 들여다보자. 처음 이 모델을 접했을 때 마음이 많이 끌렸다. 숫자로 표기되니 왠지 더 '과학적'이라는 느낌이 들었기 때문이다. 그런데 점점 비판적인 생각이

들기 시작했고 그래서 이 모델의 유래부터 찾아보기 시작했다. 그 시초는 미국의 창의적 리더십 센터CCL에 근무하는 맥콜 등의 연구이다.

이들은 1980년대 후반에 임원 191명을 대상으로 "직장 내에서 지금까지 당신을 성장시키는 데 크게 이바지했던 것들은 무엇입니까?"라는 질문을 던졌다. 그들이 응답한 유형을 범주화해 보니 70:20:10의 비율로 언급되어 나왔다. 이 결과를 토대로 리더의 성장은 '경험이 70%, 인간관계가 20%, 공식적인 교육이 10% 정도 기여한다'는 결론이 내려진 것이다.

그렇다면 여기서 나의 첫 번째 문제의식이 발동한다. 과연 이것은 누구를 위한 모델인가 하는 것이다. 일부 경영자들과 인재육성 담당자들은 전문가를 육성할 때 이 모델을 적용해야 한다고 주장한다. 어떤 학자는 '직무 교육'을 모두 70:20:10 모델에 기반해서 설계해야 한다고 부르짖기도 한다.

그런데 이 모델이 나온 배경과 초기 주장을 자세히 보자. 맥콜이 연구한 사람은 전문가가 아니라 리더들이다. 특히 조직 내 임원들에게 "당신이 그 자리에 이르기까지 기여한 것들"에 대해 질문했고 그로부터 "리더는 70:20:10으로 성장한다."라고 결론을 내렸다. 우리는 여기서 이 모델이 전문가를 육성하는 모델이 아니라 리더를 육성하는 모델로 제시된 것이라는 점을 간과해서는 안 된다.

그리고 나의 두 번째 문제의식은 이렇다. 과연 이 모델이 우리나라에도 적용될까 하는 것이다. 1980년대 후반에 제안된 이 모델이 여전히 리더들을 육성하는 데 유효할까? 그리고 우리나라 리더들에게도 적용될 수 있을까? 70:20:10 비율이 우리나라 리더들에게서도 재현되는지를 검증해보기로 했다.

리더 대상의 설문 조사에 '조직 내에서 업무적으로 크게 성장시킨 경험이 있다면 자세히 기술해주시기 바랍니다.'라는 문항을 추가했다. 맥콜 등은 191명의 리더들을 연구했는데 공교롭게도 그와 비슷한 숫자인 190명으로부터 응답을 받았다. 그중 몇 개의 코멘트를 공개한다.

"입사한 후 회사의 모든 기술을 미국 엔지니어링 업체에 의존하는 것에 오기가 생겨 자체적으로 기술 개발을 하려는 노력을 선배들을 설득해 시도했고 그 결과 성공을 거두었습니다. 이 과정에서 많은 것을 배울 수 있었습니다."

"선배들이 층층이 쌓여 있는 환경 속에서 반복적인 나날들을 보내고 있었을 때 나의 장단점을 적극적으로 이해하고 개인적인 비전을 세우도록 도와주고 그 목표를 달성하기 위해 해야 할 일을 코칭해주는 상사를 만났습니다. 항상 노력과 성과를 인정해주고 힘을 불어넣어 주셨습니다. 이 상사를 만난 것이 내 인생의 터닝 포인트였습니다."

"그룹 연수원에서 한 달간 집중교육을 받았을 때 현업을 떠나서 나 자신을 돌이켜볼 수 있는 소중한 시간이 되었고 많은 것을 보고 듣고 느낄 수 있었습니다."

맥콜 등이 실시한 프로세스대로 그 내용들을 업무 경험, 인간관계, 공식교육으로 코딩했다. 이를 토대로 비율을 뽑아보니 다음과 같은 비율로 도출되었다.

맥콜 등이 실시한 결과와 대략 유사하다. 그들이 연구한 대상은 1980년대 미국인 임원들이었다. 현재 우리나라 리더들도 그와 유사한 비율을 보이고 있음을 확인할 수 있었다.

나의 세 번째 문제 의식은 이 모델이 과학적으로 검증된 것인가 이다. 우리나라 리더들을 대상으로 재확인하는 과정을 겪으면서 문득 이런 생각이 들었다. 70:20:10은 리더들이 응답한 '비율'일 뿐이다. 그런데 성장에 미치는 '효과'로 해석하는 게 맞느냐는 것이다. 양quantity이 곧 효과성 또는 영향력은 아니지 않은가? 동일한 병 증상에 어떤 약은 7개나 먹어야만 나을 수 있는 반면 어떤 약은 1개만 먹어도 나을 수 있는 것처럼 말이다.

리더가 성장하는 데 경험이 70% 영향을 미치느냐, 인간관계가 20%, 교육이 10% 영향을 미치느냐가 실제로 검증이 되어 왔을까? 전혀 그렇지 않다. 과학적으로 전혀 검토된 바가 없다.

네 번째 문제의식은 공식적인 교육이 10%라는 것이 말이 되는가 하는 점이다. 70:20:10 모델에서 가장 크게 의문이 들었던 점은 바로 10%이다. 공식 교육이 리더 성장에 10% 정도밖에 이바지하지 못하는 걸까? 일부 경영자들은 어디선가 이 모델 이야기를 들었나 보다. 이런 얘기도 들어봤다.

"공식 교육은 10%밖에 이바지를 안 한다면서요? 어쩌면 그것조차도 안 될 수도 있겠습니다. 우리 조직이 과연 교육해야 할 이유가 뭔가요. 교육하지 말고 일이나 제대로 시킵시다."

앞서 내가 조사한 결과를 보면 8%에 불과하다. 그런데 내가 이를 분석하는 과정에서 한 가지 일관된 패턴을 발견했다. 공식 교육과 관련해 리더들이 언급한 내용을 몇몇 가져와 보도록 하겠다.

"30여 명 과장들과 00대학교에서 몇 주간의 미니-MBA 과정에 참여하게 되면서(…중략…)" "4개월간 팀장급 간부 21명과 함께 미국에서 4개월간 합숙하면서 글로벌 경영 환경에서 비즈니스를 배웠고(…중략…)" "대리 진급으로 인한 연봉 추가분을 어떻게 사용할까 고민하다가 나를 위해서 대학원에 진학했는데(…중략…)" "엔지니어링 설계를 하다가 늦은 나이에 비즈니스 스쿨에 갔는데 이를 계기로 사업을 보는 눈이 확장되었고(…중략…)"

여러분은 여기서 어떤 패턴을 발견했는가? 본인 성장에 크게 이바지했다고 언급한 교육들이 대부분 최소 몇 주에서 몇 년의 장기교육이라는 것이다. 조직 내에서 흔히 시행되는 몇 시간짜리 교육, 1박 2일, 2박 3일 합숙교육에 대한 언급은 전혀 없다. 왜 이와 같은 현상들이 나타나는 걸까? 연구방법에 그 원인이 있다. 맥콜이나 나나 사용한 질문이 있다. 그 질문을 여러분께 해보겠다. "직장 내에서 지금까지 당신을 성장시키는 데 크게 이바지했던 것들은 무엇입니까?"

여러분의 나이가 만약 40대라고 한다면 직장 생활한 지 대략 20년에 가까울 텐데, 그 기간 여러분의 경험을 떠올려서 생각해봐야 한다. 이와 같은 방법을 회상적 인터뷰retrospective interview 연구라고 한다.

스웨덴 출신으로 미국 콜로라도대학교 심리학과의 앤더스 에릭슨K. Anders Ericsson 교수는 1993년에 유명한 논문 한 편을 발표했다. 서독의 한 명문 음악학교의 협조를 얻어서 음악성이 뛰어난 바이올리니스트 학생 10명을 선정했다. 그리고 꽤 괜찮은 수준의 학생 10명을 선정하고 마지막으로 음악학교를 턱걸이 수준으로 들어온 학생 10명을 선정한다.[104] 이들 30명을 대상으로 연구한 결과 입학 이전의 연습량에 따라 실력 차이가 확연히 달라졌다는 점을 발견한다. 최고 수준의 학생이 대략 7,000시간, 준수한 수준의 학생이 5,000시간, 그 나머지가 3,000시간 정도 연습에 투자했다는 것이다.

그리고 2007년에는 가장 재능이 뛰어난 사람이라 할지라도 최소 10년 또는 1만 시간 동안 집중적인 연습을 해야 국제무대에서 입상할 수 있다는 논문을 발표했다.[105] 이 사람은 바로 우리가 익히 아는 '10년의 법칙' '1만 시간의 법칙'으로 유명해진 그 에릭슨 교수다. 에릭슨이 연구 과정에서 주로 사용한 방법이 회상적 인터뷰다. 전문가, 예술가 등이 그 정도로 탁월성을 쌓기까지 어릴 때부터 무엇을 어떻게 해왔는지를 물었다. 회상적 인터뷰 연구는 개개인의 몇십 년 경험들을 손쉽게 입수할 수 있다는 장점이 있다. 반면 단점도 있다. 응답자의 기억력에 주로 의존하기 때문에 부정확하다는 것이다. 기억의 한계로 아주 강렬한 경험들만, 또는 오랜 시간 겪어와서 기억에 남을 법한 내용만 도출될 수 있다.

교육도 그렇다. 조직에서 제공한 짧은 교육들, 몇 시간, 며칠짜리 교육들은 '회상'의 여지가 없다. 부정확한 기억을 토대로 도출된 결과를 신뢰하는 일은 정말 어리석은 일이다.

인재육성 분야에서 70:20:10 모델이 상당한 주목을 받고 있다. 하지만 얼마나 과학적인 근거가 있는가에 대해서는 상당한 의구심이 많이 남아 있다. 그럼에도 불구하고 70:20:10 모델과 관련해 반박하기 어려운 명제가 하나 있으니 그것이 바로 리더는 경험을 통해 크게 성장할 수 있다는 점이다.

2
경험을 통해
어떻게 성장할 것인가

일을 통한 육성은 어떻게 하는가

내가 경력직으로 회사를 옮긴 곳에서 초반에 가장 많이 들었던 표현이 '일을 통한 육성'이었다. 일을 통한 육성이라…… 개인적으로 그 표현이 매우 마음에 들었다. 보통 '일'이라고 하면 생계에 도움이 되는 수단 정도로 인식하곤 한다. 그런데 그것을 자기 성장과 발전의 원천으로 표현하는 관점이 새로웠다. 그렇다면 '일을 통한 육성'은 구체적으로 어떻게 하는 걸까? 궁금해지지 않을 수 없다. 그래서 주변 사람들에게 물어보았다. 어떻게 해야 일을 통해서 육성을 시킬 수 있는 건가요? 일을 통한 육성이 구체적으로 무엇인가요? 그런데 많은 분이 매우 두루뭉술하게 대답해주었다.

"그거 그냥 직무를 순환 배치하면 되는 것 아닙니까?"

"우리 팀에 있는 일 중 팀원이 안 해본 일을 주면 되는 것으로 생각하는데요."

신기했다. 구체적인 내용은 없는데 '일을 통한 육성'이란 표현을 자주 사용하니 어리둥절해졌다. 70:20:10 모델에 비판적인 시각을 갖기 전이었기 때문에 이런 생각도 들었다. '70:20:10 모델을 따르면 리더를 키우는 70%가 경험인데 어떻게 70%에 대한 아무런 구체적인 방법론이 없는 걸까?' 하고 말이다.

2000년대에 많은 기업이 경쟁적으로 '교육 체계도'를 만들었다. 우리 조직에서 사람을 어떻게 키울 건지 그 판을 짜는 것이다. 직급별과 직무별로 조직이 제공해야 하는 교육을 구성해놓은 프레임이다. 그 안에 리더십 교육, 직무 교육, 핵심가치 교육, 그리고 온라인 교육이 범주로 들어갔다. 교육체계도를 만들면 그것만으로도 인재 육성이 제대로 되는 것으로 간주했다.

그렇다면 교육을 체계화하는 것처럼 리더 육성을 위해 경험을 체계화할 수 있을까?[106] 단순히 직무 순환 제도를 활용해 다른 직무에 배치시키는 것만으로 리더를 효과적으로 육성할 수 있을까? 조직 내 존재하는 기능별로, 즉 전략, 생산, 영업, 구매, 재무, 마케팅, 인사, 연구개발에 따라 개인의 경력을 관리하게 하면 되는 것일까?

그와 같은 접근은 너무 단순하다. 어느 개인도 전략, 생산 등 모든 기능을 다 경험하기는 어렵다. 그뿐만 아니라 한 분야에 전문적인 식견을 갖추기도 전에 메뚜기처럼 옮겨 다니는 수박 겉핥기 경력을 양산할 수밖에 없다. 더구나 전략, 생산, 영업 등의 구분은 회사가 목표를 달성하기 위해 필요한 기능들을 분업과 효율성 측면에서 구분한 것이다. 리더를 성장시키는 경험의 단위로 정의된 것들이 아니다.

　이력서나 프로필에 본인의 경력을 쓰듯 특정 양식에 자신의 경험들을 기술하도록 하고 관리하면 어떨까? 많은 기업이 이 방식을 사용하고 있다. 하지만 이것으로는 개인이 어떤 경력들을 거쳐 왔는지는 대략으로 알 수 있으나 리더십 개발을 위해 다음에 새롭게 도전해볼 영역이나 보다 경험을 심화해야 할 영역에 대한 가이드를 주기는 어렵다.

　나는 일과 경험을 통한 리더 육성을 구체화해보고자 했다. 4년을 줄곧 고민하던 화두였다. 어떻게 하면 '일을 통한 육성'을 체계적으로 실행해볼 수 있을까? 어느 일요일 회사에서 빈둥거리다가 갑자기 아이디어 방에 불이 팍 켜지는 느낌이 들었다.

　마침 내가 속한 조직에서는 그 시기에 최고 경영진이 다양하고 깊이 있는 경험을 공개적으로 강조한 일이 있었다. 경험을 통한 육성, 즉 실패할 각오로 계속 다양한 시도들을 해보고 그 과정에서 경험을 축적해 나가는 것이 중요하다는 것이다. 또한 상위 리더가 부하 리더의 경험 수준을 알고 있어서 새롭게 시도하거나 겪어야 할 경험들이 무엇인지를 파악하고 자꾸 새로운 경험을 시도하게 유도하도록 요구했다.

　그와 같은 경영층의 요구를 어떻게 효과적으로 지원할 수 있을까? 내가 속한 조직은 모든 리더가 연말에 인사 시스템에 본인의 주요 경력을 기술하도록 해왔다. 인사 시스템을 보니 총 7,800여 건의 경험들이 입력되어 있었다. '그래, 이거야! 이걸 분석하면 뭔가 나올 거야!'라는 생각이 들었다. 그 데이터를 예시적으로 보여드리면 다음과 같다. 입사 초기부터 고위 리더가 될 때까지 본인이 수행하고 겪어본 굵직굵직한 과업들이 담겨 있었다.

성명	시작년도	종료년도	직급	내용
홍길동	20XX	20XX	부장	OO 회사에 대한 인수 가능성을 타진하고 실제 추진을 통해 자사의…(생략)

앞서 텍스트 분석 기술이 눈부시게 발전했다고 여러 번 말씀드렸다. 그 기술들을 총동원하면 조직 내에서 리더들이 겪을 수 있는 공통의 경험들을 뽑아내 볼 수 있지 않을까?

조금 어렵긴 하지만 최대한 간단히 설명하겠다. 먼저 7,800개의 텍스트 데이터를 단어들로 분해하고 각 단어가 어떤 품사들인지를 구분했다. 다음 테이블은 품사별로 대표적으로 도출된 단어들이다.

명사	고유명사	형용사	동사
사업	중국	크게	만들다
개발	미국	새롭게	책임지다
관리	일본	세게	추진하다
수립	유럽	쉽게	맡다
수행	베트남	빠르게	만들다

그다음으로 텍스트 군집 분석을 했다. 자연계에서도 서로 비슷한 종들이 군락을 이루어 끼리끼리 함께 살지 않는가. 이를 '군집' '집단'이라고 부른다. 우리가 사용하는 단어들도 군집으로 묶어낼 수 있다. 7,800개의 텍스트 중에서 서로 긴밀하게 출현하거나 함께 활용되는 표현들을 살펴보는 것이다.

다음 그림은 여러 군집 중에서 하나의 군집으로 도출된 항목들이

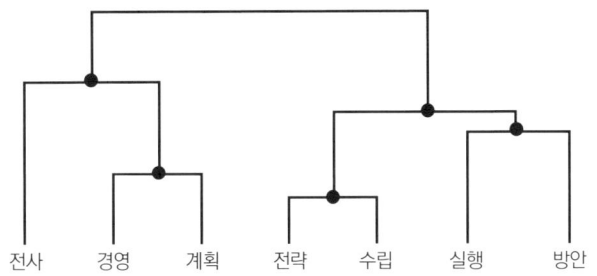

다. 덴드로그램dendrogram 그래프로 선의 높이가 낮을수록 빈번하게 함께 출현하는 키워드라고 보면 된다. 이 군집을 문장으로 정의하면 '전사 경영 전략을 수립하고 그 구체적인 실행 방안을 검토'하는 경험으로 볼 수 있다.

조직 내에서 리더들이 겪을 수 있는 경험들을 1차적으로 도출한 후 토픽 모델링Topic Modeling을 사용해 재검토했다. 토픽 모델링은 비정형적인 방대한 텍스트에서 핵심 주제들을 찾아내기 위한 알고리즘으로 빈번하게 출현하는 토픽들을 중심으로 자주 사용되는 키워드들을 활용해 분석한다. 좀 더 쉽게 표현하자면 "이 문서의 주 내용은 무엇인가? 핵심 주제들은 무엇인가?"에 대한 답을 찾기 위해 수행하는 분석이다. 이와 같은 절차를 거치니 조직 내에서 리더들이 공통으로 겪을 수 있는 경험 33개가 도출되었다. 33개는 다시 9개 정도의 큰 카테고리로 유목화 되었다.

이 결과를 가지고 학자들이 제안하는 절차에 따라 진단 도구를 만들었다. 우선 총 300명의 직장인을 대상으로 테스트하고 여러 가지 통계적인 방법론을 활용해 심리 측정학적으로 유효한지를 꼼꼼히 따졌다. 그리고 '문항반응이론'을 활용했다. 지나치게 깊이 들어가는 듯한데 아무튼 과학적으로 할 수 있는 모든 엄격한 과정들을

no	대범주	주요 경험 내용
1	전략적 변화 경험	회사에서 남들이 해보지 않은 새로운 일을 해보거나 새로운 전략을 고민해본 경험 등
2	어려운 문제 해결 경험	성과와 관련된 고질적인 문제 해결을 시도해보거나 성과가 저조한 조직을 턴어라운드시키려 한 경험 등
3	자원 배분 경험	조직의 매출/수익을 검토하거나 예산을 편성한 경험, 자금을 조달한 경험 등
4	업무 프로세스 및 제도 구축 경험	조직의 정책, 지침, 기본 방침을 수립하거나 업무 프로세스를 개선한 경험 등
5	관리 범위가 넓은 업무 경험	다양한 상품, 기술, 서비스 등을 책임지거나 복수의 부서를 담당한 경험 등
6	조직구조, 구성원 변화 경험	조직 구조를 설계하고, 인력을 충원하고, 조직 분위기를 변화시킨 경험 등
7	내외부 관계 관리 경험	내외부 다양한 조직, 이해관계자들과 협업, 협상, 관리한 경험 등
8	글로벌 다양성 관리 경험	해외에서 근무하면서 이질적인 문화나 가치관을 접한 경험 등
9	본사 및 계열사 근무 경험	본사에서 근무하거나 계열사에서 근무하면서 시너지를 만들기 위해 시도한 경험

다 거쳐서 만들었다는 점만 강조하겠다.

이 도구를 임원으로 승진할 가능성이 높은 후보자들을 대상으로 하는 교육 과정에 적용했다. 다음 그래프는 리더 경험을 진단한 예시다. 실제가 아닌 가상 데이터라는 점은 양해 바란다. 본인의 경험이 다른 사람들에 비해 얼마나 많고 적은지를 알 수 있도록 다른 사람들이 응답한 결과와 비교한 값으로 제시했다. 이 리더의 경험 패턴을 보면 새로운 일을 시도해보거나 전사 또는 부문 단위의 전략을 수립해보는 등의 '전략적 변화 경험', 조직 내 고질적인 문제로 지적되어 온 이슈를 해결하는 등의 '어려운 문제 해결 경험', 전략에 적합한 조직을 설계하고 그에 필요한 인력을 선발 배치하는 등의 '조직구조, 구성원 변화 경험'은 상대적으로 많이 축적한 유형

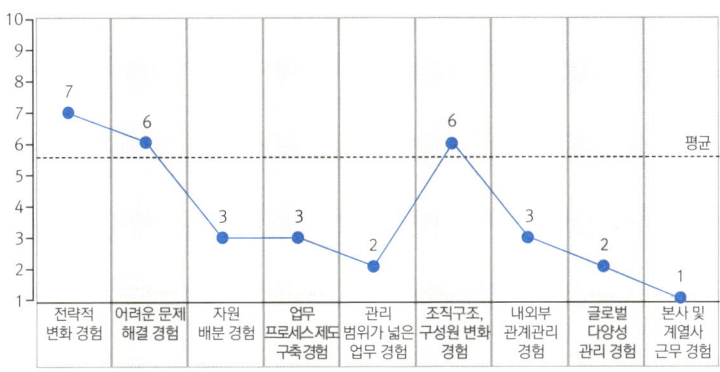

이다.

개인별 약 25페이지 분량의 리더 경험 진단 결과 리포트를 토대로 본인의 업무 경험들을 반추해보도록 했다. 앞으로 본인의 경력 비전을 고려해 새롭게 겪어보아야 할 경험은 무엇인지, 본인의 전문 영역과 관련이 있어서 더욱 심화해야 할 경험은 무엇인지를 생각해보도록 했다. 아울러 다양한 전문성을 가진 동료 학습자들끼리 현 직무에서 시도해볼 수 있는 것은 무엇인지를 상호 코칭하도록 촉진했다.

임원 후보자 과정에 두 차례 적용해본 결과 육성 목적으로 효과가 있다고 판단했다. 그 소감 결과를 여기에 일부 옮겨보겠다.

"학습 팀원들과 비교해보면서 내가 가지고 있는 경험의 상대적인 높낮이를 검토해볼 수 있는 세션이 매우 의미 있었습니다. 본인의 향후 경력 개발에 대한 고민의 시간이 되었습니다." "내 경험이 다른 리더들에 비해 어떤 수준인지 객관적인 기준을 가질 수 있어서 도움이 많이 되었습니다. 경험이 단순한 경험으로 그치지 않고, 나를 진정으로 발전시키기 위해서는 끊임없는 성찰과 복기가 필요함을 느꼈습니다." "다양한 경험을 겪은 팀장들과 서로 대화하는 과정에서 나 그리고 우리 부서 중심으로 생각하던 사고 틀을 벗어날 수 있었습니다."

이와 같은 도구가 실무적으로 다양한 장면에서 활용될 수 있다고 믿는다. 먼저 리더를 배치할 때 참고할 수 있다. 경영진들이 어느 자리에 어떤 사람을 임명해야 하는지 고민하는 상황을 생각해보자. 특히 당장 시급하게 일을 추진해야 하는 자리를 고민하는 상황에서 경영진은 아마도 "인수합병해본 사람이 누구야?" "정부 기관하고 같이 일해본 사람은 누구지?"라는 질문을 던질 것이다. 그 일과 관련해서 직접적인 혹은 간접적으로라도 경험이 있는 사람을 찾을 것이다. 그럴 때 이 자료들이 '과학적 인사 결정'을 위한 참고 자료로 활용될 수 있을 것으로 생각한다.

어떻게 '경험 프로파일'을 만들고 활용하는가

여담이지만 지금까지 인사부서는 '클라이언트 프렌들리client friendly'하지 않았다고 생각한다. 인사부서의 주요 클라이언트, 고객은 경영진, 구성원들이다. 그런데 인사부서가 '자기 독단'에 빠져서 고객의 입장을 헤아리지 못한 사례들이 있다. 대표적으로 '역량'이란 개념이 그렇다고 생각한다. 인사부서에서 자주 사용하는 '역량'은 현업 리더와 구성원들에게 친화적인 표현이 아니다. 역량을 과학적으로 정의해보았자 추상적이고 관념적이라 그저 어렵게 느껴질 뿐이다. 그래서 제대로 활용되지도 않는다. 인사담당자들도 제대로 정의하지 못하는 게 역량이다.

인사부서의 고객들은 그런 고차원적인 역량 개념으로 접근하지 않는다. 그냥 구체적인 일, 경험, 업무 단위로 생각한다. 회사 내 모든 리더에 대한 '경험 프로파일'이 갖추어진다면 배치와 활용 측면에서 참고할 만한 자료로 충분히 활용 가치가 있다고 믿는다.

두 번째는 '일을 통한 육성' 차원의 실무적 가치이다. 원래 70:20:10 모델에서는 상사의 역할을 강조했다. 상사가 부하에게 새로운 경험을 의도적으로 부여하고 일정 기간이 지난 후에 그 경과를 점검하고 그 일로부터 배운 것을 함께 검토해보는 과정을 통해서 부하가 성장할 수 있다고 주장했다.

어느 임원급 리더가 그 휘하의 팀장 또는 부장급의 경험 프로파일 데이터를 가지고 있다고 가정해보자. 부하 리더와 면담하는 과정에서 그의 경력 비전을 고려해 더 심화해야 할 경험, 새롭게 추구해야 할 경험에 대해 함께 합의할 수 있다. 현재 소속 조직에서 그와 같은 경험을 겪을 수 있는 일이나 프로젝트를 부여할 수 있다. 그리고 일정 기간이 지나서 성과 피드백 면담 등을 통해 그 경험으로부터 무엇을 배웠는지를 함께 성찰해볼 수 있을 것이다.

나는 직무 전문가들 대상으로 위와 같은 방식을 적용해보고 싶다. 아직 시도해보지는 못했지만 충분히 가능하리라 생각한다. 우리 조직에 만일 특정 분야의 전문가 100여 명이 있다고 가정해보자. 위의 예시와 같이 이미 경력 기술 데이터가 있다면 그걸로 분석 가능하겠다. 그런데 데이터가 없다면 이분들에게 다음과 같은 내용을 작성해달라고 부탁할 수 있다.

[질문1]
귀하의 주요 경험을 기술해주십시오. 5~10개 정도로 작성하시면 됩니다. 특히 본인이 수행한 역할과 과업을 구체적으로 기술해주시길 바랍니다.

[질문2]
직장 내에서 지금까지 귀하를 성장시키는 데 크게 기여했던 것들은 무엇입니까? 경험 내용을 구체적으로 작성해주시기 바랍니다.

100여 명으로부터 텍스트 데이터가 취합되면 위에서 설명한 동일한 프로세스로 분석한다. 그러면 이들 직무 전문가들이 겪는 공통의 경험이 도출될 것이다. 직무 전문가는 '공통의 경험'도 중요하지만 공통으로 묶이지 않는 '특이한 경험'도 중요하리라 생각한다. 남들이 겪어보지 않은 그 경험을 통해서 전문성이 강화되는 경우들이 있으니 말이다.

3
임원에게도 교육이 필요한가

임원에게 요구되는 역량은 무엇인가

'임원' 하면 어떤 이미지가 떠오르는가? 2011년에 한국경영자총협회(경총)가 조사한 바를 보면 대졸 사원으로 입사해서 임원이 되기까지 평균 21.2년이 걸린다고 한다.[107] 전국 254개 기업을 대상으로 조사한 결과였다. 신입사원 1,000명이 입사하면, 임원으로 승진하는 사람은 몇 명 정도나 될까? 8명에 불과했다(0.8%). 그러니 임원을 '하늘의 별'과 같다고 한다. 별 따기만큼 어려운 자리라는 의미에서다.

인재 육성 측면에서는 임원을 보는 입장이 서로 다른 경우를 많이 봤다. 어떤 조직은 임원은 활용의 대상이지 육성의 대상이 아니라고 주장한다. 이들이 주장하는 논리는 크게 세 가지다. 첫째, 회사

내에서 임원이 되기 전까지 충분히 일을 통해서 육성되었다. 더 이상은 필요 없다. 둘째, 나이가 든 사람들은 쉽게 변하지 않는다. 임원들 나이가 몇 살인데 교육인가. 셋째, 임원은 성과를 내라고 있는 자리다. 그만큼 연봉을 많이 주고 대우해주는 것이다. 성과를 내야 할 시간에 무슨 교육이고 육성이란 말인가.

이런 주장을 하는 분들이 많은 회사는 임원을 대상으로 그 어떤 교육 프로그램도 제공하지 않으려 할 것이다. 과연 임원은 육성의 대상이 아니라 활용의 대상인 걸까? 인본주의적 세계관을 가진 나 같은 사람들에게는 조금은 서글픈 이야기다. 사람을 결국 수단으로 간주하기 때문이다. 그들도 누군가의 사랑하는 배우자이고 존경받는 아버지이자 어머니이며, 금쪽같은 자녀일 텐데 말이다. 반면, 일부 조직들은 '마땅히 그러해야 한다'고 믿고 임원 육성을 실천하기도 한다. 앞서 살펴본 GE도 그렇고 네슬레도 그러했다.

어떤 입장이 맞는 걸까? 이 문제는 맞다 틀리다의 문제는 아닌 듯하다. 경영자의 철학뿐만 아니라 산업 특성, 조직 분위기, 인력구조 등 여러 가지 변수들이 맞물려 있기 때문이다. 노동 시장에서 우수한 인재를 영입하는 데 주력하는 '바이Buy' 전략을 구사하는 회사들이라면 임원 육성이 필요 없다. 반면 피앤지P&G와 같이 '메이크Make' 전략을 추구하는 회사들은 육성이 필요하다. 나는 최소한 임원 교육이 그들의 역량 개발에 이바지하는지를 검증해볼 필요는 있다고 보았다. 그 과정과 결론을 공유하고자 한다.

임원의 역량을 종합적으로 살펴서 검증해보는 일은 사실상 어렵다. 임원에게 요구되는 역량은 매우 다양할 수 있기 때문이다. 따라서 임원의 역할을 수행하는 데 가장 핵심적이며 상징적인 역량 하나를 선정해 살펴보고자 한다.

임원에게 전략적 사고 역량은 필수이다

예전에 내가 잠시 몸담았던 컨설팅 회사에서는 많은 CEO들을 대상으로 임원에게 필요한 자질을 조사했다. 여러 질문 중 하나는 "임원에게 가장 중요한 역량 한 가지만 고르라고 한다면 무엇을 꼽겠습니까?"였다. 인터뷰 결과 거의 모든 CEO들이 전략적 사고 역량을 꼽았다. 그 이유에 대해 어떤 CEO는 가볍게 웃으면서 이렇게 말했다.

"부하 임원들과 점심을 같이 먹으면 다들 비슷비슷한 이야기들을 합니다. 생각이 갇혀 있습니다. 저도 새로운 자극을 받고 싶거든요. 예를 들면 부하 임원이 '지난번에 어떤 걸 봤는데 이걸 우리 조직에 이렇게 저렇게 적용하면 우리 조직의 가치가 크게 증가할 것 같습니다.'라는 식의 말을 해주면 정말 좋겠는데 다들 비슷한 얘기들을 하니 좀 답답합니다."

어떤 CEO는 좀 더 심각하게 이렇게 말했다.

"제 밑에 부하 임원이 몇십 명 있습니다. 그들이 하나같이 전략적으로 잘 생각하고 판단해야 합니다. 요즘은 미디어가 워낙 잘 발달되어 있어서 그중 하나라도 잘못 판단하는 순간 사회로부터 집중적으로 포화를 받습니다. 그렇다고 내가 일일이 챙길 수는 없지 않습니까? 그래서 저는 임원에게 전략적 사고가 가장 중요하다고 생각합니다."

이는 국내 기업들뿐만 아니라 미국에서도 똑같이 나타나는 현상

순위	비시에르 (1998)	해지먼과 매턴 (2011)
1	전략적 사고	전략적 사고
2	변화 관리	리더십
3	리더십	전략 실행
4	팀워크	인재 관리
5	의사소통	변화 관리
6	성과 관리	성과 관리
7	고객 지향성	비즈니스 감각
8	전략 실행	인적자원 성과 관리
9	글로벌라이제이션	전략 수립

이다. 임원의 전략적 사고 역량은 지난 20년간 기업들의 최우선 과제로 여겨져 왔다. 1990년대 후반에 비시에르가 미국 소재 44개 기업을 대상으로 설문 조사한 결과를 보면 임원 역량 개발에 있어서 전략적 사고가 1순위로 꼽혔다.[108] 2011년에 해지먼과 매턴이 81개의 미국 기업을 대상으로 조사한 결과를 보면 그 역시도 전략적 사고가 가장 중요한 역량으로 선정되었다.[109]

먼저 전략적 사고가 무엇인지 알아야 할 듯하다. 개념이 명확하게 정의되어야 정확히 측정할 수 있기 때문이다. 예를 들어보자. 조직에서 흔히들 '로열티' 혹은 '충성심'이라는 말을 쓴다. 일부 조직은 개인이 거둔 업적을 평가하기보다 충성심이 높은 사람을 승진시키는 경우가 있다. 그런데 사람마다 정의하는 방식이 다르다. 어떤 사람들은 조직을 아끼고 사랑하는 자세를, 어떤 사람들은 조직이 불합리한 요구를 한다 할지라도 그에 복종하는 태도를, 어떤 사람들은 조직의 이익을 위해서라면 개인의 희생을 감내하는 각오를, 어떤 사람들은 창업주 또는 대주주에 대한 충성스러운 마음가짐을 떠올린다.

각자 생각하는 바가 달라서 '그는 로열티가 강하다.'라는 평가 문항을 제각각으로 해석해버릴 수 있다. 따라서 무언가를 제대로 평가하고 측정하려면 개념을 정확하게 내리는 과정이 필요하다. 많은 조직에서 전략적 사고를 이야기하지만 정확히 정의해서 이야기하는 경우는 별로 없다. 그렇다면 어떻게 정의 내릴 수 있을까?

흥미롭게도 경영전략 연구에서는 이에 대한 오래된 언쟁의 역사가 있다. 경영전략의 대부로 널리 알려진 하버드대학교 경영대학원의 마이클 포터 교수는 전략적 사고를 조직의 경쟁우위를 창출하기 위해 논리, 이성, 합리가 근간이 된 분석 프로세스라고 주장했다.[110] 특히 그는 전략적 사고가 두 가지 질문을 포함한다고 말한다.[111] 그의 주장을 여기에 옮겨보겠다.

"근본적으로 전략적 사고는 두 가지 핵심적인 질문을 포함합니다. 첫째, 당신 회사의 산업 구조는 어떻게 구성되어 있으며 시간이 지나면서 어떻게 변화해 나가리라고 생각합니까? 당신이 속한 산업이 별로 매력적이지 않다면, 그 매력을 측정해보십시오. 그 산업에서 빠져나올지, 또는 산업구조를 변화시키는 방법을 찾아볼 수 있을 것입니다. 둘째, 업계에서 귀하의 회사가 자리하고 있는 상대적인 포지션position은 무엇입니까? 그 산업이 얼마나 매력적이냐에 관계없이, 포지션을 제대로 잡지 못하면 성공하기 어렵습니다. 반대로, 당신은 평균 수익률이 낮은 사양 산업에 종사한다 하더라도, 당신이 틈새시장을 정확히 포착하고 점유한다면, 당신은 충분히 성공할 수 있습니다. 그와 같은 포지션을 제대로 잡고 방어하는 방법을 고민하는 것이 전략적 사고입니다."

마이클 포터의 주장을 가만히 보면 전략적 사고는 산업 구조가 어떻게 형성되어 있는지 살피고 체계적으로 분석해보고 그에 따른 대안들을 논리적으로 도출하는 프로세스이다.

반면 그와 쌍벽을 이루는 경영전략 학자인 캐나다 맥길대학교 헨리 민츠버그 교수는 1994년 『하버드 비즈니스 리뷰』에 발표한 글에서 마이클 포터를 정면으로 반박했다. 그는 전략적 사고를 직관력과 창의력이 바탕이 된 통합적 관점으로 정의한다.[112] 혁신적인 전략은 치밀하고 완벽한 분석에 의해서 탄생하는 게 아니라 오히려 갑작스레 반짝 하고 나타나는 경우가 많다. 이는 개인의 경험과 직관에서 태동하는 경우가 많다고 지적한다. 그러면서 그는 이런 예를 든다.

"(개인의) 경험을 통합함으로써 매우 독창적인 단 하나의 비전과 전략을 만들어낼 수 있습니다. 폴라로이드 카메라의 예를 생각해보세요. 1943년의 어느 날 에드윈 랜드의 세 살짜리 딸은 '사진 찍고 나서 왜 바로 볼 수 없는 거예요?'라는 질문을 던졌습니다. 과학자였던 에드윈 랜드는 그와 같은 카메라가 시장성이 있다는 것을 깨달았습니다. 딸의 흥미로운 질문과 본인의 기술적 지식 간의 통합을 통해 얻어진 통찰의 산물이었습니다."

이 둘의 논쟁은 결국 이성이냐 직관이냐, 논리냐 창의냐, 무엇이 전략적 사고 과정의 핵심이냐를 가지고 격론이 일어난 것이다. 이 화두를 두고 다른 경영전략 학자들이 가세를 한다. 경영전략 학자들이 논문을 투고하는 『장기 경영 계획long range planning』이라는 학술지를 통해 로이조스 헤라클루스,[113] 지안 리드카[114] 등이 논지를 계속 이어간다. 이 논쟁과 관련된 기사들이 참 재미있다. 여기서는 이 정도로만 말씀드리겠다. 이들의 주장을 종합해보면 전략적 사고는 '조직의 경쟁우위를 확보하는 방안에 대한 논리적이고 창의적인 사고 과정'이라고 정리할 수 있다.

또 한 가지 논쟁이 있다. 전략적 사고가 타고나는 특성이냐, 아니면 개발될 수 있느냐는 논쟁이다. 이를 선천성-후천성 논쟁nature-nuture debate이라고 한다. 물론 사람이 보이는 그 어떤 특성이든 이 논쟁을 벗어나기는 어렵긴 하다.

거의 대부분의 경영전략 학자들은 이에 대해 타고난 영향도 있지만 후천적으로 개발될 수 있다고 주장한다. 예를 들어 베이츠와 딜라드는 전략적 사고는 타고난 '기질'과 후천적으로 개발되는 '역량'에 의해 좌우된다고 보고 기질과 역량을 각각 횡축과 종축으로 하는 2X2 매트릭스를 제시했다.

기질	
타고난 기질은 있으나 역량이 부족한 스타일	전략가
비전략가	기질은 타고나지 않았으나 부단히 노력하는 스타일

→ 역량

전략적 사고 역량은 향상될 수 있는가

조직 내에서 행해지는 육성 활동들은 임원의 전략적 사고 역량 향상에 기여할까? 이를 검증하기 위해서 데이터를 모아보기로 결

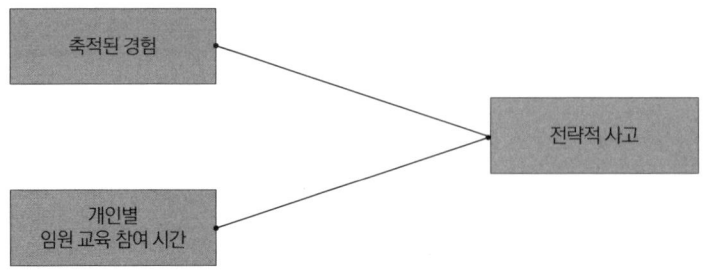

심했다. 소위 말하는 '지인 찬스'를 써가면서 친한 인사담당자들에게 부탁했다. 여러분도 직장에서 석사 박사 논문을 위한 설문을 받아 본 경험이 있을 것이다. 그와 같이 데이터를 입수했는데 짐작하겠지만 많이 힘들었다. 임원 포지션에 있는 분들을 대상으로 설문 받기가 쉽지 않았다. 더구나 임원의 상사가 평가해야 하는 항목도 있었다.

그래서 그들 조직에서 공식적으로 1년에 한 번 내지 두 번 정도 시행하는 리더십 조사에 측정 문항들을 넣어달라고 부탁했다. 우여곡절을 거쳐 임원급 리더 270명의 데이터를 모았다. 선천성-후천성 논쟁nature-nuture debate을 고려해 선천적으로 타고날 수 있는 성격 변수들도 같이 측정했다. 마이클 포터 등은 논리적이자 분석적 사고 과정이라 했으니 '논리적 성향'을 측정하고 헨리 민츠버그는 창의적 사고 과정이라 했으니 '창의적 성향'을 측정했다. 그리고 분석 과정에서 이들 변수가 미칠 수 있는 영향력을 배제했다. 달리 표현하면 이들 '선천성' 변수를 함께 고려해도 '후천성'과 관련된 변수들이 통계적으로 유의미한지를 본 것이다. 분석한 결과를 먼저 보여드리겠다.

'축적된 경험'은 이 책 1부에서 내가 존경한다던 창의적 리더십 센터의 신시아 맥콜리가 1994년에 학계에 발표한 도구를 활용해 측정했다.[115] 내가 설문을 부탁드린 인사담당자들이 속한 임원들로부터 직접 설문한 결과이다. '개인별 임원 교육 참여 시간'은 임원으로 승진한 이후 개인별로 제공받은 공식적인 교육 시간을 측정했다. 회사 내부에서 실시한 세미나뿐만 아니라 개인별 코칭, 사외 교육 과정, 대학교 고위경영자 과정 등이 포함되었다. 이런 데이터는 인적자원관리, 인적자원개발 연구에서 종종 사용하는 변수이다.[116] 공식적인 교육 시간 데이터는 인사담당자들이 고생하여 제공하여 주었고, 전략적 사고는 임원의 상사가 평가해주었다.

통계 분석 결과를 보면 선천성 변수를 함께 고려했어도 축적된 경험, 교육 참여 시간이 전략적 사고와 통계적으로 유의한 관계가 있는 것으로 나타났다.[117] 이를 인과적으로 표현하면 경험이 많을수록 교육 프로그램이 많이 제공될수록 임원의 전략적 사고가 증가한다고 할 수 있다. 어떤 분들은 이렇게 질문할지 모르겠다. "교육 프로그램이 많이 제공돼서 전략적 사고가 증가했다기보다는 그 반대로 전략적 사고가 원래 높은 사람들을 중심으로 교육이 더 많이 제공된 것 아닐까." 하고 말이다. 충분히 제기 가능한 질문이다. 하지만 그 반론도 또다시 가능하다. "임원인데도 전략적 사고가 별로 좋지 않아 교육을 더 많이 보냈을 수도 있다."라고 말이다. 그렇기 때문에 이론적으로 탄탄한 뒷받침이 되어야만 인과관계를 제대로 추론할 수 있다.

나는 기존의 많은 경영전략 학자들의 주장에 대한 이론적인 검토를 거친 후에 '교육 프로그램이 임원의 전략적 사고 역량을 향상시키는 데 기여한다'라고 결론을 내렸다. 이런 결론은 '전략적 사고'의 정의를 다시 한 번 음미해보면 당연한 결과이기도 하다. 전략적 사고 역량은 조직의 경쟁우위를 확보하는 방안에 대한 사고 과정인데 조직의 경쟁력은 시시각각 변한다. 새로운 기술이 갑작스레 등장하거나, 전에는 신경조차 쓰지 않던 회사가 갑자기 경쟁자로 급부상하기도 하며 정부에서 갑자기 규제를 완화하거나 또는 강화하는 등의 변화들이 일어나기도 한다.

조직의 상층부, 특히 임원들의 '더듬이' 또는 '레이다망'이 기민해야 한다. 임원 스스로 학습하는 시간도 필요하지만 조직에서 의도적으로 새로운 지식, 기술, 생각, 아이디어들을 접할 수 있는 환경을 제공하는 일도 필요하다. 그런 측면에서 교육 프로그램은 '우리를 둘러싼 환경이 어떻게 변화하고 있는지, 우리 회사가 현재 어느 위치에 있는지'를 지속 탐구하게 만드는 장이 될 수 있다.

결론적으로 임원 교육이 필요할까? 필요하다, 필요하지 않다, 단언하기는 어렵다. 앞서 말씀드린 대로 회사마다 경영자의 인력 활용 및 육성 철학이 다르고, 해당 산업의 특성도 다르기 때문이다. 그러나 내부 리더 육성에 심혈을 기울이는 조직이라면, 교육이 역량 개발에 이바지하는지에 대한 객관적인 증거를 지속적으로 찾아볼 필요는 있다.

만족도 평가를 없앤다면 대안은 있는가

2017년 11월에 인재육성HRD연합 학술대회에 처음으로 참석해보았다. 인재육성 분야의 학회들인 한국산업교육학회, 한국액션러닝학회, 한국인력개발학회, 한국기업교육학회가 공동으로 한자리에 모이는 학술대회다. '4차 산업혁명시대, 인재육성의 길'이라는 화두로 모였다. 학술대회는 총 4개 트랙으로 구성되어 동 시간대에 다양한 주제로 공유하는 형태였다. 하루 종일 이런저런 세션에 들어가서 열심히 들었다. 그리고 5시에 모두가 한자리에 모여서 패널과 토론하는 시간이 마련되었는데 이때 청중석에서는 이런 질문이 나왔다.

"그동안 교육훈련을 하고 설문지 5점 척도로 만족도를 조사해왔습니다. 4차 산업혁명 시대를 맞아 교육 평가를 다르게 접근해볼 방법은 없나요?"

이 분야에 있는 분들은 설문지 5점 척도로 평가하게 하는 방식을 '스마일 체크smile check'라고도 부른다. 교육이 얼마나 유익했느냐를 따지기보다는 얼마나 즐겁게 했느냐, 얼마나 웃게 했느냐 등을 측정하는 것이라고 자조적으로 말할 때 쓴다. 사실 스마일 체크, 즉 교육 만족도 평가를 버릴 수는 없을 듯하다. 가장 쉽게 얻어낼 수 있는 교육 평가이기 때문이다. 조사 결과도 직관적이다. 다만 조직 내에서 많은 투자를 들이는 교육의 경우에는 조금 다른 방법을 활용해볼 수 있다.

여러분의 조직에서 핵심인재 교육을 한다고 가정해보자. 이런 프로그램은 교육이 얼마나 효과적이었는지를 평가하는 과정이 중요할 수 있다. 많은 자원을 쏟아 붓는 교육이기 때문이다. 다른 교육들에 비해 교육 기간도 길다. 조직 내에서 소위 '난다 긴다' 하는 리더들이 직접 강의를 하기도 한다. 고위 임원들, 심지어는 CEO가 참여하기도 한다. 직접비와 간접비를 생각하면 엄청난 투자가 이루어지는 교육이다.

그리고 투입이 많은 만큼 그 효과성에 대해서도 무언의 압박을 받게 되는 교육이다. 이런 교육에서 어떤 교육 평가를 해볼 수 있을까? 앞서 텍스트 분석 기술이 매우 발전했다고 말씀드렸다. 이를 활용해서 교육 효과성을 평가해볼 수 있다. 교육이 어떤 내용으로 구성되어 있느냐에 따라 달라지지만, 우선 리더십에만 국한해서 생각해보겠다.

교육 입소 전에 리더십에 여러 요소들을 잡아서 에세이를 쓰도록 한다. 가령 "아래 각 항목에 대해서 어떤 생각, 가정, 느낌들을 가지고 있는지 구체적으로 기술해주시기 바랍니다."와 같이 요청할 수 있다.

항목	작성 내용
리더로서 본인은 어떤 역할을 하는 사람이라 생각하십니까?	
구성원, 팀원을 어떤 존재로 생각하십니까?	
팀의 성과를 달성하기 위해 고려하는 사항들은 무엇입니까?	
의사결정할 때 중요하게 고려하는 가치, 원칙은 무엇입니까?	
리더십 측면에서 본인의 강점과 약점은 무엇입니까?	

핵심인재 교육을 1주일 또는 2~3개월에 걸쳐서 하루 이틀씩 정기적으로 시행했다고 해보자. 교육이 끝난 후에 위의 질문과 동일한 항목으로 다시 한 번 에세이를 쓰도록 요청한다. 교육 시작 전과 비교해 교육이 종료했을 때 텍스트가 어떻게 달라지는지를 분석해보는 것이다.

자신의 느낌과 생각을 담아 직접 작성한 에세이는 인지구조, 세계관, 가치관을 보여준다.[118] 핵심인재 교육 과정을 통해서 개인의 리더십을 변화시키려 했다면 무엇보다도 멘탈 모델에 변화가 일어나야 한다. 리더란 무엇인지, 리더십이 왜 중요한지(리더십관), 팀원은 어떤 존재인지(인간관), 조직은 어떤 개체인지(조직관), 그 안에서 나의 강점과 약점은 무엇인지에 대한 생각이 달라져야겠다. 교육을 받기 전과 받은 후에 어떻게 본질적으로 바뀌었는지를 분석해볼 수 있다.

에세이는 그 자체로도 교육적인 목적이 있다. 자신의 생각을 정리하는 시간이기도 하지만 가장 객관적으로 자신을 들여다볼 기회이기도 하다. 따라서 교육 방법론으로 활용하면서 그와 동시에 평가 목적으로 사용할 수 있다. 10일 이상의 장기적인 교육이라면 매일 에세이를 작성해보도록 할 수 있다. 위와 같이 질문을 구조화해 던질 수도 있지만, 학습자들의 생각을 가두지 않고 자율 형식으로 요청할 수도 있다.

6장

과학적 인재경영의 핵심은 성과 평가와 승진이다

1
천재 한 명이 10만 명을
먹여 살릴 수 있는가

'천재'에 대한 평가는 관점에 따라 다르다

성과成果, 이룰 '성'에 열매 '과'이다. 영어로는 'performance'이다. 중세 영어 'performen'에서 나온 단어로 그 동사의 원형은 '완성하다' '달성하다' '끝내다'의 뜻이다. 우리가 일상적으로 사용하는 성과의 개념은 매우 단순하다. '개인이 노력해 달성한 그 어떤 것'이다.

여기 성과와 관련된 매우 유명한 말이 있다. 2003년경 삼성그룹 이건희 회장이 한 말이다. "천재 한 명이 10만 명, 20만 명을 먹여 살린다."[119] 이 말을 한 배경은 이렇다. 2000년 초반에 이 회장은 5년, 10년 후 무엇을 먹고 살지를 고민했다. 그런데 딱히 '이거다!' 할 만한 사업이 떠오르질 않았다. 경영 환경과 기술이 너무나도 빠르게 변화하다 보니 미래를 예측하기가 어려워진 상황이었다. 앞이 보이질 않으니 등줄기에 식은땀이 난 것이다. 무얼 먹고 살까 고민에 고민을 거듭하다가 결국 그의 고민은 사람으로 귀결되었다.

이 회장은 인터뷰를 통해서 미국의 빌 게이츠를 그 예로 들었다. 그 당시 빌게이츠가 만든 회사 하나의 매출액이 미국 국내총생산의 2.7%를 차지하고 세금도 총 납세액의 1.8%나 된다. 따라서 그와 같은 천재들만 제대로 찾아내면 되겠다는 생각이 들었다고 한다. 그래서 결론 내리기를 중세시대에는 10만 명, 20만 명이 군주와 왕족을 먹여 살렸지만 앞으로는 천재 한 명이 10만 명, 20만 명을 먹여 살리는 시대가 될 것이라고 한 것이다.

이 주장에 대한 반대 입장도 만만치 않다. 유한킴벌리 재임 시절에 문국현 사장은 미디어 다음과의 인터뷰를 통해서 '천재양성론'을 비판했다.[120] 천재 한 사람이 10만 명, 20만 명을 먹여 살린다면 천재가 100명 나오면 몇천만 명은 먹여 살려야 하는데 현실은 그렇지 못하다는 반박이다. 그는 천재도 필요하지만 일반 구성원들의 집단적인 힘이 더 중요하다고 강조했다.

사람의 성과는 정규분포인가

양자 간에 확연한 입장 차이가 존재한다. 왜 그럴까? 사람의 성과를 보는 가정이 서로 다르기 때문이다. 역사적으로 사람의 성과는 '정규분포normal distribution'라고 생각해왔다. 먼저 단어의 뜻을 음미해보겠다. '분포'부터 보자. 분포라는 표현은 흔히 다음과 같은 문장들에서 쓰인다.

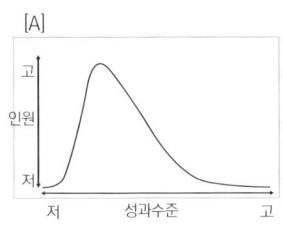 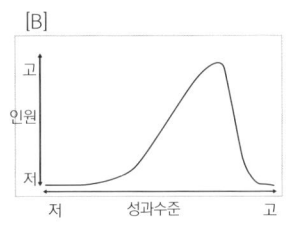 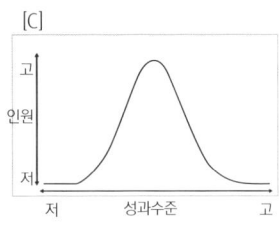

- 아이돌그룹 방탄소년단을 특히 더 좋아하는 연령이 있을까? 10대, 20대, 30대, 40대로 갈수록 분포가 어떻게 될까?
- 이번 수능시험 점수 분포가 어떻게 되지?

이처럼 분포라는 말은 어떤 데이터가 흩어져서 퍼져 있는 정도를 뜻한다. 사람과 성과 데이터를 가지고 생각해보자. 위 그림에서 X축은 성과 수준이다. 오른쪽으로 갈수록 높은 성과를 달성하는 것이다. Y축은 사람 수다. X축은 성과 수준별로 사람들의 빈도를 세서 만든 데이터이다. 데이터는 한쪽으로 치우치게 나타날 수 있다. 위의 그림에서 A와 B처럼 오른쪽으로 또는 왼쪽으로 치우치게 나타날 수도 있다. '정규분포'는 여러 분포 중에서도 C와 같이 좌우 양쪽이 대칭으로 나타나는 형태를 지칭한다.

정규분포는 통계학에서 매우 중요한 위치를 차지한다. 이를 통해서 무언가를 추론하거나 예측할 수 있기 때문이다. 이제부터 설명드릴 과학자 카를 프리드리히 가우스Carl Friedrich Gauss가 어느 행성의 위치를 정확하게 예측해낸 것처럼 말이다.

19세기 최고 수학자로 불리는 가우스는 통계학, 해석학, 광학, 전자기학 등 수많은 분야에 영향을 미쳤다. 그는 천문학의 발전에도 큰 공을 세웠다. 1700년대 천문학자들은 수성-금성-지구-화성 사이의 간격은 일정한데 화성과 목성 사이의 간격은 이상하다고 생각했다. 둘 간의 간격이 너무 멀다고 본 것이다. 천문학자들의 가설에 따르면 화성과 목성 사이에 또 다른 행성이 있어야 했다. 그러다가 1801년에 어느 이탈리아 천문학자가 화성과 목성 사이에서 왜행성 세레스Ceres를 발견한다. 왜행성은 지구, 화성 등과 같이 태양을 도는 궤도를 갖지만, 행성으로 쳐주기에는 자격 미달인 천체들을 가리킨다. '왜소矮小하다.' 할 때 '왜'와 행성을 붙여서 만든 이름이다.

가우스는 세레스가 발견되자 이 천체의 궤도를 계산한다. 그는 세레스의 위치를 추정할 때 그 측정 오차에 종bell 모양의 일정한 패턴이 있다고 보고 이를 활용해 위치를 추정해내는 방법을 만들었다.[121] 그가 예측한 바로 그 지점에서 세레스가 재발견되었고 그 덕분에 천문학계에서도 유명해졌다. 물리학자, 천문학자들은 가우스가 세레스 위치 추정에 사용한 분포를 '가우스 분포gaussian distribution'라고도 부른다.[122]

가우스 분포는 나중에 '정규분포'라는 또 다른 이름으로 불린다. 이 이름을 붙인 사람은 앞서 소개한 괴짜 과학자 프랜시스 골턴Francis Galton이다.[123] 그는 모든 자료의 분포가 균형 잡힌 곡선에 가까워야 정상이고 그렇지 않으면 데이터를 입수하는 과정에서 문제가 있었다고 생각했다. 그래서 '정규normal 분포'라는 이름을 붙였다.

자연계에서 관찰할 수 있는 많은 분포가 정규분포와 같은 형태를 보인다. 사람의 키도 대표적인 정규분포이다. 통계청에서 2015년 징병검사 신장 측정 결과를 다운로드받아서 엑셀의 그래프 기능으로 만들어본 그림이다. 정규분포에 가깝게 나왔지 않은가?

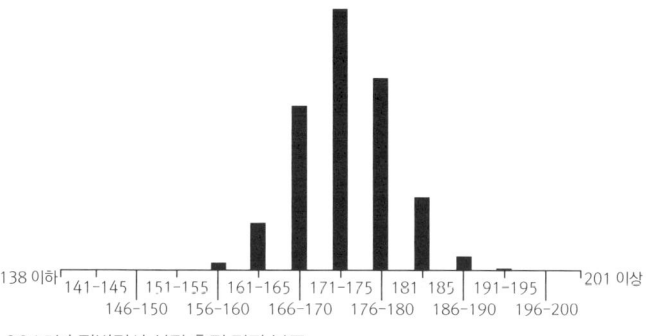

2015년 징병검사 신장 측정 결과 분포

사람의 능력과 관련된 데이터들도 대부분이 정규분포다. 우리나라 수학능력시험도 정규분포에 가깝다. 미국에서는 대학교 입학을 위해 SATScholastic Aptitude Test를 치르는데 인터넷에 데이터 분석용으로 공개된 600여 건을 가지고 분포를 만들어봤다. 이 역시도 정규분포를 보인다.

자연계에서 관찰되는 대부분이 정규분포를 보여왔기 때문에 사람의 성과도 정규분포라고 가정해 왔다. 예를 들면 1947년에 레너

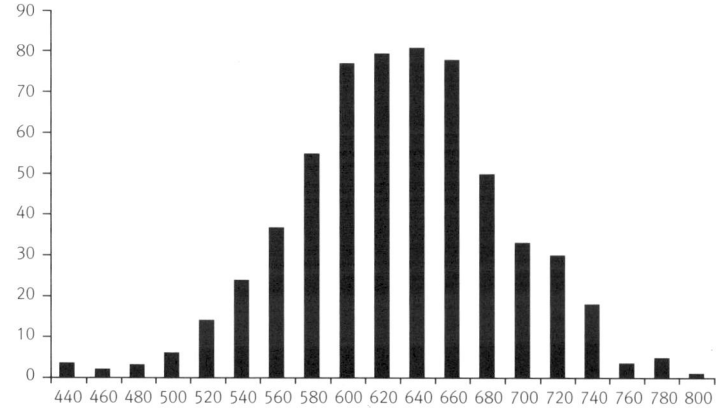

미국 SAT 600여 명의 분포

6장 과학적 인재경영의 핵심은 성과 평가와 승진이다 233

드 퍼거슨[124]은 관리자들이 집단적으로 보이는 성과들은 정규분포와 일치해야 한다고 지적했다. 그 이후로도 대부분의 학자들이 성과가 정규분포에 따르는 것으로 가정해 연구를 진행해 왔다.[125]

이러한 가정하에 GE의 잭 웰치는 회장으로 부임하면서 '활력 곡선vitality curve'을 주장한 바 있다.[126] 구성원을 상위 20%, 중위 70%, 하위 10% 세 부류로 나누고 성과가 가장 높은 20%에게는 더 많은 보상을 하고 승진을 시켰다. 중위 70%는 상위 집단으로 올라갈 수 있도록 지원한 반면 하위 10% 성과자는 조직에서 내보냈다.

우리나라 대부분의 기업들에서도 구성원의 성과를 정규분포로 가정하고 상대평가를 해왔다. 회사마다 조금씩 다르지만 기본적으로 S등급은 10%, A등급은 20%, B등급은 40%, C등급은 20%, D등급 10% 내외를 기준으로 설정하곤 한다.[127]

사람의 성과는 멱법칙 분포인가

그런데 일부에서는 다른 주장을 펴왔다. 정규분포가 아니라 멱법칙power law 분포를 따른다는 것이다. 이 분포 역시 자연계에서 관찰되는 분포이다. 다음 그림과 같이 오른쪽으로 갈수록 긴 꼬리long tail가 나타나는 그래프다. 대표적으로 지진의 강도가 있다. 인간이 느끼지 못하는 지진은 하루에도 몇 번씩 발생한다. 반면 건물이 흔들리고 무너질 정도의 규모는 매우 드물게 나타난다.[128] 우리나라 통계청 자료를 보니 2014년부터 총 3년간의 기록이 담겨 있었는데 진도 3 이하는 남북을 통틀어 298회가 일어난 반면 5 이상의 지진은 4회에 불과했다.

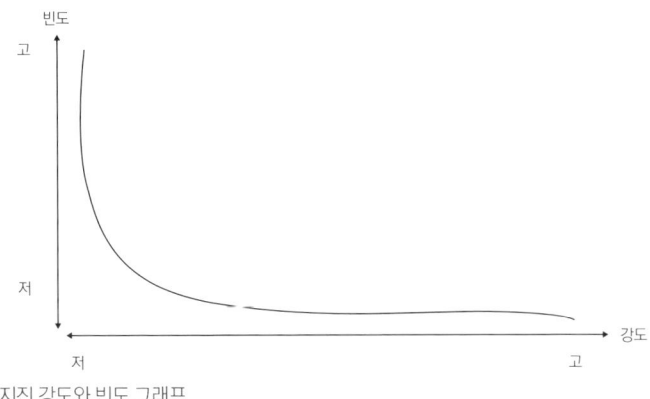
지진 강도와 빈도 그래프

 인간이 만들어낸 현상에서도 이 멱법칙 분포가 나타난다. 우리나라 성씨는 2015년 5인 이상 기준으로 총 533개가 있다. 통계청에서 데이터를 다운받아 그래프로 나타내면 다음과 같다. 맨 왼쪽에 가장 많은 성씨가 '김金'으로 1,060만 명 정도가 이 성을 가지고 있다. 맨 오른쪽에 있는 성씨가 '황목荒木'씨로 우리나라에 5명이 있다.
 사람들의 성과는 어떠할까? 데이비드 제이콥스는 1974년에 자

우리나라 성씨 빈도 그래프

동차나 보험 산업 등의 영업사원 성과는 정규분포가 아니라고 주장했다.[129] 영업력이 강한 몇몇 사람들이 그 누구도 범접할 수 없을 만큼의 성과를 거둔다는 주장이다. 소위 전국에서 '영업왕'이라고 불리는 사람들이 대표적이다. 이들은 일반인들은 아무리 노력해도 달성할 수 없는 실적을 보여준다.

야구 선수들의 연봉은 어떨까?『스포트랙닷컴spotrac.com』에서 제공하는 메이저리그 선수들의 연봉 데이터를 가져와 봤다.[130] 2018년 기준으로 총 1,000명의 연봉이 공개되어 있었다. 최소 연봉자는 총 161명으로, 필라델피아 필리스의 빅터 아라노, 디트로이트 타이거스 루이스 콜만 등이 가장 최소 금액인 54만 5,000달러를 받는 것으로 나타났다. 이들을 포함하여 100만 달러 미만은 총 509명이었다. 최고 연봉자는 로스앤젤레스 다저스 소속의 클레이톤 커쇼로 무려 3,557만 달러나 된다. 이들 1,000명의 데이터를 X축에 연봉 금액으로 하고 Y축에 인원 빈도순으로 해서 그래프를 그려보면 다

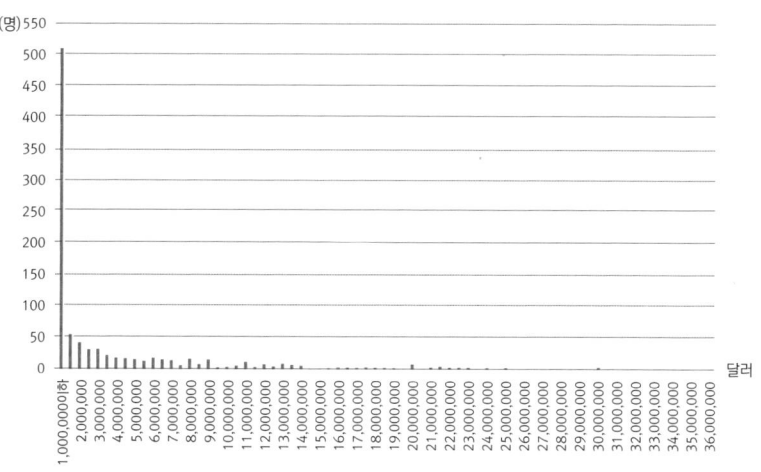

2018년 메이저리그 야구선수 연봉과 빈도 그래프

음과 같다.

　그래프를 보면 연봉 100만 달러 이하에 엄청나게 많은 인원이 포진해 있고 오른쪽으로 가면서 급격히 인원수가 낮아진다. 그리고 긴 꼬리long-tail가 나타난다. 맨 끝 3,557만 달러에 클레이톤 커쇼가 있다.

　이건희 회장의 '천재 1명이 10만 명을 먹여 살린다'는 주장도 정규분포가 아니라 바로 멱법칙 분포와 맥락을 같이한다. 그 천재 1명은 위 그래프에서 맨 오른쪽에 위치하겠다. 그가 이룩한 성과, 그로부터 발생한 가치가 상상조차 못할 정도로 크기 때문에 5만 명, 10만 명, 20만 명을 먹여 살린다는 주장이다.

　대표적인 인물로 스티브 잡스를 들 수 있다. 그의 아버지는 미국 내에서도 소수자인 시리아 이민자이다. 더구나 그는 친부모로부터 버림받고 입양아로 성장했다. 그런 그가 양부모 집 차고에서 애플을 설립한다. 매킨토시 컴퓨터, 아이팟, 아이폰, 아이패드 등 디지털 시대를 연 거인이 되었다. 그는 기술을 통해 비전을 보여주고 혁신해나간 위대한 탐험가이기도 하다. 그가 세운 애플은 2017년 기준으로 전 세계에서 12만 3천 명을 고용하고 있다.

정규분포 vs 멱법칙 분포

　정규분포와 멱법칙 분포는 무슨 차이가 있는 걸까? 그 두 가지 분포를 겹쳐서 그려보면 아래 그림과 같다.[131]

　검은색 실선이 정규분포이고 회색 음영이 멱법칙 분포이다. 멱법칙 분포는 대부분의 사람들이 가장 기초적인 수준의 수행을 하지만

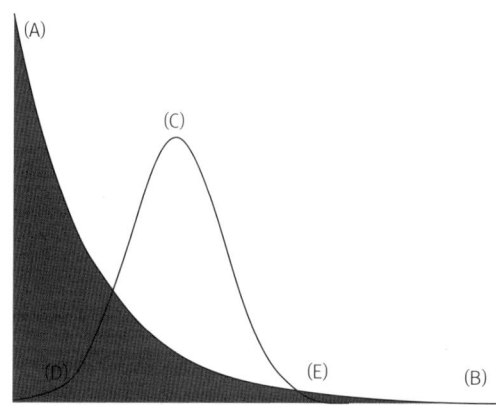

(A), 아주 극히 일부는 범인들에 비해 수천 배, 수만 배의 결과를 거둔다는 관점이다(B).

반면 정규분포는 대부분의 사람들이 평균적인 성과를 보이며(C) 낮은 성과를 보이는 사람들도 있고(D) 우수한 성과를 거두는 사람들도 있다(E)는 관점이다. 두 분포가 상징적으로 다른 부분이 바로 (B)와 (E) 지점이다.

그렇다면 두 분포 중에 어느 것이 더 적합할까? 이건희 회장의 주장이 맞을까, 문국현 사장의 주장이 맞을까? 2012년에 어니스트 보일과 허먼 아귀니스가 연구를 통해 검증하고자 했다.[132] 이들은 연구자들, 영화인들, 정치인들, 그리고 운동선수들 총 63만 3,000여 명을 대상으로 성과 분포를 분석한다. 그 결과 이들의 성과가 정규분포보다는 오히려 멱법칙 분포에 가까운 것으로 나타났다. 이들의 분포를 그래프로 그려보면 위에 제시된 메이저리그 야구선수들의 연봉 그래프와 유사하다.

63만여 명의 성과 데이터를 분석한 것이고, 과학적인 학술 논문에서 검증받은 결과이니, 사람의 성과는 정규분포가 아니라 멱법칙 분포를 따른다고 결론을 내리면 될까? 그리 간단하게 결론을 내리면 얼마나 편하겠는가?

이 책 전반적으로 여러 번 말씀드리지만 어떤 결과든 상황 또는 맥락과 함께 읽어야 한다. 보일과 아귀니스가 분석한 집단은 연구자, 영화인, 정치인, 운동선수들이다. 이들은 일의 처음부터 끝까지 온전히 자신의 재능을 활용해 결과물을 얻어낸다. 개개인이 이윤 창출 센터profit center처럼 일을 수행하는 직업군에서는 멱법칙 분포가 더 적합할 수 있다. 반면 개인의 재능과 노력이 아니라 집단의 힘과 노력으로 성과를 내는 조직들은 어떨까? 가령 에너지나 통신과 같은 거대한 장치 산업, 건설, 자동차, 화학, 유통과 같은 산업들 말이다. 이와 같은 조직들에서는 멱법칙 분포가 아니라 정규분포가 더 적합할 수 있다.

성과를 어떤 분포로 보느냐에 따라 인재를 유인하고 채용하고 평가하고 지원하는 방식들이 달라질 수밖에 없다. 이건희 회장이 '천재양성론'을 주장한 이후 S급 인재에 대한 모든 인사제도를 바꾼 사례처럼 말이다. 여러분의 조직은 어떤 분포가 더 적합하다고 생각하는가? 회사 전체의 성과 분포 고민도 좋지만, 부문 또는 기능별로 성과 분포가 다를 수 있음을 고려해야 한다. 영업 조직과 스태프 부서의 성과 분포는 다를 수 있다. 연구개발R&D 부서 역시도 그렇다.

2
성과평가, 어떻게 할 것인가

인재경영의 핵심 기능 인사평가

2006년 어느 회사 컨설팅 프로젝트에 팀원으로 참여했다. 경영전략 학자 게리 하멜과 C. K. 프라할라드는 다른 기업들에 비교해서 절대적인 경쟁우위를 만들어내는 그 기업의 독특한 자원과 능력을 '핵심역량'이라 명명했고 기업들은 이를 강화하기 위한 노력을 경주해야 한다고 주장했다.[133] 프로젝트에 팀원으로 참여했던 그 기업은 경영을 공부하지 않은 일반인이라 할지라도 그 핵심역량을 단번에 짚어낼 수 있었다. 전국 방방곡곡 도시부터 산골짜기까지 제품을 유통시킬 수 있는 방대한 유통망이 자랑이었다. 그 회사 영업조직은 중소기업 몇십 개를 합친 것보다 더 크고 체계적이었다.

영업사원들을 약 30명 정도 인터뷰하는데 다른 회사들과 비교해서 특이한 점 하나가 있었다. 무엇이었을까? 그들에게서 '성과 평가가 공정하지 못하다'는 불만을 전혀 들어보기 어려웠다는 점이다. 당연히 그럴 수밖에 없었다. 영업사원들이다 보니 자기가 뛴 만큼 매출이 나오는 구조이기 때문이다. 반면 인센티브 제도에 대해서는 불만이 많았다. 연초에 회사에서 공지한 규정대로 인센티브를 가장 많이 받을 수 있는 실적을 채웠는데 회사가 갑자기 그 기준을 바꿔 기준을 더 높여버린 것이다. 영업사원들은 "회사가 인센티브 기준을 밥 먹듯이 바꿨다."라고 주장했다.

이들 영업사원처럼 성과가 매출이나 수익으로 바로 평가될 수 있는 직종이라면 모를까, 대부분의 직종에서 성과평가는 무척 골치 아픈 일이다. 승진이 코앞에 있을 때는 고과가 높게 나타났다가 승진 직후에 급전직하하는 '고과 돌려먹기' 현상 등은 여러분도 종종 경험했을 것이다.

인사평가는 인재경영에서 가장 중요한 핵심 기능이다. 한국노동연구원이 2015년에 우리나라 사업체 총 501개를 대상으로 설문한 결과를 보면 응답 기업의 88.8%가 인사평가가 가장 중요하다고 응답했다.[134] 왜 그토록 중요하게 여기는 걸까?

우선 인사평가는 곧 조직의 생존과 관련된 행위이기도 하다. 여러분이 1인 기업으로 음식 장사를 해본다고 가정해보자. 매일 손님들로부터 "맛있다." "오늘은 좀 짜다." "식재료가 신선하지 않은 것 같다." 등 피드백을 받는다. 늦은 밤에 카운터에 입금된 돈을 세어가며 그날의 실적을 점검해본다. 매일 성과를 낸 정도를 검토해볼 수 있다. 그 자체가 자신을 평가하는 행위다. 그리하여 요리를 좀 더 잘해서 고객을 만족시키기 위해 레시피를 어떻게 조정할지를 고민할 것이다.

 음식점이 맛집으로 소문나서 사람들이 북적대기 시작하면 종업원들을 하나 둘 채용하기 시작한다. 어떤 사람은 주방에서 식재료 다듬는 일에, 어떤 사람은 국 끓이는 일에, 어떤 사람은 서빙하는 일에 배정한다. 그리고 혼자 수행하던 시절과 비교해서 음식의 질이 그대로 유지되는지, 고객에게 친절하게 대하는지를 지켜본다. 매일 종업원들의 행동을 관찰해가면서 평가를 내린다. 어느 종업원은 고객들에게 싹싹하게 잘하는데 어떤 종업원은 무뚝뚝해서 고객들 반응이 별로구나 하고 말이다. 주주이면서 사장이기도 한 여러분뿐만 아니라 종업원들도 우리 음식점이 얼마나 잘나가고 있는지, 아니면 그 지역에서 시나브로 인기를 잃어가고 있는지를 직접 체감할 수 있다. 그리고 종업원들 사이에서도 누가 일을 잘하는지, 누가 음식점의 인기와 매출에 좀 더 기여하는지 관찰할 수 있다. 공식적인 인사평가가 필요 없다.

 그런데 조직의 규모가 커지면 커질수록 인간이 가지는 인식의 한계, 정보의 비대칭성 등이 발생한다. 종업원 각자 철저히 분업화되기 때문에 우리 조직이 얼마나 목표를 달성해 나가고 있는지에 대해 둔감해지기 마련이다. 시장에서 얼마나 잘나가는지, 아니면 도태되고 있는지도 실시간으로 체감하지 못한다. 자신이 하는 일이 조직의 매출에 얼마나 이바지했는지조차 알 수 없다. 매일 주어진 일을 열심히 하겠다는 자세도 어느덧 매너리즘에 빠진다. 얼마나 잘하고 있는지, 얼마나 기여하는지를 고객으로부터 직접 피드백을 듣지 못하니까 말이다.

 그래서 거대 조직의 맹점을 최소화해보고자 인사평가 제도를 공식적으로 도입한다. 음식점은 매일매일 실적을 평가해볼 수 있다. 여러분이 그냥 카운터에 앉아서 돈을 세면 된다. 그런데 조직 규모가 커질수록 매일매일 하기 어렵다. 그 자체가 엄청난 시간과 노력이 들어가는 일이기에 그렇다. 그렇기 때문에 일정 기간을 상정하고 그동안 조직의 목표를 얼마나 달성했는지를 점검해본다. 부서별로, 팀별로 어느 정도 기여했는지를 평가하고 구성원별로도 얼마나 잘했나 못했나를 평가한다. 음식점에서 고객들로부터 "맛있네." "짜네." "신선하지 못하네." 등의 피드백을 받듯이 구성원들이 수행하는 업무의 내부 고객들인 상사, 동료, 부하들로부터 피드백도 받는다.

결국 인사평가 제도는 다음과 같은 질문들에 직간접적인 정보를 제공해주는 기능이라 생각한다.

- 우리 회사는 현재 시장에서 잘나가고 있는가?
- 우리 회사가 목표로 한 바를 제대로 달성해 나가고 있는가?
- 우리 부문, 부서, 팀은 잘 해나가고 있는가?
- 그 과정에서 내가 이바지한 바는 무엇인가?
- 내가 만든 결과물을 받아본 고객들은 어떻게 생각하는가?
- 나의 결과물에 완성도와 품질을 높이려면 무엇을 어떻게 개선해야 하는가?

인사평가의 척도를 무엇으로 할 것인가

그리고 인사평가가 그토록 중요한 이유는 인사평가 결과가 다른 여러 제도와 맞물려 있기 때문이다. 우리나라에서는 인사평가 결과를 통해 승진을 결정하고(약 94.4%), 성과급을 조정하거나 (약 54.7%), 교육훈련 대상자를 선발하고(25.6%), 직무 이동과 배치 (35.5%)에 참고하는 것으로 나타났다.[136]

그처럼 평가 제도는 매우 중요한 기능인데도 오늘날 많은 구성원이 이 제도에 신뢰가 없다. 정동관 등(2015)이 실시한 조사를 따르면 인사평가 제도를 신뢰한다는 문항에 '그렇다'고 응답한 비율이 29.4% 정도밖에 되질 않는다. 나머지 약 70%는 그저 그렇다거나 또는 신뢰하지 않는다는 반응들이었다.

구성원들로부터 신뢰를 얻지 못하다 보니 공공기관, 사기업, NGO 기관 등 그 유형을 가리지 않고 많은 곳에서 성과 평가를 제대로 해보겠다고 제도를 바꾸고 개선하는 작업들을 실시하곤 했다.

이 책이 과학적인 인재경영을 표방하지만 여기서 획기적인 대안을 제시하기는 어렵다. 아마 그럴 수만 있다면 성과 평가 또는 인사평가라는 화두로 아예 책 한 권을 따로 낼 수 있을 것이다. 그 누구도 생각하지 못한 과학적이고 객관적인, 그래서 구성원들 80~90% 이상이 '우리 회사 인사평가 제도를 신뢰한다'고 응답할 수 있는 솔루션을 제공할 수 있다면 아마도 나는 전 세계적으로 유명해질 테고 말이다.

여기서는 두 가지만 짚어보고자 한다. 첫째, 척도 문제다. 어느 회사는 구성원들의 성과가 분포하는 형태가 정규분포가 아니라 멱법칙 분포라고 가정하기 시작했다. 그에 따라 평가 척도를 바꾸어야겠다는 생각이 들었다. 기존 5점 척도 방식으로는 멱법칙 분포를 제대로 평가할 수 없다고 보았던 것이다.

이 회사는 평가 항목을 총 10개로 설정했다. 그리고 한 항목당

10점으로 배점하되, 항목별로 기대치를 달성한 경우에는 5점, 기대 이상으로 달성한 경우에는 6~7점, 지대한 기여를 한 경우에는 8점 이상을 줄 수 있도록 했다. 이를 합산하면 기대치 달성은 50점, 기대 이상은 70점, 탁월한 성과를 거둔 사람은 80점이 초과하는 점수로 나오게 되었다.

그런데 그 와중에 내부에서 이런 반론이 나왔다. 대부분의 구성원이 100점 만점에 50점 내외를 받을 텐데 그리 되면 구성원들이 불만이 있을 것이라고. 그 증거로 행동경제학자로 유명한 리처드 탈러의 일화를 언급했다.[137] 탈러는 2017년 스웨덴 왕립과학아카데미가 주는 노벨 경제학상을 수여한 인물이다.

탈러는 어느 해에 학생들 간에 평가 변별력을 높이려고 어려운 문제를 냈다. 너무 어려웠던지 학생들의 평균 점수가 100점 만점에 72점이었다. 절대평가 점수를 토대로 최종적으로는 상대평가를 해서 점수를 매겼다. 상대평가라 절대 점수는 아무런 의미가 없음에도 학생들은 탈러 교수에게 불만을 표출했다. 왜 내 점수가 그리 낮으냐는 불만이었다. 그래서 다른 해에는 만점을 137점으로 올리고 평균을 96점 정도 나오게 했다. 그러자 불평불만을 토로하는 학생들이 사라졌다는 이야기다.

그래서 평가 척도를 평균 점수를 100점으로 하되 기대치에 미치지 못할 경우에는 100점 미만, 기대치를 만족시킨 경우는 120점, 기대치를 초과 달성한 경우는 150점, 회사 성과에 지대한 기여를 한 경우에는 무한대로 점수를 줄 수 있도록 바꾸었다. 이렇게 바꾼 척도가 좋은 걸까? 결론을 먼저 말씀드리면, 좋은 방식이 아니다.

하드 데이터와 소프트 데이터

그 반대의 사례를 한 번 보자. 어느 글로벌 기업은 멱법칙 분포를 가정하고 있었다. 그래서 총 41개의 성과 등급을 상정해 두었다. 척도는 1점부터 5점까지로 했고 소수점 세 자리까지 점수를 줄 수 있도록 했다. 예를 들어 상사가 A 팀원에게는 3.325점으로 평가하고 B 팀원에게는 3.350을 줄 수도 있었다.[138] 그런데 도대체 0.025 차이가 어떤 의미가 있는 걸까? 그렇게 미세한 방식을 활용하다 2015년경에는 41개나 되던 단계를 축소해 총 5개 등급으로만 평가를 하고 있다. 성과 분포는 여전히 멱법칙 분포를 따른다고 가정하고 있지만 평가 척도는 5개 등급으로 단순화시켜버렸다. '개선이 필요함' – '기대를 꾸준하게 충족함' – '기대를 초과함' – '기대를 강력하게 초과함' 등으로 말이다.

개인의 실적이 명백하게 관찰되는 직종은 그 데이터를 성과 평가 데이터로 활용하면 된다. 보일과 아귀니스가 분석한 대상 직업을 살펴보자. 대학교 교수는 연구 논문 수가 곧 성과이다. 조교수, 부교수, 정교수 승진 심사 때 가장 결정적으로 참고하는 지표다. 영화배우들은 어떨까? 필모그래피filmography, 영화 편당 동원 관람객 수와 각종 영화상 후보 노미네이션 횟수들이 그의 실적이 되겠다. NBA 농구 선수, 메이저리그 야구 선수도 그 자신에게 바로 귀속되는, 객관적으로 파악 가능한 데이터들이 있다. 이는 다른 사람의 주관성이 개입될 여지가 없는 하드 데이터hard data에 가깝다.

반면 대부분의 조직 구성원들은 개인에게 바로 귀속 가능하며 관찰 가능한 데이터가 없다. 이들은 여러 사람과 함께 공동의 작업을 한다. 개인의 노력이 회사 성과에 직결되어 가시적으로 나타나는

요소	항목	내용	평가구분						
			S (탁월)	A+	A-	B+ (보통)	B-	C	D (불량)
업적평가 (50)	업무달성도	현 직급에 상응하는 업무 수행이 이루어지며, 신뢰할 수 있는 결과를 창출한다.	7	6	5	4	3	2	1
	업무완성도	업무처리 결과가 수정이나 보완이 필요 없이 완벽하며, 당초에 설정한 목표를 계획대로 달성한다.	7	6	5	4	3	2	1
	업무적시성	업무의 중요도와 추진계획을 정확히 파악하고 계획성 있게 추진해 나가며, 때를 놓치는 일이 없이 적기에 업무를 수행한다.	7	6	5	4	3	2	1
	업무개선도	업무처리 절차나 방법 등에 있어서 문제점을 정확히 파악하고, 새로운 아이디어나 신기술 등을 적용 등 업무개선에 기여하여 업무의 질적, 양적 향상을 이루어낸다.	7	6	5	4	3	2	1

어느 회사 업적평가 양식

경우가 별로 없다. 결과를 확인하는 데 시간이 오래 걸리기도 한다. 기업 조직으로 치면 전략, 재무, 마케팅, 홍보, 생산, 인사, 구매, 연구개발 등 대부분이 그와 같은 구조이다. 그렇기 때문에 성과 평가로 소프트 데이터를 사용한다. 상사가 일정 기간 관찰하고 지각한 내용을 바탕으로 평가하는 것이다.

대부분 회사에서는 업적이든 능력이든 소프트 데이터를 만들어내기 위해 척도를 활용한다. 어느 회사의 업적평가 양식을 위에 인용해본다. 척도를 보면 7점 척도, 즉 1점부터 7점까지 줄 수 있도록 되어 있다.

이 회사는 사람들 간의 차이를 아주 촘촘하게 구분하고 싶었던 모양이다. 2점 척도보다는 3점 척도가, 5점 척도보다는 6점이나 7점 척도가 연속선상에서 세밀하게 사람들 간의 우열을 가려놓을 수 있을 테니까. 수치상으로는 말이다.

그런데 척도는 조심스럽게 사용할 필요가 있다. 성과와 역량의 우열을 가리기 위해 활용하는 도구인데 잘못 사용하면 오히려 변별이 되지 않을 수 있다. 위의 양식을 보자. 이 회사는 업무달성도, 완성도, 적시성, 개선도 4가지 항목을 종합해 업적평가를 도출한다. 역으로 말하면 이 회사는 구성원들의 '업적'이 달성도, 완성도, 적시성, 개선도라는 4가지 하위 개념으로 구성되어 있다고 본 것이다.

1점부터 7점은 업적이 높은 구성원들을 유효하게 구분해야 한다. '업무 달성도' 항목에서 4점을 받은 사람들은 동일 항목에서 3점을 받은 사람들보다 '업적'이 더 높게 나타나야 한다. 그런데 이를 분석해보면 그 반대 현상이 나타날 수 있다. 3점을 받은 사람이 4점을 받은 사람보다 오히려 '업적'이 더 좋게 평가되는 것이다. 이를 응답 범주의 역전reversal 현상이라고 부른다.[139]

그런데 그와 같은 문제가 왜 생기는 걸까? 7점 척도의 경우, 7점, 4점, 1점은 평가자들이 보기에 비교적 명확하다. 반면 5~6점, 3~4점은 차이가 그리 명확하지 않아서 그들 간에 역전 현상이 나타나는 경향이 있다. 5점과 6점의 차이, 3점과 4점의 차이를 잘 구분하지 못하는 것이다.

7점 척도가 아니라 8점, 9점, 또는 10점 범주는 어찌하는가. 우리 인간의 뇌가 그리 치밀하고 꼼꼼하게 사람들을 1점부터 10점까지 변별할 수 있을까? 쉽지 않은 이야기다. 우리나라에 '상중하上中下'라는 간단한 평가 등급이 괜히 있는 게 아니다.

척도를 8점, 9점, 10점을 사용하면 우리 회사 인재들을 촘촘히 구분할 수 있을 듯하다. 하지만 현실은 평가 신뢰성을 담보하기 어렵다. 앞서 ETS에 이바지한 연구자들로 후미코 사메지마, 에이지 무라키 교수를 언급했다. 일본인들이 꽤 많은 기여를 하는 듯하다. 2012년에 타카후미 와키타 등의 일본인 연구자들은 응답 범주를 어느 정도로 설정하는 것이 좋을지 따져봤다. 그 결과 7점은 그리 권장할 만한 범주가 아니었고, 4~5점 정도가 가장 적합한 것으로 나타났다.[140]

그러나 그 역시도 절대적인 기준은 아니다. 회사마다 특수한 경향성이 나타날 수 있으니 말이다. 데이터를 분석해 우리 회사에서는 범주를 어느 정도로 설정하는 게 적합한지 따져봐야 한다.

함께 수행해야 할 '정량 평가'와 '정성 평가'

그리고 평가의 내용 문제다. 우리나라 기업들은 정량적인 평가만 주로 한다. 점수를 부여해 등급을 매기는 일에 집중하는 반면에 구성원들의 특성, 강점, 약점 등은 별로 기술하지 않는다.

일부 대기업을 중심으로 강점과 약점을 기술하게 하지만 그 내용을 보면 거의 한두 문장으로 그치는 경우가 많다. 강점 및 약점을 평가한 데이터만 가지고 내가 분석해봤을 때, 대략 80음절에서 130음절 사이인 것으로 나타났다. 이것은 글자 간 공백, 띄어쓰기도 모두 포함된 값이다. 어느 정도 분량인지 감을 잡을 수 있게 상사가 팀장 직급을 평가한 내용을 가상으로 작성해보았다. 사실 아래 분량만 하더라도 우리나라에서는 많이 기술한 축에 들어간다.

정량 평가에만 집중하고 정성 평가는 도외시 또는 소홀히 할 때 생기는 문제점은 무엇일까?

사람을 승진시킬 때나 이동 또는 배치할 때를 생각해보자. 우리

80음절	• 현실에 만족하지 않는 불굴의 도전정신이 좋으며 창의력에 기반을 둔 기획력이 우수함 • 팀원에게 존중과 격려가 필요하며 체계적으로 키울 필요가 있음
130음절	• 현실에 만족하지 않는 불굴의 정신을 가지고 지속적으로 도전하며, 창의력이 좋아서 다양한 일들을 기획하는 역량이 탁월함 • 팀원들을 존중하고 격려하는 자세가 필요하며, 이들을 전문가로 키우기 위해 체계적으로 코칭할 필요가 있음

상사의 평가 코멘트

나라 기업들 대부분은 딱 3개년 고과와 더불어 현재 직속 상사의 추천 사유 정도만 활용한다. 이 사람이 뭘 잘하는지 못하는지 정보가 거의 없다. 임원으로 승진하는 경우를 보자. 그 회사에서 20년 이상을 근속했는데도 그에 대한 객관적인 판단 근거가 별로 없다.

어느 날 한 글로벌 기업 A의 평가 자료를 보고 깜짝 놀랐다. 개인을 평가하는 양식이 총 6페이지나 되었는데 그 자료를 다음과 같이 요약해보았다. 본인 스스로 기술하는 내용도 많지만 정확히 그 항목만큼 직속상사가 주관식으로 기술하고 평가하고 있었다. 마치 대차대조표 같은 느낌이 들었다. 본인은 자신의 성과에 대해 어떻게 생각하는지, 강점 또는 약점은 무엇이라고 느끼는지, 앞으로 무슨 일을 해보고 싶은지를 적게 하고, 그에 대해 상사는 어떻게 관찰하고 평가했는지 대조하게 하는 것이다.

위와 같은 회사에서 B라는 사람이 20년간 근무하고 승진 심사 대상자가 되었다고 가정해보자. 그에 대한 데이터가 6장씩 20년이니 총 120페이지가 있는 것이다. 이 사람이 어떻게 성장해왔는지를 역사적으로 다 볼 수 있다. 마케팅 직무를 했을 때 무엇을 잘했고 어려워했는지, 신사업 개발 직무를 했을 때는 어떠했는지 등을 볼 수 있다. 지난 20년간 다양한 상사들을 겪어왔을 텐데, 저마다 B에

1페이지	• 개인 프로파일: 고용일, 직무, 직급 등 • 평가 요약: 업적 평가, 가치 평가, 종합 평가 결과
2~3페이지	• 목표 설정에 따른 평가: 좌측에 본인이 주관식으로 기술, 우측에는 상사가 주관식으로 평가 • 종합 요약 기술
4페이지	• 핵심가치 항목별로 정량적 평가 • 핵심가치 기반 강점/약점: 좌측에는 본인이 주관식 기술, 우측에는 상사가 주관식으로 평가
5페이지	• 경력 목표: 좌측에는 본인의 경력 목표를 스스로 기술, 우측에는 상사가 향후에 부하가 수행하면 좋을 직무를 추천 • 개발 계획: 좌측에는 본인이, 우측에는 상사가 기술
6페이지	• 상사가 해당 팀원과 피드백 면담을 실시하고, 그 결과를 기술

글로벌 기업 A의 인사평가 양식

대해 뭐라고 평했는지도 알 수 있다.

우리나라의 많은 기업이 평가센터assessment center를 운영한다. 회사의 리더들이 얼마나 역량이 있는지를 외부 전문가들이 평가하게 하는 것이다. 객관성을 확보하기 위해 전문가가 적게는 2명에서 많게는 4명 이상이 참여한다. 인지능력 검사도 하고, 인터뷰도 해보고, 프레젠테이션도 해보게 하고, 민감한 주제로 여러 명이 함께 토의도 하게 한다. 『하버드 비즈니스 리뷰』 사례 자료도 나누어주고 그 상황에서 당신은 어떻게 이 문제를 해결해보겠느냐고 대안을 내보라고 요구하기도 한다. 연기자들을 동원해서 의욕이 저하된 부하를 연기하게 하면서, 그의 리더라면 어떻게 동기 부여할 건지 역할 연기에 참여시켜 보기도 한다. 아주 많은 비용을 들여가면서 말이다.

그런데 글로벌 기업 A와 같은 평가 풍토라면 평가센터를 운영할 필요가 있을까? 그럴 필요가 없을 것이다. 구성원마다 십 수 명의 상사가 십수 년 이상 관찰하고 평가한 결과들이 축적되어 있으니 말이다.

　글로벌 기업 IBM은 내부 고용시장이 활발하다. 2016년 기준으로 전 세계 177개국에서 38만 명이 근무하고 있으니 각각의 나라들에서 '이런 사람 필요하다, 저런 사람 필요하다'는 구인 광고가 IBM 내부에 얼마나 많겠는가. 그래서 구성원 개개인의 특성을 반영해서 적합한 직무를 자동으로 추천해주는 시스템을 만들었다.

　그 과정을 설명하면 이렇다. IBMer인 스미스라는 사람이 있다. 현 직무에서 4년을 근무해왔기에 뭔가 다른 일을 도전해보고 싶었다. 그래서 올해 상반기에 업데이트해놓은 이력서 파일을 열었다. 거기에 있는 내용을 IBM 시스템에 복사 붙이기를 했다. 그러자 컴퓨터가 그 텍스트들을 분석해서 스미스에게 적합한 직무들을 추천해준다. 1순위는 영업, 2순위가 인사, 3순위가 컨설팅 서비스였다. 스미스는 인사 일을 해본 적은 없지만 왠지 매력적인 직업 중 하나라고 평소에 생각해오던 차였다. 그래서 '2순위 인사' 결과를 클릭하니 인사 직무 구인 공지가 전부 뜬다. 전 세계적으로 말이다. 그래서 특정 국가로 한정을 시켰다. 직무를 바꾸기는 쉽지 않은 일인데 생활하는 나라나 문화를 바꾸기는 두려웠기 때문이다. 그래서 미국 휴스턴에 있는 오피스에 지원서를 제출했다.

　이와 같은 직무 추천 시스템은 기존에 축적된 데이터가 없으면 구현하기 어렵다. 이에 필요한 데이터 중 하나가 위에서 언급한 성과 평가 리포트다. 마케팅이든, 재무든, 연구개발이든, 본인이 그리고 상사가 평가한 상세한 데이터들이 있어야 제대로 구현 할 수 있다.

3
구글은 왜 '승진 예측 모형'을 거부했는가

구글의 운명은 인간이 결정한다

역시 구글 이야기다. 이 책 전반에서 구글 사례가 종종 언급되었다. 이 분야에서 선진적으로 앞서 나가는데다가 내부에서 수행한 분석들을 가감 없이 미디어에 공개하고 있기 때문이다. 우리에게 생각해볼 만한 시사점들을 많이 제공해주는 기업이다.

프라사드 세티는 '사람 분석' 팀원이다. 그는 구글의 리더들이 승진 심사에 지나치게 시간을 많이 소비하는 것이 문제라고 보았다. 구글은 일 년에 두 번 승진 심사를 한다. 전 세계에 있는 수백 명의 수석 엔지니어들을 산타클라라 메리엇 호텔에 모이게 한다. 구글 본사에는 수백 명을 함께 모이게 할 콘퍼런스 장소가 없어서 호텔을 빌린다고 한다. 그리고 4~5명의 수석 엔지니어들을 하나의 위원회로 구성한다. 수십 개의 위원회를 만들어서 검토해야 할 후보자들을 배정한다. 이때 한 가지 원칙이 있다. 위원회 구성원과 학연, 지연, 그리고 함께 근무한 경험이 없는 승진 후보자들을 검토하게 하는 것이다. 이때 심사 자료에만 의존해 끊임없이 토론한다. 어떤 사람을 승진시켜야 하느냐, 이 사람을 승진시켜야 할 이유가 무엇이냐를 두고 계속 갑론을박하는 것이다. 낮은 직급은 2차에 걸쳐서, 높은 직급은 3차에 걸쳐서 위원회가 심사한다. 이 위원회는 3~5일 정도 진행되는 것으로 알려져 있다. 승진 심사에 엄청난 시간과 자원을 투입하고 있는 것이다.

세티는 엔지니어들이 그와 같은 의사결정을 보다 효율적으로 내릴 수 있도록 돕고 싶었다. 승진 심사 과정을 도와줄 수만 있다면 그로 인해 시간과 돈을 절약할 수 있다. 그래서 승진 예측 모형을 만들었다. 그가 공개한 공식은 다음과 같다.

$$확률 = e^{-22.216 + (5.227 \times 성과평균) + (2.732 \times 상사추천) + (0.971 \times 자기추천)}$$

$$승진 가능성(\%) = \frac{확률}{1+확률}$$

세티는 '지극히 심플한 공식이긴 하지만 예측률은 상당히 정확하다'고 주장한다. 공식을 잠시 보자. 승진을 결정하는 변수는 매우 단순하다. '확률' 공식에 있는 'e'는 자연 상수로 원주율 파이(π) 3.14195…… 와 같이 2.71828…… 값을 갖는 수이다. 그리고 세 가지 변수, 즉 후보자의 과거 성과가 어떠했는지, 상사가 승진을 추천했는지, 후보자 스스로 승진 의사가 있다고 밝혔는지를 통해서 승진을 예측하는 모형이다.

세티의 말에 따르면 여러 번 테스트를 한 결과 90%를 맞춰낼 수 있는 모형이라고 한다. 구글의 '사람 분석팀'은 그 정도로 정확하게 예측할 수 있게 되자 환호성을 질렀다. 구글의 수많은 수석 엔지니어들의 수고를 덜어낼 수 있는 모형을 만들어냈으니 말이다. 그들이 추산한 바에 따르면 최소 30% 정도 시간과 비용을 절감할 것으로 예상했다. 그러고는 수석 엔지니어들에게 '짜잔' 하고 승진 예측 모형을 공개했다. 반응은 어떠했을까? 그들은 이 모형을 거부했다. 왜 거부했을까?

첫 번째는 당위적인 이유다. 승진 결정은 사람의 인생, 운명을 좌우할 수 있는 중요한 결정이다. 사람과 관련된 결정을 내릴 주체는 컴퓨터와 인공지능이 아니라 사람이다. 구글의 관리자들은 '사람들이 사람들의 의사결정을 하도록 해야 한다People should make people decisions"라고 피력하면서 예측 모형을 거부했다.

두 번째는 승진 예측 모형이 간과한, 중요한 점 한 가지가 있었다. 무엇이었을까? 공식을 다시 보면 지원자의 역량, 잠재력 같은 변수들이 없다. 승진을 결정할 때, 우리가 고려하는 요소 중 하나는 '이 사람이 더 많은 책임을 졌을 때 그 일을 제대로 수행할 잠재력이 있는가?'이다. 그렇다면 그런 변수들이 누락되어 있어서 수석 엔지니어들이 거부한 걸까?

아니 그보다 더 중요한 변수가 빠져 있다. 전 세계의 수석 엔지니어들이 1년에 두 번 모인다. 후보자 한 사람 한 사람을 검토하면서 그들끼리 논의한다. '지금 세상이 어떻게 변화하고 있나?' '어떤 기술들이 쏟아져 나오고 있나?' '시장에서는 어떤 니즈가 있나?' '구글은 어떤 방향으로 나아가야 하나?' 그리고 '그 일을 가장 잘 수행할 사람은 누구인가?' 등을 치열하게 논의한다. 그 과정에서 구글의 모든 수석 엔지니어들이 집단적으로 학습을 한다. 승진 심사의 결과물이 단순히 누가 승진했고 탈락했고의 문제가 아니었던 것이다. 심사 과정 자체가 구글의 운명을 치열하게 토론하고 그 운명을 짊어질 사람들을 선출하는 중요한 의식 행위였던 것이다.

인재경영에 인공지능이 활용된다

앞서 언급했듯 인공지능의 발달로 인재경영 분야에 엄청난 변화가 예상된다. 2017년 기준 이 분야에서 소위 'HR 테크human resource technology'라 불리는 인공지능 기반의 스타트업과 회사들 130여 곳이 왕성하게 기술을 개발하고 있다.[141] 채용, 급여 보상, 인력 배치, 조직문화 등 인재경영의 전 영역에서 야심 차게 활동을 시작하고 있다. 이들이 미칠 파급력은 어마어마할 것으로 예상한다.

2017년 11월에 인재경영 분야의 전문 웹사이트인 hr.com은 인공지능이 어떤 영향을 미칠지를 995개 회사 인사담당자를 대상으로 설문을 실시했다. '인재경영과 관련해, 현재 인공지능을 활용하는 수준은 어느 정도이며 향후 5년 안에 어느 정도가 될 것으로 예상하십니까?'라는 질문에 현재는 약 7% 수준으로 활용하고 있지만 5년 내에는 39%까지 늘어날 것으로 전망했다.

아울러 인사담당자들에게 인공지능이 앞으로 5년 안에 가장 많이 활용될 수 있는 분야를 골라보도록 했는데 그 결과는 다음과 같다. 앞으로 인재경영 분야에서 엄청난 변화가 예상된다. 변화의 파도에 몸을 실어 적응하는 일도 중요하지만, 한편으로는 앞서 구글의 사례

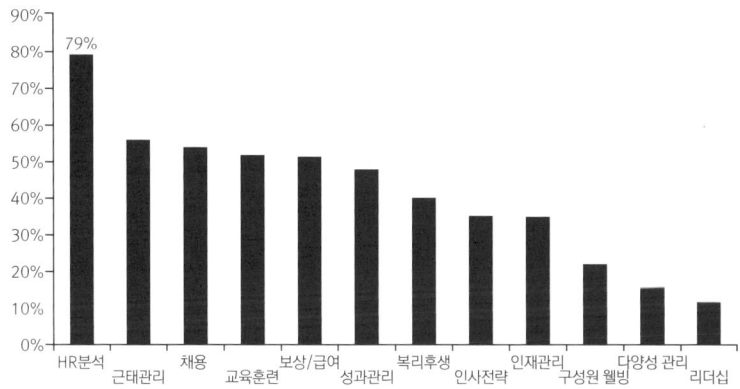

에서 나온 시사점들을 미리미리 고민하는 일들이 필요할 듯하다. 사람과 인공지능 간의 조화에 대한 문제이다. 인공지능으로 구현할 수 있는 영역은 무엇인지, 그럼에도 지켜야 하는 '인간의 영역'은 무엇인지를 말이다.

기술적으로는 가능한 일들이 꽤 많이 있다. 구글 사례에서처럼 인재경영의 꽃이라 할 수 있는 승진 결정도 시도했다. 하지만 기술적으로는 가능함에도 불구하고 구글의 리더들은 '사람들이 사람들의 의사결정을 하도록 해야 한다'고 주장하면서 그것은 인간의 영역이라고 선을 그었다. 통계, 빅데이터, 인공지능 분야에서 첨단을 달리는 그 구글에서조차 말이다.

나도 한때 리더들의 성과 예측 모형을 만들어본 적이 있다. 과거 데이터를 활용하여, 리더들의 인사 평가 결과가 어느 정도 될지를 예측하려 한 것이다. 구글의 프라사드 세티가 승진 심사 과정의 '효율성'에 주목했다면 나에게는 다른 목적이 있었다. 지속적으로 높은 성과를 달성해온 리더인데 상사가 '코드 인사', 즉 성향이나 이념이 자신과 유사한 사람에게 더 높은 고과를 주고 그렇지 않은 사람에게는 의도적으로 낮은 고과를 주어서 결국에는 방출시키는 문제들을 방지해보고자 했다. 상사가 객관적이고 공정한 평가를 하지 않고 자신과 잘 맞는 사람들만 챙기는 일이 없도록 하려는 목적이었다. 그로 인해 우수한 리더들이 조직에서 탈락되지 않도록 하고자 했다.

몇 년간 축적된 이런저런 데이터를 모아서 '성과 예측 모형'을 만들었다. 정확도가 상당히 있었지만, 그럼에도 그 모형을 포기했다. 왜 그랬을까? 논리가 맞지 않았다. 성과 예측 모형에 사용되는 데이터는 인사평가가 이루어지는 시점보다 선행한다. 즉 과거의 데이터이다. 반면 경영 환경이 매우 급변하는 상황이라 리더들의 성과도 그 영향을 실시간으로 받는다. 과거의 데이터로 급변하는 환경 가운데서 리더의 성과를 예측하는 게 맞느냐는 문제에 봉착한 것이다. 환경변화가 빠른 업계의 경우에는 전략도 매우 빠르게 변화한다. 어느 한 리더가 보유한 역량이 작년까지만 해도 중요했었는데 환경이 변하고 전략이 바뀌면서 그 리더가 조직에 이바지하는 가치가 급격히 줄어들 수도 있다.

또한 앞서 언급한 '낙인 효과'의 문제가 있었다. 어느 리더가 역량은 출중하지만 그가 처한 상황이 어쩔 수 없어서 지속적으로 낮은 성과를 보여왔다고 해보자. 그리고 예측 모형을 실시해보니, 역시나 저성과로 예측되었다고 해보자. 일부 경영자들은 머신러닝과 인공지능에 대한 환상이 있다. 과학적이고 객관적인 결과를 산출해준다고 믿곤 한다. 그래서 예측 모형에 의해 나온 결과를 그대로 맹신해 그 리더가 처한 상황 또는 맥락을 고려하지 않고 단선적인 결정을 내릴 가능성도 있다.

그래서 예측 모형을 포기했다. 잠시 낙담하긴 했지만, 얼마 뒤에 이를 역으로 활용했다. 어떤 요소들이 고성과를 예측하는 데 기여하는지를 살펴보았다. 비록 머신러닝은 블랙박스 모형인지라 인간의 머리로 이해하기 어려운 결과들도 있지만 그중에서도 이론적으로 논리적으로 부합되는 결과들을 찾았다. 그리고 이를 인재경영 활동에 다시 반영했다.

앞으로 사람의 일, 그리고 인공지능의 역할이 지속적으로 영역 싸움을 할 듯하다. 그에 대한 기준들이 사회적으로 지속적인 논의를 거쳐야 함은 물론이다.

이직은 어느 정도 예측 가능한가

마지막으로 이직 예측에 대해 살펴보자. 우리 조직 내에서 어느 구성원들이 이직할지 예측이 가능할까? 미국에서는 현재 이 예측 모형을 개발해서 활용하는 회사들이 많다. 특히 첨단 기술의 메카라고 불리는 실리콘밸리에 있는 기업들이 그렇다. 우리가 익히 아는 페이스북, 구글 등이 이직 예측 모형을 활용하고 있다고 한다. 글로벌 컨설팅 회사인 맥킨지에서 '인재 전쟁War for Talent'이라고 표현했듯이 우수한 개발자, 연구원, 프로그래머 등을 채용하려고 혈안이 되어 있다. 주로 경쟁사에서 근무하는 인재들을 넘보고 있다.

실리콘밸리에 있는 유명 기업에서 근무한 인사담당자를 만난 일이 있다. 그에 따르면 아침에 출근하면 이직할 가능성이 높은 순서대로 구성원 명단이 컴퓨터 화면에 뜬다고 한다. 회사에 매우 중요한 인재들이 그 대부분을 차지하는데 업무 시간에 그들을 만나러

간다는 것이다. 가서 "요즘 어떻게 지내고 있어? 일하는 데 불편한 점은 없어?" 등의 이야기를 하다 보면 그들 중 일부는 "경쟁사에서 스카우트 제의가 들어왔다"고 얘기한다는 것이다.

우리나라 기업들은 이직 예측 모형에 별로 관심이 없다. 아무래도 사회적, 맥락적인 차이가 있기 때문일 것이다. 우리나라 전체가 고령화되어 가는 상황이고 노동 시장에서는 인력들이 상대적으로 넘쳐나기 때문에 이직 예측 모형에는 그리 관심이 없을 수밖에 없다.

그런데 우리나라의 한 기업이 이 예측 모형을 만들었다. 연구개발이 중심인 회사인데 사람을 뽑아서 내부에서 인재로 키워놓으면 경쟁사가 뺏어간다는 이유에서였다. 알고리즘을 보니 비교적 단순하지만 오랜 시간 동안 심혈을 기울인 흔적들이 보였다.

알고리즘이 단순하다고 표현한 이유는 그들이 사용한 통계적 모형 때문이다. 이들이 사용한 방식은 '로지스틱 회귀분석logistic regression', 또는 '로짓분석'이다. 이 방법은 전통적인 회귀분석의 한 종류로, 예측하려는 변수값이 0과 1 이분형으로 구성되어 있을 때 사용하는 기법이다. 일반적으로 로짓분석보다는 머신러닝이 더 예측률이 좋은데 전통적인 통계 모형을 사용해서 좀 아쉬움이 있었다.

알고리즘은 좀 아쉬웠지만 이직을 예측하는 동인들을 찾기 위한 노력들은 참 대단하다 싶었다. 어떤 데이터들이 이직을 예측할 수 있을까? 전 세계적으로 모이는 콘퍼런스에 가보면 이직 예측 모형을 만든 사례들을 발표하곤 한다. 일반적으로 널리 알려진 변수들은 이렇다.

첫째, 인구 통계적 변수이다. 나이, 조직 근속 연수, 해당 직무 근속 연수, 성별, 인종, 학력, 결혼 유무, 자녀 수이다. 둘째, 직무와 관련된 변수로, 직무 특성, 직무 만족도, 직무성과 기록, 연봉, 인센티브, 승진 가능성 등이다. 셋째는 조직과 팀의 구조적 변수로, 근무환경, 조직문화, 팀 분위기, 팀 규모, 리더십 등이다. 지리적인 변수도 있는데 출퇴근 거리, 동네 분위기, 자녀 교육 환경 등이다.[142] 실시간 행위 데이터로는 사내 망을 통해서 구직 사이트에 접속하는 횟수, 인사 정보 시스템에서 퇴직금을 조회하는 빈도 등이 있다.

이직 예측 모형은 그나마 상대적으로 개발하기 쉽다고 여겨지고 있다. 다른 예측모형에 비해 상대적으로 쉽다는 의미라서, 실제로는 구현하기까지 넘어야 할 산이 많다. 모델링도 문제긴 하지만 데이터를 확보하는 데 노력이 많이 필요하기 때문이다.

기존 연구들에 따르면 기존 데이터를 가지고 시뮬레이션한 예측률은 대략 80~90%까지 정확도가 나온다.[143] 이를 현실에 적용했을 때는 그보다 더 떨어지겠지만. 예측이 틀렸을 때 발생하는 리스크가 별로 없다. 인사담당자가 면담하러 갔는데 그 사람이 "나는 이직할 생각이 없다"고 말해도 별문제가 안 된다. 어쩌다 "스카우트 제의가 들어왔는데."라는 말을 듣게 되면 모형이 제대로 예측해낸 것으로 생각하면 되는 것이다. 다만 우리나라에서는 회사 내에 "저 사람 이직하려고 한대."라는 소문이 돌아다닐 수도 있다. 그렇기 때문에 철저히 인사담당자만 예측 결과를 열람할 수 있도록 설계하면 그런 문제도 없어질 것이다.

우리나라 고용 시장이 바뀌게 되면 많은 기업에서 너도나도 이직 예측 모형에 관심을 갖게 될 수도 있을 것 같다.

에필로그

인간과 기술의 접점을 함께 고민하자!

외부 콘퍼런스나 포럼에 초대를 받으면 서두에 항상 드리는 말씀이 있다. 내가 이 자리에 서게 된 배경에는 이 업계 선배님들의 노력이 있다는 점이다. 특히 현재 내가 소속한 조직의 선배님들 덕분이다. 인재경영의 과학화는 어느 개인의 역량과 노력만으로는 어려운 일이기에 그렇다.

내가 속한 조직은 아주 오래전부터 인재경영 분야에서 과학화를 실현하기 위해 꾸준히 노력해왔다. 단순한 인치人治를 넘어 과학적인 근거를 가지고 우수한 인재를 채용하고 배치하고 육성하기 위해 수없이 많은 고민을 해왔다. 여러 제도를 체계적으로 만들고 지속적으로 개선해왔다. 선배님들의 땀과 눈물이 황무지를 옥토沃土로 바꾸어 내가 그 땅 위에서 마음껏 뛰어놀 수 있었던 셈이다. 진심으로 감사한다.

사람 데이터를 분석하면 할수록 앞서 걸어간 선배들의 직관과 통찰이 대단하다는 점을 여실히 느끼게 된다. 이 책 본문에서도 언급했듯 분석 결과 대부분이 기존의 직관과 통념을 재확인하는 유형들이었다. 데이터로 분석하고 검증하지는 못했지만 어떻게 하는 것이 가장 타당하고 적합한 일인지를 고민하고 의사결정을 해왔다. 또 사리를 속속들이 따져 깊이 생각하고 가장 합리적인 대안들을 찾아내 왔던 것이다. 그 통찰력에 경의를 표한다.

늦깎이 학부시절에 경영학을 공부하면서 스스로에 질문을 던졌다. 돈이 좋은가, 사람이 좋은가? 내 결론은 당연히 사람이었다. 그 후로 줄곧 내 꿈은 '인사 전문가'가 되는 것이었다. 그 꿈을 향해 끊임없이 공부하고 노력했다. 그런데 현업에 있다가 박사과정에 들어가 폐관수련을 하고 나서는 자만한 듯하다. 배울 건 다 배웠다 싶었나 보다. 자신감에 가득 차서 박사 수료 후 바로 '조직문화 진단' 재능기부를 추진했으니 말이다.

그러나 이 일을 하면서 그 자만심은 산산이 조각나기 시작했다. '유의수준은 무엇인가요?'와 같은 기초적이지만 선뜻 대답하기 쉽지 않은 질문을 받았을 때는 '과연 내가 하고 있는 일에 대해 충분한 지식을 갖고 있는가?' 하는 의심이 들었다. 전문가는 종이 한 장 차이라고 하지 않는가. 어떠한 개념에 대해 바닥끝까지 파고 들어가 독하게 물고 늘어져 그 원리를 제대로 이해하고 적용하고 있는지 스스로에게 다그쳐보니 그게 아니었다는 것을 깨달았다. 그냥 있어 보이는 말들을 주워 섬기기만 하는, 머리는 없고 입만 살아 있는 좀비 전문가였다.

더구나 최고 인사 책임자가 주재하는 회의에 여러 번 참여했을 때는 솔직히 말해서 자괴감이 들었다. 그 자리에서 논의되는 내용의 50%도 이해를 못 하고 있었다. 충격에 빠져 그날 일기장에 이렇게 적었다.

"인사 전문가가 존재할 수 있는가? 모집, 채용, 육성, 평가, 보상, 노사, 조직문화, 조직구조 등 이 모든 일을 다 아울러서 폭과 깊이를 동시에 갖춘 전문가가 과연 얼마나 될까."

그날로 '인사 전문가'라는 단어를 내 마음속에서 지웠다. 그리고 그 빈자리에 '학생'이라는 단어를 채워 넣었다. 인생은 끝날 때까지 배우는 삶이 아닌가 싶다. 요즘은 주변에서 나를 '전문가'라고 부르면, 정말 많이 부끄럽다. 아니라고 손사래를 친다. 과연 내가 제대로 알고 있는 게 뭐가 있나 싶다. 어제는 자칭 전문가라고 자만했지만, 오늘은 학생이고, 내일도 학생이다. 앞으로도 그렇게 살겠다.

*

전작 『빅데이터, 인재를 말하다』를 집필한 지 5년여가 흘렀다. 시간이 참 빠르다. 그동안 인재경영 활동 전 분야에서 데이터, 분석, 과학화의 바람이 불었다. 이제는 '인공지능'의 파고를 목도하고 있다. 지금 이 순간에도 세상 어딘가에서 혁신적이면서 파괴적인 기술이 태동하고 있을 것이다.

카이스트 경영대학으로부터 초대를 받은 적이 있다. '인공지능, 머신러닝과 HR'이라는 주제로 패널 토의에 참가해달라는 요청이었다. 패널끼리 토론하다가 청중석에 앉은 은행업 종사자로부터 질문을 받았다.

"은행 창구에 종사하는 분들은 상당히 단순 반복적인 작업들을 많이 합니다. 앞으로 몇 년 안에 인공지능이 이들을 대체할 것 같아서 고민되고 걱정됩니다. 과연 인공지능이 얼마나 영향을 미칠까요? 인사, 인재경영은 또 어떻게 변화해 나가야 할까요?"

질문하는 그 인사부장님 얼굴에서 깊은 고뇌가 느껴졌다. 나 역시도 마음이 무거워졌다. 앞으로 어떤 변화가 우리 앞을 기다리고 있을까? 과학적 인재경영, 그 첨단에 서 있다고 자부하는 나로서도 최근의 급격한 변화들이 어떤 미래를 만들어낼지 가늠하기조차 어렵다. 혼란스럽다.

다만 한 가지는 분명한 듯하다.

피터 드러커는 "미래를 예측하는 가장 좋은 방법은 미래를 창조하는 것이다."라는 명언을 남겼다. 그의 말처럼 지금 우리는 혼란스러운 첨단 기술을 주도적으로 활용해 기업 경쟁력을 높여야 하는 세상을 맞고 있다. 그 과정에서 '기술의 논리'에만 함몰되지 않고 '인간의 존재 가치' '인간의 영역'을 주체적으로 고민해 나가야 한다. 그 여정을 여러분과 함께 해나가고 싶다.

미주

1. 여러 학문 분야에서 지금까지 내적 일관성을 판단하기 위해 크론바 알파를 관행처럼 사용하고 있지만, 이에 대해 여러 가지 비판의 목소리가 존재한다. 자세한 내용은 다음 논문을 참고할 수 있다. Sijtsma, K.(2009). On the use, the misuse, and the very limited usefulness of Cronbach's alpha, *Psychometrika, 74*(1), 107~120.

2. Peterson, R. A.(1994). A meta-analysis of Cronbach's coefficient alpha. *Journal of Consumer Research, 21*(2), 381~391.

3. 조직구성원에 대한 데이터를 측정 및 축적하고, 이를 과학적으로 분석해 그 시사점을 인재경영에 반영하는 활동을 말한다.

4. 이종구, 김홍유(2010). 한국 공채문화의 사적 전개과정과 시대별 특성 비교 분석에 관한 탐색적 연구-80년대 이후 대기업 공채문화(채용제도, 필기전형, 면접방식, 인재상) 중심으로-, **경영사학, 54**(단일호), 215~248.

5. 이 기준은 이종구와 김홍유(2010) 구분을 참고하여 내가 관찰한 결과를 가미해 수정했다.

6. "'척 보면 압니다'… 관상, 취업의 비밀통로", 주간동아, 2009년 5월 5일 684호, 14~17면.

7. "[조용헌 살롱] 이병철과 觀相", 조선닷컴, 2006년 8월 10일. http://www.chosun.com/editorials/news/200608/200608100412.html

8. "[조용헌 살롱] 이병철과 명당(明堂)", 조선닷컴, 2008년 1월 16일. http://news.chosun.com/site/data/html_dir/2008/01/16/2008011601230.html

9. "이병철 회장과 래리 킹처럼 '경청'하며 대화하라!", 위키트리, 2016년 4월 8일. http://www.wikitree.co.kr/main/news_view.php?id=255752

10. "삼성이 강한 진짜 이유는 '인재경영'", BreakNews, 2016년 1월 2일, http://www.breaknews.com/sub_read.html?uid=425064

11. 정사에 따르면 원래는 그냥 세 번 정도 만났다는데, 소설 삼국지연의에서는

극적인 재미를 가미하기 위해 삼고초려라는 에피소드로 각색되었다고 한다. 삼고초려가 사실인지 허구인지가 중요한 게 아니라, 오늘날 사람들이 어떻게 믿고 있느냐가 더 중요한 듯하다.

12. "大院君(대원군)과 書生(서생)", 동아일보, 1937년 11월 23일, 4면.

13. Scott, W. D., Bingham, W. V., & Whipple, G. M.(1915), The scientific selection of salesmen. *Advertising and Selling, 25*(5), 5~6.

14. Arvey & Campion, 1982; Carlson, Thayer, Mayfield, & Peterson, 1971; Hunter & Hunter, 1984; Mayfield, 1964; Reilly & Chao, 1982; Schmitt, 1976; Ulrich & Trumbo, 1965; Wagner, 1949; Webster, 1964; Wright, 1969.

15. Glass, G. V.(1976). Primary, secondary, and meta-analysis of research, *Educational Researcher, 5*(10), 3~8.

16. 두 변수가 서로 관련이 있다고 추측되는 관계를 말하는 것으로, -1.0~+1.0 의 수치로 제시된다. 가장 대표적인 상관관계 예는 키-신발 사이즈다. 키가 크면 신발 크기도 커지고, 키가 작으면 그만큼 작은 신발을 신을 것이다. 이처럼 어느 한쪽이 증가하면 다른 한쪽도 커지는 관계를 양(+)의 상관이라고 한다. 그 반대는 음(-)의 상관이라고 하며, 대표적으로 가격과 수요의 관계가 그렇다. 가격이 오르면 대개 그 상품의 수요가 줄어든다.

17. Richardson, M. W.(1944). The interpretation of a test validity coefficient in terms of increased efficiency of a selected group of personnel, *Psychometrika*, 9(4), 245~248. Salkind, N. J.(2006). *Encyclopedia of Measurement and Statistics,* SAGE Publications.

18. Hemphill, J. F.(2003). Interpreting the magnitudes of correlation coefficients. *The American psychologist,* 58(1), 78~79.

19. Dunnette, M. D., Arvey, R. D., & Arnold, J. A.(1971). *Validity study results for jobs relevant to the petroleum refining industry*. Minneapolis, MN: Personnel Decisions.

20 Reilly, R. R., & Chao, G. T.(1982). Validity and fairness of some alternative employee selection procedures. *Personnel Psychology, 35*(1), 1~62.

21. Hunter, J. E., & Hunter, R. F.(1984), Validity and utility of alternative

predictors of job performance. *Psychological Bulletin, 96*(1), 72~98.

22. Anderson, N., & Shackleton, V.(1986). Recruitment and Selection: A Review of Developments in the 1980s. *Personnel Review, 15*(4), 19~26.

23. Wright, P. M., Lichtenfels, P. A., & Pursell, E. D.(1989). The structured interview: Additional studies and a meta-analysis. *Journal of Occupational and Organizational Psychology, 62*(3), 191~199.

24. Wiesner, W. H., & Cronshaw, S. F.(1988). A meta-analytic investigation of the impact of interview format and degree of structure on the validity of the employment interview. *Journal of Occupational and Organizational Psychology, 61*(4), 275~290.

25. 좀 더 자세히 알고 싶으신 분들은 다음 책을 참고할 수 있다.

Domino, G., & Domino, M. L.(2006). *Psychological testing: An introduction*, Cambridge University Press. p. 58.

Salkind, N. J.(2006). *Encyclopedia of Measurement and Statistics*. SAGE Publications. p. 1029~1032.

26. 오헌석, 성은모, 배진현, 성문주(2009). 최고 수준 전문가와 보통 수준 전문가의 특성 비교 분석. **아시아교육연구, 10**(4), 105~135.

27. 오헌석, 성은모, 배진현, 성문주(2009) 논문 중, 117페이지에 있는 한 문단을 인용했다.

28. Campion, Palmer & Compion(1997), Huffcutt & Arthur(1994), Huffcutt, Roth & McDaniel(1996)

29. 오인수, 서용원(2002). 구조화된 역량기반 채용면접 체계: 이론적 고찰과 개발 사례. **인적자원개발연구, 4**(1), 49~75.

30. "대한민국… 빅데이터를 선택하다", The Science Times, 2017년 12월 16일, http://www.sciencetimes.co.kr/?news=대한민국빅-데이터를-선택하다.

31. Gurdjian, P., Halbeisen, T., & Lane, K.(2014). Why leadership-development programs fail. *McKinsey Quarterly, 1*(1), 121~126.

32. O'Leonard, K., & Loew, L.(2012). Leadership development fact book 2012: benchmarks and trends in US leadership development. Bersin

& Associates, Oakland, CA, July, available at: www. bersin. com/News/Content. aspx.

33. 독자가 쉽게 이해할 수 있는 표현들로 문장을 기술했다. 데이터로 검증할 수 있으려면 '가설'로 변환해야 한다. 예를 들어, 문장 1은 '관리자들의 리더십 수준은 담당 조직의 성과 수준(매출액, 목표달성률, 상사가 평가한 성과 등)과 긍정적 관계가 있을 것이다'와 같은 표현으로 기술되어야 한다.

34. "Open Sourcing Google's HR Secrets", Wharton School, 2016년 2월 26일. http://knowledge.wharton.upenn.edu/article/open-sourcing-googles-hr-secrets/

35. 점과 같은 과거의 경험들이 하나 둘 모여서 연결되고 하나의 선이 되어 서로 시너지가 날 수 있다는 논지다.

36. Glover, S., & Wilson, M.(2006). *Unconventional wisdom: A brief history of CCL's pioneering research and innovation*. Center for Creative Leadership.

37. "관리의 삼성, 올 신입사원 빅데이터로 뽑았다", 매일경제신문, 2015년 12월 19일, http://news.mk.co.kr/newsRead.php?year=2015&no=1224326

38. "How to Use Machine Learning to Eliminate Human Biases", CEB Blogs, 2016년 8월 11일. https://www.cebglobal.com/blogs/recruiting-how-to-use-machine-learning-to-eliminate-human-biases/

39. Festinger, L.(1962). Cognitive dissonance. *Scientific American, 207*(4), 93~106.

40. van der Togt, J., & Rasmussen, T. H.(2017). Toward evidence-based HR. *Journal of Organizational Effectiveness: People and Performance, 4*(2), 149~154.

41. 권재명(2017). 『따라 하며 배우는 데이터 과학(실리콘밸리 데이터 과학자가 알려주는)』. 제이펍.

42. Quiñones, M. A., Ford, J. K., & Teachout, M. S.(1995). The relationship between work experience and job performance: A conceptual and meta-analytic review. *Personnel Psychology, 48*(4), 887~910.

43. Becker, G. S.(1962). Investment in human capital: A theoretical analysis. *Journal of Political Economy, 70*(5, Part 2), 9~49.

44. 한규석(2002). 한국적 심리학적 전개 현황과 과제. **한국심리학회지: 일반, 21**(2), 67~95. / Hatfield, G.(2002). Psychology, philosophy, and cognitive science: Reflections on the history and philosophy of experimental psychology, *Mind & Language, 17*(3), 207~232.

45. "People Who Use Firefox or Chrome Are Better Employees", The Atlantic, 2015년 3월 16일, https://www.theatlantic.com/business/archive/2015/03/people-who-use-firefox-or-chrome-are-better-employees/387781/

46. McGarry, K.(2005). A survey of interestingness measures for knowledge discovery. *The Knowledge Engineering Review, 20*(1), 39~61.

47. Huang, P. C., & Huang, P. S.(2015). When big data gets small. *International Journal of Organizational Innovation*(Online), *8*(2), 100~117.

48. 김석호·신인철·정재기(2011). 연구논문: 응답자의 성격특성과 응답스타일. 『조사연구』, **12**(2), 51~76

49. Rousseau, D. M., & Fried, Y.(2001). Location, location, location: Contextualizing organizational research. *Journal of Organizational Behavior, 22*(1), 1~13.

50. Rousseau, D. M., & Fried, Y.(2001). Location, location, location: Contextualizing organizational research. *Journal of Organizational Behavior, 22*(1), 1~13.

51. Judge, T. A., & Piccolo, R. F.(2004). Transformational and transactional leadership: a meta-analytic test of their relative validity. *Journal of Applied Psychology, 89*, 755~768.

52. "Google's Quest to build a Better Boss", *The New York Times*, 2011년 3월 12일, http://www.nytimes.com/2011/03/13/business/13hire.html?smid=pl-share

53. Garvin, D. A., Wagonfeld, A. B., & Kind, L.(2013). *Google's Project Oxygen: Do Managers Matter?*. Harvard Business School Publishing Corporation.

54. https://rework.withgoogle.com/subjects/managers/

55. "Google's Quest to build a Better Boss", *The New York Times*, 2011년 3월 12일, http://www.nytimes.com/2011/03/13/business/13hire.

html?smid=pl-share

56. "Lessons from Google's Failed Quest to Run a Business Without Managers", Inc., 2014년 9월 17일. https://www.inc.com/david-van-rooy/take-a-sneak-peak-inside-google-and-its-world-without-managers.html

57. 라즐로 복(2015). 『구글의 아침은 자유가 시작된다』. 알에이치코리아.

58. "Google's Quest to build a Better Boss", *The New York Times*, 2011년 3월 12일, http://www.nytimes.com/2011/03/13/business/13hire.html?smid=pl-share

59. Fischhoff, B.(2007). An early history of hindsight research. *Social Cognition, 25*(1), 10~13.

60. Fischhoff, B., & Beyth, R.(1975). I knew it would happen: Remembered probabilities of once—future things. *Organizational Behavior and Human Performance, 13*(1), 1~16.

61. 김창준 대표 블로그 글. http://agile.egloos.com/5885773

62. Rasmussen, T., & Ulrich, D.(2015). Learning from practice: how HR analytics avoids being a management fad. *Organizational Dynamics, 44*(3), 236~242.

63. Rasmussen, T., & Ulrich, D.(2015). Learning from practice: how HR analytics avoids being a management fad. *Organizational Dynamics, 44*(3), 236~242.

64. Samejima, F.(1968). Estimation of latent ability using a response pattern of graded scores, ETS Research Report Series, 1968(1).

65. Muraki, E.(1992). A generalized partial credit model: Application of an EM algorithm, *ETS Research Report Series, 1992*(1).

66. Derailment: 리더로서 성장하는 데 장애가 되는 부정적인 성격 특성으로 나르시시즘, 지나치게 꼼꼼한 관리 등이 있다.

67. "취준생 58%, 인공지능 AI 채용에 '긍정적'", 커리어, 2017년 07월 12일. http://www.career.co.kr/help/media_data_view.asp?rid=2575

68. "인사담당자 47%, AI 채용 방식 생각 없다", 커리어, 2017년 07월 13일,

http://www.career.co.kr/help/media_data_view.asp?rid=2576

69. https://www.hirevue.com/offers/how-unilever-digitally-transforms-their-recruitment-process

70. United States, Office of Strategic Services(1948). *Assessment of men: Selection of personnel for the Office of Strategic Services*. Johnson Reprint Corporation.

71. "소프트뱅크의 'AI 채용 심사'… 5명 자기소개서 읽는 데 AI 15초 · 사람 15분", 조선비즈, 2017년 8월 14일, http://biz.chosun.com/site/data/html_dir/2017/08/14/2017081401030.html

72. Congdon, C., & Gall, C.(2013), How culture shapes the office, *Harvard Business Review, 91*(3).

73. 이상민, 유규창, 박우성(2010). 인사관리연구에 게재된 인사관리 분야 논문 분석. 『**조직과 인사관리 연구**』 제34집 1권, 177~218.

74. https://www.linkedin.com/pulse/ges-next-great-ceo-susan-peters/

75. Schmidt, F. L., & Hunter, J.(2004). General mental ability in the world of work: occupational attainment and job performance. *Journal of Personality and Social Psychology, 86*(1), 162~173.

76. Murray, C.(1998). Income inequality and IQ. AEI Press, c/o Publisher Resources Inc., 1224 Heil Quaker Boulevard, PO Box 7001, La Vergne, TN 37086-7001.

77. Barrick, M. R., Mount, M. K., & Judge, T. A.(2001). Personality and performance at the beginning of the new millennium: What do we know and where do we go next?. *International Journal of Selection and Assessment, 9*(1/2), 9~30.

78. Swami, V., & Hernandez, E. G.(2008). A beauty-map of London: Ratings of the physical attractiveness of women and men in London's boroughs. *Personality and Individual Differences, 45*(5), 361~366.

79. Saucier, G., & Goldberg, L. R. (1996). The language of personality: Lexical perspectives on the five-factor model. In J. S. Wiggins (Ed.), *The five-factor model of personality: Theoretical perspectives* (pp. 21-50). New York, NY, US: Guilford Press.

80. Guion, R. M., & Gottier, R. F.(1965). Validity of personality measures in personnel selection. *Personnel Psychology, 18*(2), 135~164.

81. McCrae, R. R., & Costa Jr, P. T.(1997). Personality trait structure as a human universal. *American Psychologist, 52*(5), 509~516.

82. MBTI에 대한 비판은 조직심리학계의 샛별, 아담 그랜트(Adam Grant, 『기브 앤테이크』 및 『오리지널스』의 저자)의 글을 읽어볼 수 있다. http://ppss.kr/archives/24889

83. Barrick, M. R., & Mount, M. K.(1991). The big five personality dimensions and job performance: a meta-analysis. *Personnel Psychology, 44*(1), 1~26.

84. Barrick, M. R., & Mount, M. K.(1991). The big five personality dimensions and job performance: a meta-analysis. *Personnel Psychology, 44*(1), 1~26.

85. Huitema, B. E., & Stein, C. R.(1993). Validity of the GRE without restriction of range. *Psychological Reports, 72*(1), 123~127.

86. 서은경(2017). **범위제한 교정방법의 유용성 탐색: 모의실험에 의한 정확도 비교**. 성균관대학교 일반대학원, 교육학과 박사학위 논문.

87. 보정 방안에 관심이 있는 분들은 서은경(2017)의 박사학위 논문을 일독할 수 있다. 또한 R 프로그래밍을 하는 분들은 'psych' 패키지의 'rangeCorrection' 함수를, SPSS 사용자라면 'how2stats' 사용자가 올린 'Correction for Range Restriction - SPSS' 동영상을 참고할 수 있다.

88. https://aibril-pi-fb-demo-korean.sk.kr.mybluemix.net

89. "The science behind the service", IBM Cloud, 2017년 10월 12일, https://console.bluemix.net/docs/services/personality-insights/science.html#science

90. "The science behind the service", IBM Cloud, 2017년 10월 12일, https://console.bluemix.net/docs/services/personality-insights/science.html#science

91. Kaluza, B.(2016). Machine Learning in Java. Packt Publishing Ltd.(26 페이지 참고) / Suthaharan, S.(2015). Machine Learning Models and Algorithms for Big Data Classification: Thinking with Examples for

Effective Learning(Vol. 36), Springer.(196 페이지 참고)

92. "What New Hiring Methods Say About Wall Street's Diversity Problem", Fortune, 2016년 6월 20일. http://fortune.com/2016/06/20/wall-street-new-hiring-diversity/

93. "How to Use Machine Learning to Eliminate Human Biases", CEB Blogs, 2016년 8월 11일. https://www.cebglobal.com/blogs/recruiting-how-to-use-machine-learning-to-eliminate-human-biases/

94. 통계청 '전공별·학위별·성별 연구원 수' 2015년 자료를 확인해보면, 우리나라 물리학 전공 학부생 중 여성이 약 17%, 화학은 약 32% 수준이다.

95. "온도차 보이는 청년 체감실업률", 아시아투데이, 2017년 10월 19일, http://www.asiatoday.co.kr/view.php?key=20171018010006199

96. "일본의 실업률은 24년 만에 가장 낮고 기업들은 구인에 혈안이다", 허핑턴포스트코리아, 2017년 07월 28일, http://www.huffingtonpost.kr/2017/07/27/story_n_17609364.html

97. "일본은 '졸업이 취업'… 청년 실업률, 한국의 절반", 조선닷컴, 2017년 2월 7일. http://news.chosun.com/misaeng/site/data/html_dir/2017/02/07/2017020700336.html

98. 송광호, 민지홍, 이가영, 김유성(2014). 유의어 사전을 이용한 문서 내 표절 구간 탐색 시스템 개발. **한국정보과학회 학술발표논문집**, 1385~1387.

99. Lombardo, M. M., & Eichinger, R. W.(1996). The career architect development planner. Minneapolis: Lominger.

100. Scott, S., & Ferguson, O.(2016). New Perspectives on 70:20:10 - 2nd Edition - GoodPractice. Retrieved August 26, 2017, from http://www.goodpractice.com/ld-resources/new-perspectives-on-70-20-10-2nd-edition/

101. Jennings, C., Overton, L., & Dixon, D. G.(2016, February 2), In-Focus: 70+20+10=100: The Evidence Behind The Numbers. Retrieved August 26, 2017, from https://towardsmaturity.org/2016/02/02/in-focus-702010100-evidence-behind-numbers/

102. 네슬레의 사례는 2017년 『임금연구』 가을호에 작성한 글을 토대로 재구성했다.

103. "The New GE Way: Go Deep, Not Wide", The Wall Street Journal, 2012년 3월 7일, https://www.wsj.com/articles/SB10001424052970204571404577257533620536076

104. Ericsson, K. A., Krampe, R. T., & Tesch-Römer, C.(1993). The role of deliberate practice in the acquisition of expert performance. *Psychological Review, 100*(3), 363~406.

105. Ericsson, K. A., Prietula, M. J., & Cokely, E. T.(2007), The making of an expert. *Harvard business review, 85*(7/8), 114.

106. 2017년 『임금연구』 가을호에 작성한 글을 토대로 재구성했다.

107. "대기업 임원 되면 필요 없어지는 3가지는?", 한겨레, 2014년 1월 10일. http://www.hani.co.kr/arti/economy/economy_general/619212.html

108. Vicere, A. A.(1998). Changes in practices, changes in perspectives: the 1997 international study of executive development trends. *Journal of Management Development, 17*(7), 526~543.

109. Hagemann, B. & Mattone, J.(2011). *Trends in Executive Development: A Benchmark Report*. Executive Development Associates, and Pearson Education, Inc, Oklahoma City, OK, and Boston, MA, respectively.

110. Porter, M. E.(1987). The state of strategic thinking. Economist.

111. Porter, M. E.(1991). Know Your Place: How to Assess the Attractiveness of Your Industry and Your Company's Position In It. *INC., 13*(9), 90~93.

112. Mintzberg, H.(1994). The fall and rise of strategic planning. *Harvard Business Review, 72*(1), 107~114.

113. Heracleous, L.(1998). Strategic thinking or strategic planning?. *Long Range Planning, 31*(3), 481~487.

114. Liedtka, J. M.(1998). Strategic thinking: can it be taught?. *Long Range Planning, 31*(1), 120~129.

115. McCauley, C. D., Ruderman, M. N., Ohlott, P. J., & Morrow, J. E.(1994). Assessing the developmental components of managerial jobs. *Journal of Applied Psychology, 79*(4), 544.

116. Benson, G. S.(2006). Employee development, commitment and intention to turnover: a test of 'employability' policies in action. *Human Resource Management Journal, 16*(2), 173~192.

117. 개인별 나이, 근속년수, 임원으로서 재직기간, 성별, 논리적 성향, 창의적 성향 등을 통계 모델에서 통제했다.

118. Clariana, R. B., Wallace, P. E., & Godshalk, V. M.(2009). Deriving and measuring group knowledge structure from essays: The effects of anaphoric reference. *Educational Technology Research and Development, 57*(6), 725.

119. "이건희 삼성그룹 회장의 '천재론 & 창의성 키우기' 단독 인터뷰", 여성동아, 2003년 07월 31일. http://woman.donga.com/3/all/12/129970/1

120. http://feature.media.daum.net/interview/deepen0089.shtm(현재는 URL 접근 불가)

121. Stewart, I.(1977). Gauss. *Scientific American, 237*(1), 122~131.

122. Moore, D. S., & Notz, W. I.(2006). *Statistics: Concepts and controversies.* Macmillan.

123. Moore, D. S., & Notz, W. I.(2006). *Statistics: Concepts and controversies.* Macmillan.

124. Ferguson, L. W.(1947). The development of a method of appraisal for assistant managers. *Journal of Applied Psychology, 31*(3), 306~311

125. Aguinis, H.(2012). The best and the rest: Revisiting the norm of normality of individual performance,. *Personnel Psychology, 65*(1), 79~119.

126. Berger, J., Harbring, C., & Sliwka, D.(2013). Performance appraisals and the impact of forced distribution—An experimental investigation. *Management Science, 59*(1), 54~68.

127. 전연앙(2000). **능력주의 인사제도 정착을 위한 평가제도 개선방안**. 한국노동연구원.

128. Adamic, L. A.(2000). Zipf, power-laws, and pareto-a ranking tutorial. Xerox Palo Alto Research Center, Palo Alto, CA. http://ginger. hpl. hp. com/shl/papers/ranking/ranking. html.

129. Jacobs, D.(1974). Dependency and vulnerability: An exchange approach to the control of organizations. *Administrative Science Quarterly*, 45~59.

130. http://www.spotrac.com/mlb/rankings/

131. Aguinis, H.(2012). The best and the rest: Revisiting the norm of normality of individual performance. *Personnel Psychology*, 65(1), 79~119.

132. Aguinis, H.(2012). The best and the rest: Revisiting the norm of normality of individual performance. *Personnel Psychology*, 65(1), 79~119.

133. Prahalad, C. K., & Hamel, G.(1990), The core competence of the corporation, Boston(Ma), 1990, 235~256.

134. 정동관, 유태영, 정승국, 김기선, 류성민(2015). **인사평가제도 현황과 발전 방안에 관한 연구**. 한국노동연구원.

135. 정동관, 유태영, 정승국, 김기선, 류성민(2015)에 따르면, 연 1회 인사평가 회사가 약 64%, 연 2회가 32%, 연 3회 이상이 1%, 수시평가가 3% 정도로 조사되었다.

136. 정동관, 유태영, 정승국, 김기선, 류성민(2015). **인사평가제도 현황과 발전 방안에 관한 연구**. 한국노동연구원.

137. "Unless You Are Spock, Irrelevant Things Matter in Economic Behavior", The New York Times, 2015년 5월 8일. https://www.nytimes.com/2015/05/10/upshot/unless-you-are-spock-irrelevant-things-matter-in-economic-behavior.html

138. 라즐로 복(2015). 『구글의 아침은 자유가 시작된다』. 알에이치코리아.

139. De Ayala, R. J.(2013). The theory and practice of item response theory. Guilford Publications.

140. Wakita, T., Ueshima, N., & Noguchi, H.(2012). Psychological distance between categories in the Likert scale: Comparing different numbers of options. *Educational and Psychological Measurement, 72*(4), 533~546.

141. "Putting In Overtime: 125+ HR Tech Startups In One Infographic", CBINSIGHTS, 2016년 11월 23일. https://www.cbinsights.com/research/hr-tech-companies-infographic/

142. Ribes, E., Touahri, K., & Perthame, B.(2017). Employee turnover prediction and retention policies design: a case study. arXiv preprint arXiv:1707.01377.

Sikaroudi, E., Mohammad, A., Ghousi, R., & Sikaroudi, A.(2015). A data mining approach to employee turnover prediction(case study: Arak automotive parts manufacturing). *Journal of Industrial and Systems Engineering*, *8*(4), 106~121.

143. Ribes, E., Touahri, K., & Perthame, B.(2017). Employee turnover prediction and retention policies design: a case study. arXiv preprint arXiv:1707.01377.

Sikaroudi, E., Mohammad, A., Ghousi, R., & Sikaroudi, A.(2015). A data mining approach to employee turnover prediction(case study:Arak automotive parts manufacturing). *Journal of Industrial and Systems Engineering*, *8*(4), 106~121.

Kavitha, M., & Thomas, J.(2017). Predicting employee retention using decision trees and neural networks. *International Journal of Contemporary Research in Cumputer Science and Technology*, *3*(3), 86~88.

인재경영, 데이터사이언스를 만나다

초판 1쇄 발행 2018년 7월 9일
초판 2쇄 발행 2020년 8월 18일

지은이 김성준
펴낸이 안현주

기획 이규황 **편집** 이상실 **마케팅** 안현영
디자인 표지 최승협 본문 장덕종

펴낸곳 클라우드나인 **출판등록** 2013년 12월 12일(제2013-101호)
주소 우) 03993 서울시 마포구 월드컵북로 4길 82(동교동) 신흥빌딩 3층
전화 02-332-8939 **팩스** 02-6008-8938
이메일 c9book@naver.com

값 15,000원
ISBN 979-11-86269-33-6 03320

* 잘못 만들어진 책은 구입하신 곳에서 교환해드립니다.
* 이 책의 전부 또는 일부 내용을 재사용하려면 사전에 저작권자와 클라우드나인의 동의를 받아야 합니다.
* 클라우드나인에서는 독자 여러분의 원고를 기다리고 있습니다.
  출간을 원하시는 분은 원고를 bookmuseum@naver.com으로 보내주세요.
* 클라우드나인은 구름 중 가장 높은 구름인 9번 구름을 뜻합니다. 새들이 깃털로 하늘을 나는 것처럼 인간은 깃펜으로 쓴 글자에 의해 천상에 오를 것입니다.